Josef Kirschner
Das Lebenstraining

Josef Kirschner

Das Lebenstraining

Was jeder selbst tun kann, um glücklich und frei zu sein

Droemer Knaur

Die Deutsche Bibliothek–CIP-Einheitsaufnahme

Kirschner, Josef:
Das Lebenstraining. Was jeder selbst tun kann, um
glücklich und frei zu sein/Josef Kirschner.
München: Droemer Knaur, 1994
ISBN 3-426-26740-3

Die Folie des Schutzumschlags sowie die
Einschweißfolie sind PE-Folien und biologisch abbaubar.
Dieses Buch wurde auf chlor- und
säurefreiem Papier gedruckt.

Umschlaggestaltung Agentur ZERO, München
Satz Ventura Publisher im Verlag
Druck und Bindearbeiten Ueberreuter, Korneuburg
Printed in Austria
ISBN 3-426-26740-3

2 3 5 4 1

Für alle, die sich nach persönlicher Freiheit sehnen und bereit sind, den Preis dafür zu bezahlen, statt ein Leben lang zu jammern und zu hoffen, es möge endlich jemand kommen, der sie glücklich macht.

Der Inhalt

Warum es besser ist, sein eigener Trainer zu sein, statt sich immer nur von Experten, selbsternannten Autoritäten und der Gesellschaft manipulieren zu lassen.

Lieber Leser, ob Sie es wahrhaben wollen oder nicht: Unser ganzes Leben ist ein einziges Trainingsprogramm, das andere für uns festgelegt haben.
Kaum erblicken wir das Licht der Welt, beginnen die Eltern, uns auf Wohlverhalten zu dressieren. Sie möchten, daß wir es im Leben einmal besser haben als sie. Oder daß wir ihnen nacheifern. Nicht selten wollen uns Eltern auch gar nicht so, wie wir sind. Also lassen sie nichts unversucht, aus uns jemand ganz anderen zu machen.
Dann nehmen uns die Lehrer und Chefs an die Kandare. Sie bemühen sich redlich, uns Einordnung und Gehorsam beizubringen. Sie bedienen sich der altbewährten Methoden der Unterdrückung: Wer nach ihrer Pfeife tanzt, wird gelobt. Wer sich zur Wehr setzt, wird bedroht, eingeschüchtert und bestraft.
Unsere ganze Erziehung zielt darauf ab, frühzeitig zu lernen, Angst zu haben, wenn wir uns nicht so verhalten, wie die allgegenwärtigen Lebenstrainer es von uns erwarten. Sie machen uns mit allen Mitteln klar, daß wir nichts wissen, nichts können und ohne sie hilflos sind. Wir sollen von ihnen abhängig sein, damit sie uns nach ihren Vorstellungen lenken und zu ihrem Vorteil benützen können.
Vielleicht gehören Sie zu den naiven Bürgern, die davon überzeugt sind, sie seien freie Menschen in einem freien Land und könnten sich nach ihrem eigenen Willen ent-

scheiden und das Leben führen, das sie wirklich führen möchten.
Glauben Sie das wirklich?

- Wechseln Sie Ihren Job, wenn er Ihnen keinen Spaß mehr macht, oder ist Ihnen das gesicherte Einkommen lieber als Ihre Lebensfreude?
- Trennen Sie sich vom Partner in Freundschaft und ohne Schuldgefühle, wenn Ihnen das Zusammenleben mit ihm zur Qual geworden ist?
- Beschließen Sie, weniger Geld zu verdienen und sich durch Verzicht ein paar Ihrer Probleme vom Hals zu schaffen, statt über den Streß des Alltags bloß zu jammern?
- Trennen Sie sich von Freunden, die nur fordern und nichts geben?
- Wie oft an jedem Tag sagen Sie aus Gefälligkeit ja, obwohl Sie ganz genau wissen, daß Sie nein sagen möchten?
- Kaufen Sie wirklich nur das, was Sie wirklich brauchen? Oder kaufen Sie viel öfter etwas, nur weil es andere tun oder die Werbung es Ihnen eingeredet hat?

Haben Sie schon einmal ernsthaft darüber nachgedacht, wie frei Sie in Ihren Entscheidungen wirklich sind? Tatsächlich sind die meisten Bürger nichts anderes als Marionetten der Gesellschaft.
Es gibt tausend einleuchtende Erklärungen dafür, daß alles, so wie es ist, schon irgendwie seine Richtigkeit habe. Wer sich damit zufriedengibt und sich sein Leben lang

bemüht, ein unbescholtener, fleißiger, braver, abhängiger Bürger zu sein, mag damit glücklich werden.
Sind Sie es? Sind Sie es wirklich? Leben Sie das Leben, das Sie leben möchten?
Eine der Folgen unserer Erziehung zur Hilflosigkeit besteht darin, abzuwarten und zu hoffen. Oder zu fordern, daß andere die Welt zum Besseren ändern. Die anderen, das sind die Wissenden, die dazu Berufenen, die in unserem Namen die Verantwortung für uns übernehmen und an den Hebeln sitzen, mit denen unsere Gesellschaft gesteuert wird. Obwohl diese Leute längst nicht mehr wissen, wohin sie uns steuern.
Wer den Glauben an diese Berufenen verloren hat, kann resignieren oder eine wichtige Entscheidung fällen. Die Entscheidung: Ich nehme mein Leben in die eigenen Hände. Ich überlasse mein Schicksal nicht mehr den Trainern und ihren Programmen, sondern lerne selbst, mich zu dem zu trainieren, der ich sein möchte.
Vermutlich ist diese Entscheidung das große Abenteuer unserer Tage. Es ist die individuelle Revolution zur wirklichen persönlichen Freiheit und zum gesunden Egoismus. Es ist ein Abenteuer, auf das uns niemand vorbereitet hat. Denn keiner unserer Retter, Helfer und Bevormunder ist an unserer persönlichen Freiheit interessiert. Warum sollte er auch: Wenn wir uns selbst frei und glücklich machen, brauchen wir niemanden mehr, der davon profitiert, daß er es uns verspricht.
Wer sein Leben selbst gestaltet, ist nicht mehr auf Versprechungen und Hoffnungen angewiesen, die sich doch niemals erfüllen. Niemals. Sonst müßten wir bei all den vielen

Versprechungen, denen wir schon aufgesessen sind, ja schon längst unsagbar glücklich sein.
Ich zweifle nicht im geringsten daran, daß es nur eine einzige Chance gibt, uns glücklich zu machen: Wir tun es selbst. Nach unseren eigenen Vorstellungen. Im Glauben an uns selbst. Auf eigene Verantwortung. Als unsere eigenen Trainer.
Dieses Buch enthält ein Programm mit 21 Schritten, sein eigener Lebenstrainer zu werden. Es ist ein Programm ohne Vorschriften, Versprechungen und Wahrheiten. Es regt vielmehr den Leser beharrlich dazu an, seine eigenen Maßstäbe zu finden und danach zu leben.
Es ist ein Programm, sich Schritt für Schritt aus der Abhängigkeit von anderen zu befreien, indem man seine eigene Persönlichkeit entdeckt und die Kräfte trainiert, die man braucht, um immer freier, mündiger und glücklicher zu werden.
Es gibt, das muß warnend gesagt werden, nicht die geringste Garantie auf Erfolg. Jeder, der sich auf dieses Abenteuer der Selbstbefreiung einläßt, ist dafür allein verantwortlich. Wer nach seinen eigenen Vorstellungen lebt, kann auch niemand anderem die Schuld zuweisen, wenn er nicht die erwarteten Erfolge erzielt.
Wir alle stehen, gewollt oder ungewollt, von Zeit zu Zeit vor der Entscheidung: Will ich mein eigenes Leben leben oder lebe ich nur so, wie andere es von mir erwarten? In dieser Entscheidung gibt es keinen Kompromiß. Es geht um die Frage: Glaube ich an mich, oder glaube ich den anderen mehr als mir selbst.
Wer die Entscheidung nicht eindeutig fällen will, sollte

dieses Buch weglegen. Es würde ihm nur ein weiteres Unbehagen verursachen in einer Zeit, in der das Unbehagen für viele von uns schon an der Grenze des Erträglichen angelangt ist.

Was Sie von diesem Trainingsprogramm erwarten dürfen – und was nicht

Dem vorliegenden Buch gingen einige voraus. Sie alle beschäftigen sich mit Strategien und Techniken zur Entfaltung der eigenen Persönlichkeit. Es sind keine gelehrten Abhandlungen über dieses Thema, es ist vielmehr die Beschreibung eigener Erfahrungen und Erkenntnisse, zu denen ich in den vergangenen 40 Jahren gelangte.
Die Bücher tragen Titel wie *Die Kunst, ein Egoist zu sein, Hilf dir selbst, sonst hilft dir keiner* oder *Die Kunst, ohne Überfluß glücklich zu leben.* Alle beschäftigen sich mit der Frage: »Was kann jeder von uns aus eigener Kraft tun, um möglichst an jedem Tag seines Lebens glücklich zu sein?« Ein Ziel, das ich mir selbst für den Rest meines Lebens gesteckt habe. Ich arbeite täglich daran, es zu erreichen. Manchmal mit mehr, manchmal mit weniger Erfolg. Aber mir ist längst klargeworden, daß Erfolg nicht der Sinn des Lebens sein kann. Erfolg haben zu müssen, etwas vor der Mitwelt darzustellen, seinen Ruf, seine Ehre oder seinen Stolz verteidigen zu müssen, sind Zwänge, die uns anerzogen wurden. Sie pressen uns in ein System der Selbstverleugnung. Aber was ist es eigentlich, was viele Menschen verleugnen, was ist ihr *Selbst?*

- Ist es das, was sie sein möchten, aber sich nicht auszuleben getrauen?
- Sind es die Rollen, die sie anderen vorspielen, um von ihnen anerkannt oder bewundert zu werden?
- Oder spielen sie diese Rollen nur, um vor anderen zu verbergen, wer sie wirklich sind? Egoisten vielleicht, unmoralische Monster, Sadisten. Oder von Angst gequälte arme Teufel, die andere unterdrücken, um selbst nicht unterdrückt zu werden?

Ich denke, daß wir alle die eine oder andere dieser Rollen spielen – einmal geringer, einmal stärker. Getrieben von der Angst, unser wahres Ich zu zeigen. Eine Angst, unter der die meisten von uns ein Leben lang leiden.
Gibt es ein Rezept dagegen?
Natürlich gibt es ein Rezept. Es lautet: Hören Sie auf, weiter vor sich selbst davonzulaufen. Graben Sie ihr verdrängtes, unterdrücktes Ich aus, und leben Sie es. Gleichgültig, ob es Ihrer Mitwelt paßt oder nicht.
Als ich vor zwei Jahrzehnten in *Die Kunst, ein Egoist zu sein* die Leser zu dieser Einstellung ermunterte, machte ich mich nicht bei allen beliebt. In einigen süddeutschen und österreichischen Kirchen forderten die Pfarrer ihre Gemeindemitglieder auf, dieses Buch nicht zu kaufen. Im damals noch stramm kommunistischen Rundfunk Ost-Berlins wetterte ein Kommentator: »Es spricht für die Dekadenz des Westens, daß ein Buchautor die Leser ungestraft zur Auflehnung gegen die Solidarität der Gemeinschaft auffordern darf.«
Inzwischen hat sich manches verändert. Gleich geblieben

zu sein scheint die Angst vieler Menschen, aus Überzeugung freie und mündige Bürger, eigenwillige Individualisten oder ganz einfach sie selbst zu sein. Es ist eine doppelte Angst:

- Sie fürchten die Strafe der Autoritäten, also des Staates, der Gesellschaft oder ihrer Gruppe, wenn sie sich ihr nicht mehr ein- und unterordnen.
- Sie fürchten ihre eigene Unzulänglichkeit, die man ihnen lange genug suggeriert hat: Allein bist du nichts. Die Gemeinschaft ist alles. Für sie mußt du Opfer bringen, sonst wirst du ausgeschlossen.

Sehen Sie sich um: Unsere Welt ist voll von eilfertigen Helfern und Beschützern, die uns unermüdlich alle diese Botschaften einhämmern, die wir schon längst als Phrasen durchschaut haben müßten:

- Der Staat verspricht uns Sicherheit;
- die Richter sorgen für Gerechtigkeit;
- die Medizin bringt Gesundheit;
- die Industrie macht uns mit dem Wohlstand glücklich;
- die Technik hat uns den Fortschritt beschert;
- die Kirchen garantieren das Seelenheil.

Wir wurden von unseren Trainern dazu erzogen, all das zu glauben und im Gleichschritt mitzumarschieren. Immer rascher, immer hektischer, damit uns keine Zeit dafür bleibt, ernsthaft zu prüfen, ob all das wirklich zu unserem Nutzen ist. Oder ob all diese Versprechun-

gen nichts anderes sind als eine grandios inszenierte Gaukelei.
Vielleicht ist gerade jetzt wieder einmal die Zeit gekommen, darüber nachzudenken, welche Alternativen es für jemanden gibt, der es satt hat, sich von seinen Trainern weiter an der Nase führen zu lassen, statt sein Leben nach eigenen Wünschen und Träumen zu gestalten.
Das Lebenstraining ist eine Ermunterung dazu. Sie können das Buch einfach nur lesen und es kritisch oder wohlwollend beurteilen. Es kann allerdings auch – wenn Sie es zulassen – Ihr Leben verändern.
Wohlgemerkt: Es *kann* Ihr Leben verändern. Allerdings nur dann, wenn Sie sich daranmachen, sich selbst zu ändern. So vernünftig dies auch klingen mag, es ist nicht selbstverständlich. Die meisten Menschen wollen, daß andere sich ändern, damit sich etwas ändert.
Das Wesen des gesunden, bekennenden Egoisten aber besteht darin, von niemandem etwas zu erwarten, sondern alles, was er erwartet, selbst zu tun. Ich habe dabei zwei interessante Feststellungen gemacht:

Erstens: Viele Leute, die jemanden einen »verdammten Egoisten« schimpfen, bewundern ihn insgeheim. Sie wären selbst gerne gesunde Egoisten, aber sie nehmen sich nicht die Mühe, es zu lernen. Damit sie sich aber in ihrer Unfähigkeit besser fühlen, beschimpfen sie andere, die sie beneiden.
Zweitens: Wenn wir aus Überzeugung, ohne uns beirren zu lassen, das tun, was uns glücklich macht, paßt sich die Umwelt uns allmählich an.

Die drei wesentlichen Etappenziele dieses Trainingsprogramms sind:

- Wir erforschen, wer wir sind und was wir wirklich wollen, weil es uns glücklich macht.
- Wir entwickeln ein Programm für die wichtigsten Lebensbereiche, die für unser Glück entscheidend sind.
- Wir trainieren die Fähigkeiten, dieses Programm im täglichen Leben zu verwirklichen.

All das hat nichts mit Anleitungen, Tips oder Tricks zu tun, mit denen wir uns ein bißchen geschickter durchs Leben schwindeln können. Sie sind schließlich bei diesem Unterfangen Ihr eigener, selbstverantwortlicher Trainer. Wäre es da sinnvoll, sich selbst zu beschwindeln?
Unser eigenes Training hat nichts mit Selbstquälerei, Zwang und Selbstverleugnung zu tun. Solche Foltern werden von Trainern nur erfunden, um den Willen ihrer Opfer zu brechen; sie sollen den Anweisungen – und seien sie noch so absurd – bedingungslos folgen.
Wer sich selbst für ein glückliches Leben trainiert, bestimmt auch selbst, was und wie er trainiert. Das oberste Gebot lautet: Ich will leben und nicht leiden. Was mich glücklich macht, ist für mich richtig.
Wir sind, um es ganz deutlich zu sagen, nicht mehr für andere da, sondern für uns selbst. Wir trainieren, aus unserem Leben für uns das Beste herauszuholen. Das Beste. Hier und heute. An jedem Tag und nicht irgendwann einmal, wenn das Schicksal oder unsere Trainer es wollen.
Das Ziel unseres Handelns lautet also nicht mehr, so zu

leben, wie wir leben *sollen*, sondern so, wie wir leben *wollen*. Wie es unseren ganz persönlichen Eigenheiten, Fähigkeiten und Möglichkeiten entspricht. Das Leben, denke ich, gibt jedem reichhaltig die Möglichkeit, auf seine Weise aus eigener Kraft glücklich und frei zu sein. Natürlich nur, wenn er alle seine Kräfte mobilisiert, um diese Chance zu nutzen.

In dieser Zeit, in der das Unbehagen jenen Leuten gegenüber wächst, die über unsere Köpfe hinweg auf unsere Kosten die falschen Entscheidungen fällen, sollten wir wirklich ernsthaft prüfen: Lassen wir uns weiter von ihnen bevormunden, oder trainieren wir uns selbst zu freien, mündigen, selbstbewußten Bürgern?

Was immer dabei herauskommt, ehrlich gesagt: Schlimmer kann es in keinem Fall werden.

Der 1. Schritt

Nehmen Sie sich an jedem Tag eine Viertelstunde Zeit für sich – die stille Zeit:

- Entspannen Sie sich ganz bewußt.
- Machen Sie mindestens fünf ruhige Atemzüge. Atmen Sie dabei langsam, aber zwanglos aus.
- Ziehen Sie sich in sich selbst zurück. Lassen Sie alle Gedanken, Sorgen und Ärger von »draußen« wie eine Wolke vorbeiziehen. Genießen Sie es, mit sich allein und in Harmonie zu sein.

Der erste Schritt unseres Lebenstrainings besteht darin, sich an jedem Tag eine Viertelstunde stille Zeit für sich zu nehmen. Nicht, indem Sie sich nur zurücklehnen, eine Zigarette anzünden oder eine Tasse Kaffee trinken. Es geht darum, aktiv und bewußt die Harmonie mit sich selbst zu trainieren.
Was aber heißt Harmonie mit sich selbst? Es heißt:

- Aus der Unruhe und den Ängsten des Alltags eine Viertelstunde lang auszusteigen.
- Sich richtig und bewußt zu entspannen.
- Seinen Blick und das Ohr nach innen zu richten, statt darüber nachzugrübeln, was Sie für andere Leute tun sollten.
- Sich selbst zu fragen, was für Sie richtig ist. Was Ihr Körper braucht. Was Ihr Instinkt Ihnen sagen möchte.
- Zu lernen, mit sich glücklich zu sein, wie Sie jetzt *sind,* statt ständig zu fragen, wie Sie sein *sollten.*
- Kein Schuldgefühl aufkommen zu lassen, daß Sie jetzt eine Viertelstunde lang scheinbar nichts tun. Sich vielmehr darüber zu freuen, daß Sie es geschafft haben, wenigstens einmal am Tag eine Viertelstunde lang nur für sich da zu sein und für nichts und niemand sonst.

Das alles bedeutet dieser erste Schritt des Lebenstrainings. Unterschätzen Sie ihn nicht. Er ist vermutlich der wichtigste Schritt auf dem Weg zurück zu sich selbst, heraus aus der Abhängigkeit Ihrer Trainer.
Sein Leben selbst zu trainieren, statt es weiter den Anwei-

sungen und Erwartungen anderer zu überlassen, setzt zwei Fähigkeiten voraus:

1. Sie sollen selbst erkennen, was für Sie richtig ist und was Sie wirklich glücklich macht.
2. Sie sollen die Kräfte trainieren, mit denen Sie es gegen alle Widerstände durchsetzen können.

Beides können Sie nur, wenn Sie sich die erforderliche Zeit dafür nehmen. Nicht irgendwann einmal, wenn Sie »Zeit dafür haben«, sondern an jedem Tag. Schließlich ist es unser Ziel, an jedem Tag aus eigener Kraft glücklich zu sein.

Das Argument »Ich habe keine Zeit für mich, ich habe so viel zu tun« ist ein Hindernis, das Sie als Ihr eigener Trainer niemals zulassen sollten. Wenn Ihr zur Selbstverleugnung erzogenes Ich sich mit dieser Entschuldigung vor der täglichen stillen Zeit drücken möchte, sollte Ihr Trainer-Ich wachsam sofort sagen: »Es gibt keine wie immer geartete Ausrede, vor dir selbst davonzulaufen.«

Vielleicht haben Sie Ihr Leben noch nie von dieser Warte aus betrachtet, weil Sie darauf trainiert wurden, vor sich selbst wegzulaufen, um bei den allgegenwärtigen Bevormundern Hilfe zu suchen.

Das Ziel unseres eigenen Trainings besteht darin, immer weniger zu flüchten, weil wir immer besser lernen, mit uns selbst und unseren Problemen bewußt umzugehen. Weichen Sie diesem Ziel nicht aus, sondern machen Sie es sich bewußt. Überlegen Sie, mit welchen raffinierten Tricks Sie gelernt haben, die Flucht zu ergreifen:

- In die Arbeit.
- In die angebliche Verantwortung, die Sie für *andere* haben.
- In alle möglichen sogenannten Verpflichtungen.
- In die Ablenkung, von der Sie vorgeben, diese hätten Sie sich nach den Mühen des Tages verdient.

Oder Sie ziehen sich in Ihr Schneckenhaus des Selbstmitleids zurück, weil niemand Sie versteht und alle gegen Sie sind.
Natürlich ist für viele Menschen auch die Krankheit eine Variation der Flucht. Längst ist bekannt, daß in unseren Krankenhäusern die Hälfte der Patienten nicht wirklich an den körperlichen Symptomen erkrankt sind, unter denen sie leiden. Viele werden einfach nur krank, um auf sich aufmerksam zu machen. Oder weil sich ein niemals gelöster innerer Konflikt irgendwann einmal als körperliches Leiden manifestiert.
Zu den einfachen Techniken der Flucht, die wir im Laufe der Jahre liebgewonnen haben, gehören selbstverständlich auch Rauchen, Medikamente, Alkohol und Essen. Wir versuchen, uns mit einer Zigarette zu beruhigen, wir greifen zum Alkohol, um zu vergessen, und schlingen aus Ärger in uns hinein.
Wenn Sie jetzt verständnisvoll nicken, genügt das nicht. Als Ihr eigener Trainer sollten Sie sich mit ein paar einfachen Fragen auseinandersetzen, wie:

- Wovor laufe ich weg?
- Wie tief sitzt die wahre Ursache für meine Flucht?

- Wie kann ich die Strategie des Flüchtens durch eine Strategie des Problemlösens ersetzen?

Die tägliche stille Zeit ist der erste Schritt der Lösungsstrategie. Der erste von 21, um die es in diesem Programm geht.
Lassen Sie mich Ihnen also die Technik der Viertelstunde, der stillen Zeit, ausführlich erklären. Ich habe sie im Laufe der vergangenen Jahrzehnte für mich selbst gefunden und praktiziere sie seither an jedem Tag.
Wohlgemerkt: Mein Trainer-Ich hat diese Technik für mich entwickelt, weil es für mich die beste Methode ist, mich an jedem Tag zu mir selbst zurückzuführen. Auch wenn mein zu Flucht, Rücksichtnahme und Selbstverleugnung erzogenes Ich auch heute noch ständig nach neuen Tricks sucht, unangenehmen Dingen auszuweichen.
Aber das stört mich nicht. Ganz im Gegenteil. Ich habe inzwischen längst Spaß daran, mich immer wieder damit auseinanderzusetzen. Mir ist klargeworden, daß mein Glück und meine Freiheit nicht einfach Dinge sind, die man einmal lernt und dann beherrscht. Es ist ein lebenslanges Spiel mit mir selbst, in dem ich manchmal gewinne, manchmal verliere.
Durch die jahrelange tägliche Beschäftigung mit mir bin ich zu zwei wichtigen Entscheidungen gelangt:

Erstens: Ich glaube an mich mehr als an irgend jemand anderen.
Zweitens: Ich liebe mich selbst, weil ich mich dazu ent-

schlossen habe, mich so zu respektieren, wie ich bin, und aufhöre, so sein zu wollen, wie andere es von mir erwarten.
Es kann durchaus sein, daß Sie im Laufe dieses Programms zu ganz anderen Erkenntnissen und Entscheidungen kommen als ich. Vielleicht entdecken Sie auch, daß Sie meine Technik der täglichen stillen Zeit für Ihre eigenen Bedürfnisse abstimmen sollten. Tun Sie es ohne Zögern. Meine Erfahrung ist – das möchte ich betonen – nichts anderes als eine Anregung für Sie, den ersten Schritt zu machen.
Meine stille Zeit besteht aus folgenden drei Phasen:

Erste Phase: Ich entspanne mich bewußt

Ich suche einen stillen Platz auf und mache es mir bequem. Ich sage mir nicht einfach »Ich bin jetzt entspannt«, sondern gehe von Kopf bis Fuß meinen ganzen Körper durch und stelle mir vor, wie sich mein Kopf, mein Gesicht, meine Schultern, meine Brust, meine Arme, mein Bauch, mein Gesäß und die Beine entspannen. Ich stelle es mir richtig vor und spüre es.
Dieser Vorgang lenkt meine ganze Aufmerksamkeit auf mich und meinen Körper. In diesen Minuten ist mir nichts anderes so wichtig wie meine Entspannung und das Bewußtsein, daß ich mir etwas Gutes tue. Etwas, das mich jetzt und hier glücklich macht.
Ich mache mir bewußt, daß ich durch regelmäßiges Entspannen die Energie sammeln kann, die ich für die Lösung meiner täglichen Probleme brauche. Wer immer nur ange-

spannt und unfähig ist, diese Spannung durch Entspannung neu aufzuladen, respektiert die Erfordernisse seines Körpers nicht.
Und noch etwas: Wer seinen Körper nicht entspannen kann, kann auch seinen Geist nicht entspannen. Er bleibt unruhig und auf der Flucht. Die Entspannung bedeutet: Ich halte inne und laufe nicht länger vor mir weg.

Zweite Phase: Ich mache mindestens fünf bewußt ruhige Atemzüge

Das ruhige Atmen vertieft meine Beziehung zu mir selbst. Ich atme ruhig ein und verfolge in Gedanken, wie sich die Atemluft durch meinen Körper bis hinunter zu meinem Nabel senkt. Ganz zwanglos und ohne das Gefühl, ich müßte irgend etwas Besonderes damit wollen.
Dann atme ich ruhig und gedehnt aus. Dieses gedehnte Ausatmen ist wichtiger als das Einatmen. Ehe ich diese Erfahrung an mir machte, haben mich einige befreundete Schauspieler, Sänger und Meditationslehrer auf die Bedeutung des richtigen Atmens aufmerksam gemacht. Aber weil ich allen Trainern und Ratgebern mißtraue, wollte ich meine eigene Erfahrung damit machen.
Sie, als Ihr eigener Trainer, sollten selbst herausfinden, was die richtige Atmung für Sie bedeuten kann. Lassen Sie keine andere Erfahrung zu als Ihre eigene. Vertrauen Sie einfach auf Ihren Körper und Ihren Instinkt. Lösen Sie sich allmählich von Vorschriften und Anleitungen oder wissenschaftlichen Erkenntnissen über irgendwelche Atemtech-

niken. Die Natur sagt uns von der Geburt an, wie wir richtig atmen sollen. Auch wenn in der Zwischenzeit manche Gurus und Wissenschaftler meinen, erst sie hätten das richtige Atmen erfunden.

Wenn Sie dieses Vertrauen zu sich selbst erst einmal gefaßt haben, werden Sie vermutlich bald erkennen, welche Kräfte in Ihrer Atmung stecken.

Was mich betrifft, so benütze ich diese fünf Atemzüge, um Energie aufzunehmen. Ich stelle mir vor, daß ich mich beim Atmen an das Kraftwerk des unendlichen Kosmos anschließe wie an eine Steckdose. Dann spüre ich bewußt, wie die Energie des Kosmos beim Einatmen in mich strömt. Beim Ausatmen stelle ich mir vor, wie sie sich in meinem ganzen Körper und in meinem Geist ausbreitet und mich stark macht.

Wie gesagt: Diese Sache mit der Energie aus dem Kosmos ist meine ganz persönliche Technik. Manche Leute, die stille Zeit praktizieren, stellen sich vor, wie Wärme, Licht oder die Kraft der Sonne sie durchströmt. Andere wieder bringen ihren Glauben an Gott mit ins Spiel.

Dritte Phase: Ich stelle mir vor, wie ich eins mit mir bin. In mir ist Harmonie mit mir

Bewußtes Entspannen und Atmen versetzen mich allmählich in einen Zustand innerer Ruhe. Dann spüre ich, daß ich eins mit mir bin.

Ich sage das so, als sei es die einfachste Sache der Welt. Aber das ist es nicht. Eher ist das Gegenteil der Fall: Im

Zustand der körperlichen Entspannung wird mein inneres Ich sehr rege. Plötzlich tauchen Gedanken oder Ängste auf, die ich während des Tages beiseite geschoben habe. Verdrängte Probleme finden im Zustand der Entspannung einen Weg aus dem Unterbewußtsein in mein Bewußtsein. Dann denke ich manchmal so banale Dinge wie:

- Habe ich vergessen, mein Auto abzuschließen?
- Mir fällt auf, daß ich hungrig bin.
- Einmal ließ mich der Gedanke nicht los, ich müßte unbedingt einen Freund anrufen, auf dessen Geburtstagsfeier ich nicht erschienen war. Schuldgefühle kamen hoch. Es beunruhigte mich, daß ich den Anruf vergessen könnte. Also unterbrach ich die stille Zeit und machte mir eine Notiz in meinem Kalender.

Seit einem Jahr erprobe ich das Programm dieses Lebenstrainings mit einer Selbsthilfegruppe gegen Angst und Depressionen, um weitere Erfahrungen aus der Praxis zu sammeln. Nach der gemeinsamen stillen Zeit sagte kürzlich eine junge Dame: »Ich kann mich einfach nicht in mich versenken. Schon während des bewußten Atmens sperrt sich etwas in mir. Ich werde unruhig und kann nicht weitermachen.«
Ich sagte ihr, das sei ein interessanter Hinweis auf ein Problem: Irgend etwas in ihr widersetze sich dem Bemühen, sich fallenzulassen und anzunehmen, was das innere Ich ihr bewußtmachen möchte. Vielleicht ein Problem, das ihr unangenehm ist. Vor dem sie bisher davongelaufen war. Sie gab mir recht, und wir einigten uns darauf, daß sie sich

keinesfalls zwingen sollte, die stille Zeit »nach Vorschrift« zu machen. Sie sollte ernsthaft darüber nachdenken, um welches Problem es sich handeln könnte.
Wie Sie sehen, kann die stille Zeit auch dazu dienen, uns auf verdrängte Probleme aufmerksam zu machen. Vorausgesetzt natürlich, wir beachten unser inneres Ich und nehmen ernst, was es uns mitteilen möchte.
Wahrscheinlich fragen Sie jetzt: »Wie löse ich solche Probleme, falls ich sie erkenne?« Eine gute Frage. Ich kann sie nicht beantworten. Ich bin nicht Ihr Trainer, Sie selbst sind es. Aber eines kann ich Ihnen versichern: Ein Problem zu erkennen, das Ihrer inneren Harmonie im Wege steht, ist die Voraussetzung dafür, es überhaupt lösen zu können. Welche Techniken es gibt, seine Probleme selbst zu lösen, darüber erfahren Sie allerdings im Verlaufe dieses Lebenstrainings noch sehr viel.
Als Ihr Trainer sollten Sie sich bewußt machen, daß alles, was wir erreichen oder verändern wollen, einem bestimmten Ablauf unterliegt:

1. Wir sollten uns für ein Ziel entschieden haben. Unser Ziel ist, zu lernen, aus eigener Kraft möglichst an jedem Tag glücklich zu sein.
2. Wir sollten ständig die Techniken üben, mit denen wir die Fähigkeiten aufbauen, Probleme lösen zu können, die unserem Glück im Wege stehen.
3. Wir sollten uns ein Problem sehr konkret bewußt machen, ehe wir es lösen können.
4. Wir sollten lernen, die trainierten Fähigkeiten richtig einzusetzen.

5. Wahrscheinlich müssen wir auch lernen, überhaupt glücklich zu sein. So unglaublich das klingen mag, aber viele Menschen haben Angst davor. Sie empfinden Schuldgefühle, wenn Sie glücklich sind, während andere leiden. Oder sie vermeiden es, das Glück heute zu genießen, weil sie die Enttäuschung fürchten, es morgen nicht mehr zu können.

Konzentrieren Sie sich also auf diesen ersten Schritt des Lebenstrainings, ohne sich jetzt schon damit zu beunruhigen, wie es später weitergeht.

Verteilen Sie die Rollen richtig:

- Sie als Ihr Trainer beschließen, diese Übung täglich zu machen. Sie übernehmen die Verantwortung dafür. Lassen Sie keine Ausrede zu. Wenn etwas nicht so läuft, wie Sie es sich vorgenommen haben, ist Ihr Trainer-Ich da und ermuntert Sie.
- Als Ihr Trainer zweifeln Sie nicht daran, daß Sie es schaffen werden. Auch in Krisen sagt der Trainer Ihnen: »Du versuchst es noch einmal. Wenn es heute nicht gelingt, dann später. Du trainierst, und niemand kann am Beginn des Trainings schon sein Ziel erfüllen.«

Das ist der Unterschied zwischen den allgegenwärtigen Erziehern und Ihnen: Die anderen setzen Sie unter Druck und fordern von Ihnen Leistungen. Sie selbst sind Ihr bester Freund. Sie haben für Ihre Schwächen Verständnis und geben nicht auf. Sie haben jede Zeit der Welt.

Verstehen Sie, was ich meine? Sie sollten lernen, die Trainerrolle selbst zu übernehmen, die bisher andere für Sie spielten. Sie sind in Ihrem Lebenstraining niemand anderem verantwortlich als sich selbst. Sie brauchen niemanden zu fragen: »Darf ich das?« oder »Ist das richtig oder falsch?«
Trainieren Sie täglich die stille Zeit und beobachten Sie interessiert, was Sie mit sich selbst erleben. Wenn Sie es richtig finden, schlagen Sie das nächste Kapitel auf. Ich bin überzeugt, es wird Ihnen weiterhelfen. So oder so.

Hier eine Zusammenfassung, ehe Sie weiterlesen

Der erste Schritt des Lebenstrainings macht Sie mit der stillen Zeit bekannt, der täglichen Viertelstunde mit sich selbst. Sie besteht aus drei Phasen:

1. Entspannen Sie sich bewußt.
2. Atmen Sie ruhig, und nehmen Sie dabei Energie auf.
3. Suchen Sie die Harmonie mit sich, auch wenn Hindernisse auftauchen. Alles, was Ihre Harmonie stört, ist ein Hinweis auf ein Problem, mit dem Sie sich beschäftigen sollten. Lernen Sie loszulassen und sich in sich selbst zu versenken.

Setzen Sie sich nicht unter Druck. Auch nicht durch Ungeduld. Zweifeln Sie nicht an sich. Beschimpfen Sie sich niemals, wenn alles nicht so läuft, wie Sie es sich wünschen.

Üben Sie einfach regelmäßig weiter, ohne sofort etwas zu erwarten.
Vergessen Sie nicht: Sie sind Ihr eigener Trainer und niemandem Rechenschaft schuldig. Genießen Sie diese Freiheit, die nur Sie selbst sich geben können.
Sie werden sehen: Wenn Sie lange genug trainieren, nimmt Ihr Selbstvertrauen zu. Schon die Entscheidung, sich täglich Zeit für Ihre Viertelstunde zu nehmen, unterscheidet Sie von Millionen anderen Menschen. Allein das sollte Ihr Selbstbewußtsein stärken.

Der 2. Schritt

Schreiben Sie sich Ihr eigenes Lebensprogramm. Wenn Sie festgelegt haben, wie Sie Ihre Zukunft gestalten wollen, brauchen Sie niemanden mehr, der es Ihnen vorschreibt. Hier sind acht Themen für Ihr persönliches Lebensbuch:

1. Was macht mich glücklich, und was kann ich tun, um dieses Ziel zu erreichen?
2. Was bedeuten für mich Geld, Besitz und Sicherheit?
3. Was bedeuten für mich Partnerschaft, Gefühle und Familie?
4. Was bedeutet Sexualität für mich?
5. Wie möchte ich leben, und was muß ich dafür an meinem bisherigen Leben ändern?
6. Mein gesunder Egoismus und das uneingeschränkte Bekenntnis zu mir selbst.
7. Was kann ich täglich für mich tun, um gesund zu bleiben?
8. Wie nutze ich meine Phantasie für die Erfüllung meiner Lebensziele?

Der zweite Schritt des Lebenstrainings besteht darin, sich ein eigenes Lebensbuch zu schreiben: Ihre individuelle Bibel, das Programm, nach dem Sie für den Rest Ihres Lebens leben wollen.
Die anderen machen Pläne und Programme für uns, damit wir sie zu ihrem Vorteil befolgen. Sie schreiben uns Gesetze, Gebote und Verbote vor, die *sie* für richtig halten. Ihre fadenscheinige Begründung lautet: Alles das geschieht zum Wohle der Allgemeinheit.
Wer aber denkt an Ihr und mein ganz persönliches Wohl, wenn wir selbst es nicht tun? Wer läßt Sie nicht im Stich, wenn Sie wirklich jemanden brauchen? Haben Sie eigentlich überhaupt eine andere Wahl als jene, sich selbst zu Ihrem verläßlichsten Partner zu machen? Es bedarf nur der Entscheidung: »Ich mache mich so stark, daß ich mich in jeder Lebenslage auf mich verlassen kann.«
Ein eigenes geschriebenes Programm für sein Leben zu besitzen hat unbezahlbare Vorteile. Zum Beispiel diese:

- Es erinnert Sie auch nach Jahren noch daran, wie Sie für den Rest Ihres Lebens glücklich leben wollen. Selbst wenn Sie in der Zwischenzeit eigene Schwächen oder fremde Verlockungen davon abzubringen versuchten.
- Der Vorgang des Aufschreibens fordert Sie dazu heraus, sich gründlicher mit sich selbst zu beschäftigen. Wer seine Pläne und Vorsätze nur im Kopf hat, ist ständig versucht, ihnen auszuweichen, wenn Hindernisse auftauchen.
- Ein eigenes geschriebenes Programm ist der unbestech-

liche Trainer in Ihnen, der Ihnen überall und jederzeit das Ziel vor Augen hält, das Sie erreichen wollen.

Lassen Sie mich diesen Satz wiederholen, falls Sie ihn überlesen haben sollten: Ein eigenes geschriebenes Programm ist der unbestechliche Trainer in Ihnen, der Ihnen jederzeit und überall das Ziel vor Augen hält, das Sie erreichen wollen.

Ungezählte Wünsche und Träume erfüllen sich in unserem Leben nur deshalb nicht, weil wir sie nicht lange genug in uns wachhalten. Denken wir nur an die Werbung: Tag für Tag hämmert sie uns ein, was wir brauchen und war wir kaufen sollen.

Wer sich diesem Diktat ungeprüft unterwirft, weiß ganz offensichtlich selbst nicht, was für ihn richtig ist. Ein eigenes Lebensprogramm ist der Maßstab, mit dem wir vergleichen können, was andere von uns wollen, und was wir wirklich brauchen.

Es gibt vermutlich drei Gründe, warum Sie noch kein eigenes Lebensprogramm besitzen:

1. Es fehlt Ihnen an Selbstvertrauen. Sie trauen es sich einfach nicht zu, große, eigene Ideen entwickeln und verwirklichen zu können. Sie denken: Wenn ich keine hohen Ansprüche stelle, kann ich nicht enttäuscht werden, falls sie sich nicht erfüllen. Vor dieser Enttäuschung haben Sie Angst.
2. Sie legen sich aus Bequemlichkeit nicht fest. Sie haben sich daran gewöhnt, nach den Vorstellungen anderer Leute zu leben. »Eigentlich«, denken Sie, »geht es mir ja

gar nicht so schlecht. Warum sollte ich mit hochtrabenden Vorsätzen auf die Schnauze fallen. Das habe ich doch nicht nötig.«

3. Sie suchen zwar nach einer eigenen Orientierung, aber Sie wissen nicht, wie man sie findet. Niemand hat es Ihnen beigebracht. Und warum nicht? Weil niemand daran interessiert ist, daß Sie selbst wissen, was Sie wirklich wollen.

Wer sich dazu entschließt, sein eigener Lebenstrainer zu sein, braucht zuerst ein eigenes Programm. Er muß darin die Ziele festlegen, die seinen *eigenen* Wünschen, Bedürfnissen und Möglichkeiten entsprechen. Die Bereiche, die für unser tägliches Leben bestimmend sind, bilden die Grundlage eines Programms. Als ich mich vor einigen Jahren mit einem Dutzend Leser meiner Bücher traf, einigten wir uns auf acht Punkte als Grundlage für solch ein Programm.

Wohlgemerkt: *Wir* kamen zu diesem Ergebnis. Sehen Sie es sich an, und bestimmen Sie selbst, ob es sich auch für *Sie* eignet. Hier sind diese acht Punkte:

1. Was macht mich glücklich, und was kann ich tun, um dieses Ziel zu erreichen?

Wenn wir die Fähigkeit trainieren, an jedem Tag glücklich zu sein, sollten wir dieses Ziel nach unseren eigenen Vorstellungen definieren und nicht nach dem Klischee des braven Bürgers, das man uns einredet.

Kürzlich hörte ich einen frommen Herrn im Fernsehen sagen: »Eines Tages werden wir daran gemessen, was wir für unsere Mitmenschen Gutes getan haben.« »Eines Tages«, sagte er, aber er sagte nicht, wann. Er erwähnte auch mit keinem Wort, warum und von wem wir für unsere Nächstenliebe gemessen würden.
Es mag gutgläubige Menschen beruhigen, wenn sie sich für das Glück anderer opfern. Aber sind wir nicht zuallererst für unser eigenes Glück verantwortlich?
Worin besteht Ihr Glück? Was sind Ihre wirklichen Bedürfnisse, und was können und wollen Sie tun, um sie zu verwirklichen?

2. Was bedeuten für mich Geld, Besitz und Sicherheit?

Unsere Trainer hämmern uns unermüdlich ihre Formel des Glücklichseins ein. Sie lautet: »Viel Arbeit bringt viel Geld. Mit Geld können wir alles kaufen, was uns glücklich macht: Besitz, Wohlstand, Gesundheit und Sicherheit.«
Wer nach dieser Formel lebt, mag damit sein Glück finden. Wenn Sie nicht zu diesen Leuten gehören, sollten Sie sich fragen: »Wie lautet die Formel, mit der ich mich von Geld, Besitz und Wohlstand unabhängig machen kann?«

3. Was bedeuten für mich Partnerschaft, Gefühle und Familie?

Unsere Trainer haben uns beigebracht, daß Männer sich wie Männer und Frauen sich wie Frauen verhalten müssen. Sie haben uns mit Begriffen wie Ehre, Treue und Stolz infiltriert. Gar nicht davon zu reden, daß sie uns beibringen, Gefühle, natürliche Bedürfnisse und persönliche Intuition zu unterdrücken, wenn es die angeblich guten Sitten erfordern.
Wie sehr leiden Sie unter dieser Verleugnung Ihrer natürlichsten Bedürfnisse und Fähigkeiten, und was können Sie tun, sich aus eigener Kraft davon zu befreien?

4. Was bedeutet Sexualität für mich?

Es ist noch gar nicht so lange her, daß Priester und Ärzte predigten, sexuelle Selbstbefriedigung führe zu körperlichen und geistigen Schäden. Diese Betätigung, hieß es, sei außerdem sündig und müsse unterdrückt werden
Die Erziehung zur Verdrängung hat unzählige Menschen aggressiv, krank und unglücklich gemacht. Nur scheinbar leben wir heute in einer sexuell freizügigen Zeit. Aber über das Thema öffentlich zu reden heißt nicht, daß es für Sie und mich dadurch bewältigt ist.
Wie können Sie Ihre Verdrängungen aufspüren, um sich die Folgen bewußtzumachen, damit eine ausgelebte Sexualität Sie glücklich macht.

5. Wie möchte ich leben, und was muß ich an meinem bisherigen Leben ändern?

Unsere Trainer erziehen uns dazu, zu bevorzugen, was modern ist, und machen alles »Alte« so lange lächerlich, bis wir uns das Neue kaufen, das sie uns einreden. Das sind die Maßstäbe des allgemeinen Wohlstands, nach denen sich die meisten Menschen richten.
Sich von dieser Abhängigkeit zu befreien, bedeutet nichts anderes, als herauszufinden, was wir wirklich brauchen, und selbstbewußt dafür einzutreten.
Worin aber besteht unser eigener, individueller Lebensstil, der unseren tatsächlichen Möglichkeiten und Bedürfnissen entspricht? Und: Wie trainieren wir die Stärke, unsere eigenen Grenzen abzustecken, statt uns unentwegt zum Überflußverhalten verführen zu lassen?

6. Mein gesunder Egoismus und das uneingeschränkte Bekenntnis zu mir selbst

Die meisten Menschen möchten anders sein, als sie sind. Sie lassen ihre Fähigkeiten verkümmern, weil sie ganz verrückt danach sind, sich so zu benehmen wie die Vorbilder, denen sie nacheifern.
Sie richten ihre Wohnungen so ein, wie sie in Magazinen abgebildet sind, sie frisieren, kleiden und benehmen sich wie andere, die sie beneiden. Wer es sich leisten kann, läßt sich sein Gesicht, seinen Busen oder den Bauch maßgerecht operieren. Das Maß dafür ist nicht ihre eigene Per-

sönlichkeit, sondern das, was die Trainer der Selbstverleugnung Ihnen suggerieren.
Ein gesunder Egoist, der nach seiner eigenen Persönlichkeit sucht, kann sie nur in sich selbst finden. Vorausgesetzt natürlich, er sucht ernsthaft genug danach. Wie trainiert man die Fähigkeit, sich selbst zu finden, um sein Leben nach eigenen Maßstäben zu formen?

7. Was kann ich täglich für mich tun, um gesund zu bleiben?

Ist es nicht eigenartig, daß es Krankenkassen, aber keine Gesundheitskassen gibt? Vermutlich liegt es daran, daß an unserer Krankheit Industrien Milliarden verdienen. Solange wir gesund bleiben, sind wir als Kunde nicht interessant. An unserer Gesundheit verdienen nur wir selbst. Worin aber besteht der Preis, den wir dafür an uns selbst zahlen? Wenn man uns in ein Krankenhaus einliefert, sind wir der professionellen Routine der Fachleute ausgeliefert.
Wie können wir selbst die besten Experten für unsere Gesundheit werden, damit *wir* und nicht die Krankenhäuser davon profitieren?

8. Wie nütze ich meine Phantasie für die Erfüllung meiner Lebensziele?

Vermutlich gehört die Kraft unserer Phantasie zu jenen natürlichen Fähigkeiten, die von unseren Trainern ganz

bewußt am meisten unterdrückt werden. Wer sich nicht vorstellen kann, daß er frei und glücklich leben kann, kommt erst gar nicht auf den Gedanken, sich aus der Abhängigkeit seiner Trainer zu befreien.
Unsere Trainer gaukeln uns *ihre* Träume vor, damit wir keine eigenen haben. Wir sollen Tag und Nacht davon träumen, was sie uns verkaufen möchten. Mit ungehemmter Phantasie lenken sie unsere Wünsche und nehmen uns das Träumen ab. So lange, bis wir fest davon überzeugt sind, daß ihre Träume unsere eigenen sind.
Wie löst man sich aus dieser Abhängigkeit und trainiert die eigene Phantasie als Motor für unser Handeln?
Unser zweiter Trainingsschritt besteht darin, um das Gerüst dieser acht Lebensbereiche herum ein persönliches Programm zu bauen. Für diese Wunschvorstellung unserer Persönlichkeit lohnt es sich, an jedem Tag zu trainieren. Fangen Sie damit an, daß Sie auf acht Blättern Papier jeweils den Titel eines der oben angeführten Punkte schreiben. Legen Sie die Blätter in eine Mappe, oder heften Sie sie in einem Ordner ab.
Trainieren Sie das Denken an sich, Ihr Glück und Ihre Zukunft, indem Sie diese Mappe einmal am Tag durchblättern. Schreiben Sie zu jedem Thema auf, was Ihnen dazu einfällt. Im Verlauf dieses Programms finden Sie dafür noch zahlreiche Anregungen.
Beschäftigen Sie sich mit diesen Fragen ohne Ungeduld. Als Ihr eigener Trainer sollten Sie darauf achten, daß Sie sich für alles, was für Sie wichtig ist, die erforderliche Zeit nehmen. Sie selbst bestimmen, was Sie tun wollen. Kein fremder Erzieher sitzt Ihnen mit seinen Aufträgen, Forde-

rungen und Nörgeleien im Nacken. Niemand macht sich über Sie lustig, wenn Ihnen an einem Tag zu keinem der acht Punkte etwas einfällt. Oder vielleicht nur ein einziger Satz.

Zu den größten Hindernissen beim Training für Ihr Glück gehören die eingelernten Schuldgefühle. Wenn Sie einfach nur dasitzen und über sich nachdenken, ist das für Sie das Wichtigste der Welt. Aber jemand, der Sie zu bevormunden versucht, wird vielleicht sagen: »Alle arbeiten, und du sitzt einfach nur da und guckst in die Luft.« In solchen Situationen reagieren wir meistens mit Zweifeln an uns selbst.

Die anderen messen uns mit *ihren* Maßstäben, ohne jede Rücksicht darauf, was *uns* wichtig ist.

Je besser Sie wissen, was Sie wollen, wie Sie leben möchten und was Sie glücklich macht, um so leichter werden Sie mit den Schuldgefühlen fertig, mit denen andere Sie zu manipulieren versuchen.

Die tägliche Arbeit an Ihrem Lebensprogramm ist ein wichtiger Bestandteil des Trainings zur Stärkung Ihrer Persönlichkeit. Fangen Sie einfach damit an. Am besten sofort.

Hier eine Zusammenfassung, ehe Sie weiterlesen

Der zweite Schritt unseres Trainings ist die Erstellung eines Gerüstes für das eigene Lebensprogramm. Es besteht aus acht Punkten, die Sie als Anregung benutzen können.

Notieren Sie diese Punkte auf acht Blättern, und schreiben

Sie auf, was Ihnen dazu einfällt. Lassen Sie dabei Ihrer Phantasie freien Lauf. Kramen Sie nach alten Wünschen und Träumen, die Sie einmal hegten und mit der Begründung: »Das schaffe ich ja doch nie« oder »Träume sind nur Schäume« verdrängt haben.

Träumen Sie einfach darauf los. Später wird ausführlich davon die Rede sein, mit welchen Techniken Sie die Erfüllung dieser Träume trainieren können.

Sie haben gewiß schon einmal den großartigen Satz gehört: »Wovon man lange genug träumt, das geschieht eines Tages ganz von selbst.« Fangen Sie deshalb jetzt schon damit an, Ihre Vorstellungskraft zu trainieren.

Der 3. Schritt

Trainieren Sie den festen Glauben an sich selbst – den gesunden Egoismus. Lernen Sie, sich selbst zu vertrauen und zu lieben und für alles, was Sie entscheiden und tun, allein die Verantwortung zu übernehmen.

Im Laufe unserer Erziehung zu gläubigen Bürgern wurden uns gezielt ganz bestimmte Vorstellungen über grundlegende Lebensbegriffe eingeimpft. Hier sind drei Beispiele:

- Die Notwendigkeit der Unterordnung wird uns gepredigt, weil es sonst keine »Ordnung« geben könne. Weil wir, die dummen Bürger, aber unfähig sind, diese Ordnung selbst für uns zu schaffen, müssen die Trainer, die Ordnungshüter, dafür sorgen.
- Die Trainer unseres Seelenlebens haben unsere Psyche und unser Unterbewußtsein eingehend erforscht. Für uns? Keineswegs für uns, sondern für *sich* als eine Art Geheimwissenschaft, die nur Leuten zugänglich ist, die ein Diplom dafür besitzen. Sie verkaufen uns ihr Wissen in kleinen Dosen als Psychologen, Therapeuten und Psychiater. Sie führen uns, begleiten und beraten uns, aber sie sagen uns nie, wie wir lernen könnten, selbst damit umzugehen.
- Was die Sache des »Glaubens« betrifft, so gibt es keine Institution, die uns beharrlich beibrächte, an uns selbst zu glauben. Ist Ihnen das schon einmal bewußt geworden? Unsere Trainer sagen uns immer nur, woran *sie* interessiert sind, was wir glauben sollen. An *ihre* Ideen, Ideologien, Produkte oder Gott. *Ihren* Gott, den nur sie uns so interpretieren können, wie es für sie von Nutzen ist.

Der dritte Schritt dieses Programms besteht darin, den Glauben an sich selbst zu entdecken, zu trainieren und für sich zu nutzen. Dafür sollten Sie eingehend folgende vier Entscheidungen prüfen:

1. Ich glaube an mich selbst mehr als an irgend jemand anderen.
2. Ich vertraue mir selbst mehr als irgend jemand anderem.
3. Ich liebe mich selbst mehr als irgend jemand anderen und habe deswegen nicht das geringste Schuldgefühl.
4. Ich allein übernehme die Verantwortung für mich, meine Unabhängigkeit, mein Glück, meine Zukunft. So befreie ich mich allmählich aus der Abhängigkeit der Trainer und übernehme mein Lebenstraining selbst.

Vermutlich denken Sie jetzt ein wenig verschreckt: »Das ist ja der reinste Egoismus.« Wie recht Sie haben. Na und? Stehen wir uns nicht alle selbst am nächsten, auch wenn die anerzogenen Schuldgefühle uns daran hindern, es offen einzugestehen?

Vielleicht gehören auch Sie zu den Millionen Menschen, die sich nichts sehnlicher wünschen als innere Kraft, Durchsetzungsvermögen und Selbstvertrauen. Sie wünschen es sich, aber sie tun nichts, um es aus eigener Kraft zu lernen. Ihre Trainer sind nicht daran interessiert, also bringen sie es Ihnen auch nicht bei. Ganz im Gegenteil: Sie wollen, daß Sie hilflos und von ihnen abhängig sind und bleiben.

Sie möchten frei und glücklich sein, aber sie scheuen davor zurück, sich zu sich selbst zu bekennen. Sie nehmen auf andere Rücksicht, um bei allen beliebt zu sein. Sie sagen gefällig ja, obwohl Sie lieber nein sagen würden. Aus Rücksicht auf andere sind Sie lieber rücksichtslos gegen sich selbst. Und warum? Weil Sie daran zu glauben gelernt haben, daß nichts wichtiger ist als Einordnung und Rücksichtnahme auf andere.

Viele Leute hassen sich für diese Schwäche. Sie beschimpfen sich dafür, daß sie wieder einmal anderen nachgegeben haben, und ärgern sich. Ihr einziger Trost ist das Selbstmitleid. Habe ich nicht recht?

Ich erinnere Sie so eindringlich an diese Zusammenhänge, um Ihnen Ihr eigenes Verhalten bewußt zu machen. Wer frei und glücklich sein will, muß zuerst wissen, warum und vom wem er abhängig ist.

Wenn Sie Ihr Leben nach eigenen Vorstellungen leben wollen, brauchen Sie die ganze Kraft des Selbstvertrauens. Es gibt keinen Kompromiß, sondern nur die klare, eindeutige Entscheidung: »Ich bin für mich das Wichtigste in dieser Welt, und ich will das Beste daraus machen.« Das ist es, was ich unter gesundem Egoismus verstehe: der Glaube an sich selbst.

Der Glaube – was ist das überhaupt?

Es ist kein Zufall, daß die meisten von uns bei diesem Begriff sofort an andere denken, an die unermüdlich eingelernten Vorstellungsbilder wie:

- Ich glaube an Gott, den Allmächtigen.
- Ich glaube an die Gerechtigkeit.
- Ich glaube an dich.

Ähnlich geht es uns, wenn von der Liebe die Rede ist. Sofort fallen uns Formeln ein wie: »Ich liebe *dich*« oder »Liebst du

mich auch wirklich?« Und wir denken an die tiefe Sehnsucht danach, von irgend jemandem wirklich, ehrlich und ewig geliebt zu werden. Denken Sie jemals den für jeden von uns so entscheidenden Satz: »Ich liebe *mich*«?
Prüfen Sie doch gleich jetzt einmal ganz ehrlich, woran Sie wirklich glauben, wen Sie lieben und von wem Sie jemals ehrlich und rückhaltlos geliebt wurden. Denken Sie auch an die Enttäuschungen, die Sie erlebten, wenn Sie andere liebten, ihnen blind vertrauten oder rückhaltlos an sie glaubten.
Ich kenne Scharen von Leuten, die Angst davor haben, jemals wieder jemanden zu lieben, weil sie doch immer nur enttäuscht worden sind. Und ich will gar nicht von denen reden, die aus Liebe geheiratet, aber schon ein paar Monate später nur noch über ihre Anwälte miteinander verkehrten.
Als Ihr eigener Trainer sollten Sie keinesfalls diesen drei Fragen ausweichen:

- Wie sehr glaube ich eigentlich an mich selbst?
- Wie sehr liebe ich mich?
- Wen oder was mache ich dafür verantwortlich, daß ich nicht so frei und glücklich bin, wie ich es sein möchte?

Wenn Sie es auch drehen und wenden und nach Ausreden suchen: Wenn Sie die Antworten auf diese drei Fragen zu Ende denken, werden Sie vermutlich immer wieder zu diesen beiden Schlußfolgerungen gelangen:

- Wenn ich mich nicht selbst liebe, kann ich auch niemand anderen lieben. Woher sollte dieses Gefühl in mir auch entstehen, wenn ich es nicht in mir selbst entdecke und entwickle?
- Wenn ich nicht an mich selbst glaube, bleibe ich ein Leben lang von jenen abhängig, bei denen ich nach innerem Halt suche.

Als ich an dem Buch *Hilf dir selbst, sonst hilft dir keiner* schrieb, dachte ich viele Stunden über den geläufigen Ausspruch nach: »Hilf dir selbst, dann hilft dir Gott.« Bis heute blieb für mich die Frage offen: »Wenn ich mir selbst helfen kann, weil ich an mich glaube, wozu brauche ich dann den Umweg über Gott?« Wissen Sie vielleicht eine Antwort darauf?

Vor kurzem hörte ich in einer Fernsehsendung, wie ein Bischof bedauernd feststellte, den jungen Menschen gehe in der heutigen Zeit immer mehr der Glaube an Gott verloren. Er meinte es nicht etwa als Vorwurf gegen sich selbst als Vermittler des Gottesglaubens, er machte vielmehr die jungen Leute, die Gesellschaft und ihre Entwicklung dafür verantwortlich.

Das ist die scheinheilige Strategie der Trainer, die uns vorschreiben, woran wir zu glauben haben: Wenn wir ihren Glaubensforderungen nicht gehorchen, sind niemals sie, sondern immer wir selbst daran schuld. Im Namen Gottes, so meinen diese Trainer, oder im Namen einer angeblich guten Sache, der Gerechtigkeit, des Friedens oder der Demokratie, können Sie uns alles einreden, wenn wir nur blauäugig daran glauben.

Ist es da nicht viel vernünftiger, wenn wir auf der Suche nach dem Glauben beim Glauben an uns selbst beginnen? Schließlich ist jede Art des Glaubens doch immer nur unsere ganz persönliche Entscheidung.
Lassen Sie uns nach diesen Überlegungen zu unserem dritten Trainingsschritt zurückkehren. Er lautet:

- Trainieren Sie den Glauben an sich selbst.
- Lernen Sie, sich selbst rückhaltlos zu vertrauen.
- Entdecken Sie die Liebe zu sich selbst.
- Übernehmen Sie die Verantwortung für Ihr Leben.

Als ich vor einigen Jahren während eines Seminars den Teilnehmern vorschlug, über diese vier Forderungen nachzudenken, sagte eine junge Frau heftig: »Wie kann ich denn an mich selbst glauben, bei all meinen Fehlern und Schwächen?« Dann fügte sie leise hinzu: »Wenn Sie wüßten, wie oft ich mich selbst dafür hasse, daß ich so bin, wie ich bin.«
Nach diesem Bekenntnis nickten einige unter uns, andere blickten verschämt zu Boden. Eine Minute lang herrschte betretenes Schweigen.
Drei Dinge können wir aus den beiden bedeutungsvollen Sätzen dieser Frau für unser Training lernen:

1. Ob wir an uns glauben oder an uns zweifeln, hängt davon ab, welche Richtung wir unseren Gedanken geben.
2. Glaube oder Zweifel hängen von unserer Entscheidung ab.
3. Es liegt nur an uns selbst, ob wir uns lange und beharr-

lich genug einreden: »Ich kann nicht an mich glauben. Ich kann mich nicht lieben. Wie soll ich mir denn selbst vertrauen, bei allen meinen Schwächen?« Oder ob wir beschließen, unsere Gedanken und unsere Phantasie zu benutzen, um uns beharrlich das Gegenteil zu suggerieren.

Entscheidend dabei ist ohne Zweifel, ob wir unser Denken und Handeln nach den Maßstäben messen, die uns beigebracht wurden, oder ob wir beschließen, selbst für uns zu denken.
Wie sich herausstellte, waren der erwähnten jungen Frau von ihren Trainern – zuerst vom Vater und später vom Ehemann – die Selbstzweifel gründlich beigebracht worden:

- Ihr Vater hatte sie von Kindheit an mit der Formel trainiert: »Aus dir kann nie etwas Richtiges werden. Was du auch anpackst, du machst es falsch.«
- Der Ehemann erniedrigte sie zum Hausmütterchen, indem er ihr täglich vorhielt: »Du taugst gerade noch zum Kochen und Putzen, im Bett bist du eine Niete.« Für ihn war das die bequeme Begründung, nächtelang fortzubleiben.

Nach diesem gründlichen Training dachte die Frau schließlich über sich selbst genauso wie ihre Trainer. Sie verachtete sich dafür, daß sie manchmal in ihrer Verzweiflung ihrem Mann den Tod wünschte, um endlich von ihm befreit zu sein. Ein geheimer Wunsch, der sofort wieder

Schuldgefühle auslöste und ihr Selbstvertrauen vollends verdrängte.
So außergewöhnlich Ihnen dieser Fall auch erscheinen mag, im Grunde genommen trifft er auf viel mehr Menschen zu, als wir wahrhaben wollen. Letzten Endes führt er uns zu der Entscheidung, die unser eigenes Trainingsprogramm bestimmt. Sie lautet:
»Ich beschließe, mich aus eigener Kraft von der Abhängigkeit meiner Trainer Schritt für Schritt zu befreien und mir selbst bewußt und beharrlich einzureden, wer ich wirklich bin und sein will.« Oder um es anders zu sagen: »Ich bestimme selbst, wie ich über mich denke.«
Wenn die Trainer es schaffen, uns durch ihre ständig wiederholten Gedankenformeln den Glauben an uns auszureden, warum sollten wir uns nicht mit der gleichen Methode selbst einreden können, was wir sind und was wir wollen?
Unsere Befreiung beginnt mit der Entscheidung zur Umkehr der Gedanken. Die bewußte Lenkung der Gedanken ist ganz offensichtlich das Instrument dafür. Es liegt an uns, dieses Training selbst zu übernehmen, statt es anderen zu überlassen.
Wenn Sie sich mit diesen Überlegungen vertraut machen können, verstehen Sie vermutlich jetzt besser, wie stille Zeit, Lebensprogramm und der Glaube an sich selbst ineinandergreifen:

- Die stille Zeit ist das tägliche Training zum eigenen Denken und der Beeinflussung Ihrer Gedanken.
- Durch die tägliche Beschäftigung mit Ihrem Lebenspro-

gramm entwickeln Sie im Laufe der Zeit Ihre eigenen Ziele und Vorstellungen des Lebens, die Sie glücklich machen.
- Dieser dritte Trainingsschritt schließlich besteht in der Entscheidung für sich selbst. Die Formeln dafür können lauten: »Ich entscheide mich, so an mich selbst zu glauben, wie ich bin. Mit meinen Stärken *und* mit meinen Fehlern und Schwächen. Ich beschließe, mich selbst so zu lieben, wie ich bin, damit ich nicht von der Hoffnung abhängig bin, daß andere mich lieben. Ich selbst übernehme dafür die Verantwortung.«

Wenn ich die Liebe hier immer wieder im Zusammenhang mit dem Glauben bringe, so deshalb, weil beide eines gemeinsam haben: die Loslösung von den Erwartungen, die wir in andere setzen, indem wir nur uns selbst dafür verantwortlich machen.
Im nächsten Trainingsschritt erfahren Sie mehr darüber, wie Sie die stille Zeit noch viel besser zur Selbstlenkung nützen können.

Hier eine Zusammenfassung, ehe Sie weiterlesen

Der dritte Trainingsschritt besteht aus dem Bekenntnis zu sich selbst, mit dem Sie sich weiter aus der Abhängigkeit von Ihren Trainern befreien.
Zwei Voraussetzungen sind erforderlich: Eine eigene Entscheidung und gezieltes Denken. Ersetzen Sie die Formeln

Ihrer Trainer durch Ihre eigenen Denkformeln. Mein Vorschlag dafür lautet:

1. Ich glaube an mich selbst mehr als an irgend jemand anderen.
2. Ich vertraue mir, auch wenn ich Schwächen habe und Fehler mache.
3. Ich allein übernehme die Verantwortung für mich, meine Unabhängigkeit und mein Glück. So befreie ich mich allmählich aus der Abhängigkeit von meinen Trainern und übernehme mein Training selbst.
4. Ich liebe mich selbst mehr als irgend jemand anderen. So trainiere ich selbst, das Gefühl des Liebens und die Kraft des Glaubens zu entwickeln.

Der 4. Schritt

Üben Sie in der stillen Zeit, eigene Vorstellungen und Formeln in Ihr Unterbewußtsein zu verankern. Bis diese sich schließlich ganz von selbst erfüllen. Denn Ihre besten Vorsätze nützen nichts, wenn Sie kein Instrument besitzen, sich selbst zu lenken und zu kontrollieren.

Am Beginn dieses Jahrhunderts machte der französische Apotheker Emile Coué diese drei Erfahrungen, die wir uns für das Lebenstraining zunutze machen können:

1. Jeder Gedanke, den wir denken, hat das Bestreben, sich zu verwirklichen.
2. Unsere Einbildungskraft ist immer stärker als unser Wille.
3. Wenn wir uns morgens und abends 20-, 30mal die Formel einreden: »Mir geht es von Tag zu Tag in jeder Hinsicht immer besser und besser«, ist die Wahrscheinlichkeit, daß es uns besser geht, viel größer, als wenn wir uns einreden: »Mir geht es heute wieder schlecht.»

Seither gilt dieser Monsieur Coué als der Begründer der Autosuggestion, einer Methode, sich selbst zu beeinflussen und zu lenken. In vielen Staaten lehren und praktizieren heute seine Anhänger diese Methode. Sie ist einfach und verständlich. Jeder kann sie lernen. Wir brauchen dazu keine Kurse, teuren Seminare oder geheimnisumwitterte Gurus, die es uns beibringen.
Ich habe im Lauf der Jahre viele Menschen kennengelernt, die in Indien oder Japan eifrig autogenes oder mentales Training und die Meditation gelernt haben. Manche waren stolz darauf, daß sie nicht nur eine, sondern mehrere dieser Methoden bei den allerbesten Meistern studiert hatten. Sie wußten alles darüber, nur eines nicht: das Gelernte für die Erlangung ihres einfachen täglichen Glücks praktisch einzusetzen.
Wenn wir einmal beschlossen haben, unser eigener Guru,

Meister und Trainer zu sein, ist die Methode, mit der wir es tun, nicht mehr wichtig. *Wir* allein sind wichtig. Nicht wir müssen uns einer Methode anpassen, sondern wir passen die für uns am besten geeignete Methode *uns* an. Wofür wir uns auch entscheiden mögen, die Fähigkeiten, die dabei eine Rolle spielen, bleiben gleich:

- Der Zugang zu uns selbst und die Kunst, uns zu entspannen und mit uns in Harmonie zu kommen.
- Das Wissen, was wir wollen und was uns glücklich macht.
- Die Technik, unsere Gedanken nach unseren eigenen Vorstellungen zu lenken.
- Der Zugang zu unserem Unterbewußtsein und zu wissen, wie wir es zu unserem Nutzen beeinflussen können.

Alles, was uns die Lebenstrainer bis heute ein Leben lang beigebracht haben, ist in unseren Gedanken und im Unterbewußtsein gespeichert. Die Erniedrigungen, die wir als Kind erlebten. Die Verbote und Gebote unserer Lehrer. Ängste und Rituale der Ein- und Unterordnung und verdrängte Wünsche und Sehnsüchte. Alles ist zu einem Bestandteil unserer Persönlichkeit geworden und beeinflußt unsere Entscheidungen.
Widmen Sie den morgigen Tag dem Experiment, diese Behauptung an sich selbst zu überprüfen. Wann immer Sie etwas tun wollen, beobachten Sie, wie Sie in Ihren Gedanken darauf reagieren. Registrieren Sie bewußt, wie oft Sie dann folgende Formeln denken:

- Das darf ich nicht.
- Das kann ich nicht.
- Das ist verboten.
- Was würden denn da die anderen sagen?
- Das traue ich mir nicht zu.
- Das ist mir unangenehm.
- Das habe ich noch nie gemacht.
- Lieber nicht, da könnte ich mich lächerlich machen.

Und wie die eingelernten, längst zur Gewohnheit gewordenen Verhinderungssuggestionen alle lauten.

Woher, meinen Sie, kommen diese Formeln? Sie kommen entweder aus Ihrem bewußten Denken oder von dem in Ihrem Unterbewußtsein gespeicherten Erzieher-Ich.
Das Ziel des vierten Trainingsschrittes besteht darin, sich selbst zu Ihrem Erzieher-Ich, also zum eigenen Trainer, zu machen. Wenn Sie ernsthaft die Entscheidung getroffen haben, an sich zu glauben und Ihr Training selbst in die Hand zu nehmen, heißt das: die eingelernten Formeln der Trainer durch Ihre eigenen zu ersetzen.
Wenn Sie sich schwach, krank, depressiv oder hilflos fühlen, gibt es immer zwei Möglichkeiten:

1. Sie denken: »Ich fühle mich jetzt schwach, krank und hilflos.« Weil man sich in diesem Zustand so fühlen *muß*.
2. Oder Sie entscheiden: »Wichtig ist nicht, wie ich mich jetzt fühlen müßte. Ich beschließe, daß ich mich von Stunde zu Stunde in jeder Hinsicht immer besser und besser fühle.«

Erinnern Sie sich noch an die Erkenntnis des Emile Coué? Er sagte: »Die Einbildungskraft ist immer stärker als der Wille.« Glauben Sie diese Behauptung nicht einfach, sondern überprüfen Sie sie an sich selbst. Schließlich sind Sie Ihr eigener Trainer.

Lernen Sie, mit dem Instrument »Einbildungskraft« umzugehen. Benützen Sie Ihr Denken und Ihre Phantasie dazu, sich möglichst bildhaft vorzustellen, *wie* Sie gesund, stark und glücklich sind.
Vielleicht denken Sie jetzt: »Aber ich kann mir doch nicht vorstellen, daß es mir gutgeht, wenn es mir gerade so *schlecht* geht.« Es geht Ihnen schlecht, weil Sie *denken*, daß es Ihnen schlechtgeht. Sie selbst denken es. Dieser Gedanke ist Ihre eigene Entscheidung. Je öfter Sie ihn denken und sich einbilden, daß es Ihnen schlechtgeht, um so schlechter wird es Ihnen vermutlich auch gehen.
Wer sollte Sie als Ihr eigener Trainer daran hindern, das zu denken, was Sie sich wünschen. Nämlich, daß es Ihnen gutgeht und daß Sie glücklich sind? Gleichgültig, wie es Ihnen in diesem Augenblick geht.
Glücklich zu sein ist das Ergebnis Ihrer Entscheidung, glücklich zu sein, und des Trainings der Vorstellung, daß Sie glücklich sind.
Das heißt allerdings nicht, daß Sie Ihren Willen zu Hilfe nehmen sollten und denken: »Ich muß jetzt glücklich sein.« Es heißt, daß Sie Ihre Einbildungskraft einsetzen. Nicht den Zwang, der doch nur Widerstände und Unruhe erzeugt, sondern die sanfte Kraft der einfachen Formeln und Bilder.

Trainieren heißt nicht, eine Leistung erzwingen zu wollen, sondern so lange zu üben, bis diese sich ganz von selbst einstellt. Niemand wird nur deshalb Weltmeister im Hochspringen, weil er es sein will. Er wird es durch zwei Voraussetzungen:

1. Weil er daran glaubt, daß er es schaffen wird.
2. Weil er unermüdlich immer wieder die Fähigkeiten trainiert, die notwendig sind, um höher springen zu können als seine Konkurrenten.

Glücklich und selbstbewußt zu leben erfordert genau die gleichen Fähigkeiten:

1. Sie glauben daran, daß Sie glücklich sein werden.
2. Sie trainieren unermüdlich die dafür notwendigen Fähigkeiten.

Die wichtigste Fähigkeit ist die stille Zeit als Instrument der Selbstlenkung und Selbstkontrolle. Sie dient dazu, Ihre Gedanken auf die Erfüllung Ihrer Vorstellungen zu lenken statt auf die Vorstellung, daß Sie es nicht können und auch nie schaffen werden. Oder daß Sie zu schwach, von Ängsten gequält und hilflos sind.
Um es noch einmal ganz einfach zu sagen: Wenn Sie lange genug denken, wie glücklich Sie sind, verankert sich eines Tages dieser Gedanke in Ihrem Unterbewußtsein. Er wird zum Glauben, daß Sie stark und glücklich sind.
Wenn dieser Glaube sich in Ihrem Unterbewußtsein verankert, wird er dort immer mehr die Zweifel und Ängste

verdrängen, die Ihre Trainer Ihnen beigebracht haben. Bis schließlich der Glaube an Ihre Kraft und Ihr Glück ganz automatisch Ihr Handeln zu bestimmen beginnt.
Ich weiß: Alles, was Sie hier lesen, ist nichts anderes als mein Versuch, Ihnen den Vorgang zu erklären, wie ich ihn aus meiner eigenen Erfahrung kenne. Ich habe damit in den vergangenen 40 Jahren mein Leben, meine persönlichen Erfolge und mein Glück bestimmt. Ich weiß: Dies ist *mein* Weg, und ich glaube an ihn.
Sie sollten nicht denken, daß es der einzige und richtige Weg auch für Sie ist. Ich will Sie nur dazu ermuntern, Ihre eigene, für Sie passende Methode zu finden. Wobei es sicherlich von Vorteil sein kann, wenn Sie meinen Weg so lange ausprobieren, bis Sie herausgefunden haben, wie Sie ihn für sich nutzen können.
Ich selbst habe nie aufgehört dazuzulernen. Vor ein paar Jahren gestaltete ich im Fernsehen eine Reihe von Sendungen mit Personen, die aus eigener Kraft ihre Probleme oder Krankheiten bewältigen konnten. Eine von ihnen war die junge Hausfrau Elfie Lienhart aus der kleinen österreichischen Ortschaft Dobl bei Graz. Hier ist ihre Erfahrung, wie sie sich selbst von einem Augenleiden heilte:
Als Frau Lienhart spürte, daß Ihre Sehkraft merklich nachließ, vertraute sie sich einer Reihe von Ärzten an. Sie wurde untersucht, weitergereicht und mit unzähligen Medikamenten versehen. Alles half nichts. Sie litt unter starken Schmerzen und unter der Angst, bald erblinden zu müssen.
Als Ihre Verzweiflung ein Stadium der Unerträglichkeit erreicht hatte, fuhr sie in eine Universitätsklinik, von der

man ihr gesagt hatte, dort gebe es die besten Spezialisten der Augenheilkunde. Das Ergebnis der Untersuchung: Man sagte ihr, sie müsse sich damit abfinden, in nächster Zeit vollends zu erblinden.
Als die Hausfrau mit dieser entmutigenden Botschaft wieder nach Hause kam, riet ihr eine Verwandte, ein Buch des amerikanischen Autors Dr. Joseph Murphy zu lesen. Es trägt den Titel *Die Kraft Ihres Unterbewußtseins*.
Obwohl das Lesen für sie schon sehr mühsam war, studierte Frau Lienhart Zeile für Zeile des Buches. Was dieser Dr. Murphy darin seinen Lesern riet, sprach sie sofort an. Er behauptete, jeder könne mit positiven Lebensformeln, die man immer wieder denkt und in sein Unterbewußtsein verankert, wahre Wunder wirken.
Jahre später schilderte die Hausfrau aus Dobl den Zuhörern in meiner Sendung, was dann passierte: »Ich habe mir also meine eigene Formel zurechtgelegt. Sie lautete: ›Lieber Gott, ich danke Dir, daß Du mich wieder sehen läßt.‹ Diese Formel suggerierte ich mir bei jeder Gelegenheit. Ich ging damit schlafen und wachte damit auf.«
Zwischendurch praktizierte sie auch eine andere Technik, die der erwähnte Dr. Murphy »das Visualisieren« nennt. Frau Lienhart beschrieb es so: »Ich setzte mich in einen stillen Winkel und stellte mir wie in einem Gedankenfilm vor, daß ich in einem Buch las und jeden Buchstaben und jede Zeile ganz klar und rein erkennen konnte.«
Wohlgemerkt: Obwohl sie kaum noch sah, lautete ihre Formel: »Lieber Gott, ich danke Dir, daß Du mich wieder sehen läßt.« Und in ihrer Einbildungskraft stellte sie sich vor, wie sie ohne Mühe in einem Buch las. Ihre Vorstellung

war so realistisch, daß sie sogar spürte, wie sie ein Buch in ihren leeren Händen hielt.
Vor dem Fernsehpublikum erzählte sie: »Ich glaubte so sehr an das, was ich tat, daß ich damals sofort den Sack mit allen Medikamenten, den mir die Ärzte im Laufe der Zeit verordnet hatten, in den Mülleimer warf.« Einige Monate später konnte sie wieder sehen. Heute trägt sie nicht einmal mehr eine Brille.
Zugegeben, ich stünde diesem Bericht bis heute ziemlich skeptisch gegenüber, wenn ich nicht durch die erwähnte Fernsehsendung mehr als 30 andere Menschen mit ähnlichen erstaunlichen Erfahrungen kennengelernt hätte. Alle hatten eines gemeinsam: Sie lösten ihre Probleme durch die Kraft ihrer Einbildung.
Was Sie davon halten, bleibt Ihnen überlassen. Für mich sind diese Berichte aus erster Hand ein Hinweis darauf, welche Möglichkeiten in uns allen schlummern. Es liegt an uns, sie zu erkennen, zu erwecken und zu nutzen. Sie haben nichts mit Wundern oder Geheimnissen zu tun. Unsere inneren Kräfte sind Realität.
Es ist Ihre Entscheidung, was Sie aus solchen Beispielen für sich machen. Ich selbst habe mir vor mehr als 20 Jahren mit der Gedankenformel »Zigaretten sind mir völlig gleichgültig« das Rauchen abgewöhnt. Meine Frau gebar unseren zweiten Sohn schmerzlos, nachdem sie sich im letzten Monat der Schwangerschaft täglich eingeredet hatte, daß sie ihn schmerzlos gebären würde.
Solche praktische Selbsterfahrungen sind für mich überzeugend. Ich sage »Selbsterfahrungen«, denn es nützt nichts, etwas nur zu wissen. Wir müssen es selbst *erfahren*.

Was letzten Endes für uns zählt, ist das, war wir daraus machen.
Machen Sie diese Erfahrung an sich selbst. Versuchen Sie es nicht nur, um dann sagen zu können: »Ich habe es ja ausprobiert, aber mir hilft es nicht.« Diese Entschuldigung zählt nicht. Als Ihr eigener Trainer sind Sie – nur Sie – für das Ergebnis Ihrer Bemühungen verantwortlich.
Das heißt: Wenn ein Versuch nicht zum erwarteten Ergebnis führt, sollten Sie nicht einfach resignieren, sondern die Ursachen dafür aufspüren und daraus lernen. Machen Sie neue Experimente. Nur eines sollten Sie niemals: Aufgeben, indem Sie die Schuld dem Schicksal, den Umständen oder anderen Menschen in die Schuhe schieben.
Vergessen Sie nicht: Sie besitzen mit der stillen Zeit ein hervorragendes Instrument, sich zu entspannen und geduldig mit sich selbst umzugehen. Sie wissen, welche Kraft der Glaube an sich selbst besitzt und wie Sie die Formeln Ihrer Erzieher durch eigene, gelenkte Gedanken ersetzen können.
Trainieren Sie es. Lassen Sie sich nicht entmutigen. Sie tun es für sich, nur für *sich*. Und es gibt nichts, was für Sie wichtiger sein sollte als Sie selbst.

Hier eine Zusammenfassung, ehe Sie weiterlesen

Der vierte Trainingsschritt macht Sie mit Methoden vertraut, Ihre eigenen Lebensvorstellungen so lange in ihr Unterbewußtsein zu versenken, bis sie sich schließlich ganz von selbst erfüllen.
Er geht davon aus, daß jeder unserer Gedanken dazu da ist, sich zu verwirklichen. Wenn wir denken »Ich bin krank, mir geht es schlecht«, verwirklicht sich diese Vorstellung genauso, wie wenn wir uns einreden: »Mir geht es gut. Ich bin glücklich.« Es liegt ganz allein an uns, für welche Formel wir uns entscheiden.
Die Einbildungskraft ist stärker als unser Wille, der doch nur Widerstände auslöst. Also verspricht es mehr Erfolg, wenn wir uns die Erfüllung eines Wunsches möglichst bildhaft immer wieder vorstellen, statt von uns zu fordern: »Du mußt.«
Lassen Sie sich viel Zeit, um alle diese Behauptungen an sich selbst zu überprüfen. Vielleicht bringen Sie nicht den festen Glauben auf wie die Frau, die sich selbst wieder sehend machte. Aber wenn Sie sich einen Monat lang an jedem Morgen 20mal nach dem Aufwachen die Formel suggerieren: »Mir geht es heute gut. Ich liebe mich selbst so, wie ich bin«, oder: »Ich bin heute glücklich, egal, was passiert«, machen Sie vielleicht eine Erfahrung, die Sie vorher für unmöglich gehalten haben.

Der 5. Schritt

Widmen Sie sich eingehend der Suche nach sich selbst. Wer selbst nicht weiß, wer er wirklich ist, wird von anderen ausgenutzt. Wer nicht weiß, was er will, dem reden es die anderen ein. Drei Fragen helfen Ihnen, sich selbst zu finden:

1. Wer bin ich wirklich?
2. Warum bin ich so, wie ich bin?
3. Was will ich wirklich?

Ich kann mir gut vorstellen, daß Ihnen die Aufforderung, sich selbst zu suchen, ein wenig ungewohnt erscheint. Vielleicht denken Sie sofort: »Was soll denn das? Ich weiß doch, wer ich bin.«
Wissen Sie es wirklich?

- Sind Sie der, den Sie den anderen vorspielen, um von ihnen anerkannt, geliebt und bewundert zu werden?
- Sind Sie der, den Sie vor anderen verbergen. Aus Angst, Sie könnten durchschaut werden, wie Sie wirklich sind?
- Sind Sie tatsächlich die nette, fleißige, treue Ehefrau, oder sind Sie in Ihren Träumen und Sehnsüchten jemand ganz anderer?
- Sind Sie der männliche, tüchtige Bursche, als der Sie sich geben, oder verdecken Sie hinter dieser Fassade nur Ihre Schwächen?

Ich bin mir ziemlich sicher, daß keiner von uns wirklich so ist, wie er zu sein vorgibt. Vermutlich ist dieser Zwiespalt die Quelle der meisten unserer Probleme, die uns daran hindern, frei und glücklich zu sein.
Unsere Trainer erziehen uns unermüdlich zur Selbstverleugnung und zur Unterdrückung unserer natürlichen Bedürfnisse. Sie erziehen uns dazu, alles zu verdrängen, was nicht den Normen entspricht, die sie für uns aufgestellt haben.
In den Februartagen des Jahres 1913 traf in Wien ein Dutzend berühmter Psychiater zu einem Meinungsaustausch zusammen. Eingeladen hatte sie dazu der berühmte Professor Sigmund Freud. Viele Stunden lang diskutierten

die ehrenwerten Herren zum Teil sehr heftig nur über ein einziges Thema: über die Folgen der Unterdrückung des natürlichen Bedürfnisses nach sexueller Selbstbefriedigung.

Zu jener Zeit galt es unter den meisten Ärzten als erwiesen, daß Onanie krank macht. Die Kirche verdammte sie als Sünde, und in strengen Klosterschulen mußten die Kinder mit den Händen auf der Bettdecke schlafen, damit sie nicht in Versuchung kamen, mit ihren Geschlechtsteilen zu spielen. Wie Sie sehen: Es war ein hartes Training zur Verdrängung.

Natürlich gab es kaum jemanden, der dieser moralischen Forderung gerecht werden konnte. Die Folge für viele junge Leute in der sogenannten aufgeklärten Gesellschaft: Wer onanierte, wurde von Schuldgefühlen und der Angst geplagt, krank zu werden. Wer es nicht tat, lebte in der permanenten Spannung verdrängter Sexualität.

Bei dem erwähnten Treffen der Psychiater nun erklärte einer der Professoren in aller Deutlichkeit, er habe durch viele Fälle in seiner Praxis die Erfahrung gemacht: Patienten litten nicht an Ängsten und Depressionen, *weil* sie sich selbst befriedigten, sondern weil sie ihr Bedürfnis danach unterdrückten.

Er traf die klare Feststellung: »Wer seine natürlichen Bedürfnisse unterdrückt, wird krank.« Er führte zahlreiche Fälle an, in denen Patienten schon nach kurzer Zeit von ihren Ängsten und Depressionen befreit waren, nachdem sie den Rat des Professors befolgt hatten, ihr sexuelles Bedürfnis ohne Schuldgefühl zu befriedigen.

Ähnliche Aussagen machte auch Dr. Freud, der Erfinder

der Psychoanalyse, der diese Erkenntnis auch seinen Studenten im Hörsaal eindringlich ans Herz legte.
Kehren wir nach diesem Ausflug in die Psychiatrie wieder zu unserem fünften Trainingsschritt zurück. Wir kennen jetzt die Erkenntnis einiger erlauchter Professoren: Wer seine natürlichen Bedürfnisse unterdrückt, kann dadurch krank werden.
Vermutlich denken Sie jetzt: »Heute, in unserer aufgeklärten Zeit, weiß doch jeder über die Sexualität Bescheid. Es gibt doch nichts mehr, über das nicht offen gesprochen würde.« Es mag schon sein, daß auch Sie sich aufgeklärt fühlen.
Aber beantworten Sie sich als Ihr Trainer dazu ehrlich drei Fragen zu diesem Thema:

1. Spreche ich mit meinen Eltern, Kindern oder meinem Partner ohne Hemmung und ganz offen über meine Selbstbefriedigung?
2. Befriedige ich meine sexuellen Bedürfnisse so, daß es mich von meinen Spannungen befreit und ohne alle Schuldgefühle glücklich macht?
3. Oder kommen Sie zu dem Schluß, daß Sie Ihre sexuellen Phantasien und Wünsche viel öfter unterdrücken und verbergen als sie befriedigend ausleben?

Dieser fünfte Trainingsschritt soll Sie dazu ermuntern, sich auf die Suche nach Ihren beiden Ich zu machen:

- Nicht nur nach dem Ich, das Sie Ihrer Umwelt vorspielen oder vorspielen möchten.

- Sondern genauso nach jenem Ich, das Sie verheimlichen, verleugnen und verdrängen.

Das Trainingsprogramm lautet: Beschäftigen Sie sich so lange, wie Sie es für notwendig finden, mit den Antworten auf folgende drei Fragen:

1. Wer bin ich wirklich?
2. Warum bin ich so, wie ich bin?
3. Was will ich wirklich?

- »Wer bin ich wirklich?« ermuntert Sie dazu, das gespielte Ich mit dem verdrängten Ich in Verbindung zu bringen, um zu beobachten, wie sie einander im täglichen Leben im Wege stehen – oder sich vielleicht ergänzen.
- »Warum bin ich so, wie ich bin?« soll Sie dazu anregen, in Ihrer Vergangenheit nachzuforschen, welche Trainer Sie in allen diesen Jahren auf welche Weise beeinflußt und geformt haben.
- »Was will ich wirklich?« ist die Frage nach dem Sinn Ihres Lebens. Also nach dem Ziel, das Ihr Leben auch morgen noch lebenswert macht.

Ich glaube nicht, daß irgend jemand eine Chance hat, mit sich selbst glücklich und mit der Mitwelt in Harmonie zu leben, wenn er sich selbst nicht wirklich kennt.
Ich nahm vor einigen Jahren das Angebot eines großen Supermarktes an, dort an jedem Samstag einen ganzen Vormittag lang Fragen von Besuchern zu beantworten. Die Marketingleute nannten das Projekt »Kirschners

Lebensschule«. Jeder, der Lust dazu hatte, konnte dort mit mir und anderen Besuchern über seine Probleme sprechen.
Eines Tages fragte mich eine Frau von etwa 35 Jahren, wie sie sich das Rauchen abgewöhnen könnte. »Ich habe es schon mindestens zehnmal versucht«, sagte sie, »aber ich schaffe es einfach nicht.«
Ich gestand zuerst einmal ein, daß ich nicht die geringste Ahnung hätte, wie *man* sich das Rauchen abgewöhnen kann. Ich erwähnte aber, daß es mir selbst vor 20 Jahren mit der Hilfe des autogenen Trainings gelungen war. Aber diese Technik müsse keinesfalls auch für sie geeignet sein.
Trotzdem entspann sich über dieses Thema ein Gespräch, in das sich gelegentlich auch andere Besucher einschalteten. Ich meinte, es sei mir aufgefallen, daß die junge Frau gesagt hatte: »Ich habe es schon mindestens zehnmal versucht, aber ich schaffe es einfach nicht.«
»Ich schaffe es einfach nicht« lautete also ihre Formel, mit der sie jetzt den elften Versuch starten wollte.
Ich gab ihr zu bedenken: »Wenn Sie so sicher sind, daß Sie es *nicht* schaffen, warum versuchen Sie es dann immer wieder?« Vielversprechender wäre sicherlich, den neuen Versuch mit der Formel zu beginnen: »Ich schaffe es.«
Ich fragte dann, ob sie eigentlich wisse, warum sie rauche und bei welchen Gelegenheiten sie mehr und bei welchen weniger zum Zigarettenpäckchen greife.
Dieses Gespräch führte zu einem erstaunlichen Ergebnis. Es stellte sich heraus, daß die Frau vor einigen Jahren die Transportfirma ihres Vaters übernommen hatte. Sie war

sein einziges Kind, und er machte nie ein Hehl daraus, daß er sich lieber einen Sohn als Nachfolger gewünscht hätte. Die Tochter litt unter dieser Einstellung, aber sie tat alles, um so zu werden, wie es der Vater von einem Sohn erwartet hätte. Sie wollte in der Firma nicht nur »ihren Mann« stellen, sondern auch alle Entscheidungen so fällen, wie es den Vorstellungen des Vaters entsprach.
So hielt sie es auch, als der alte Herr schon tot und sie die neue Chefin der Firma war.
Als sie diese Zusammenhänge ausführlich erzählt hatte, kam ich wieder auf ihre Rauchgewohnheiten zurück. »Wann«, fragte ich, »rauchen Sie mehr als sonst?«
Sie dachte eine Weile nach, dann meinte sie: »Jetzt, wo Sie mich das fragen, wird mir zum erstenmal bewußt, daß ich im Geschäft immer dann eine Zigarette nach der anderen paffe, wenn ich das Gefühl habe, eine Entscheidung gefällt zu haben, mit der mein Vater sicherlich nicht einverstanden gewesen wäre.«
Ich: »Und wann rauchen Sie weniger?«
Sie: »Wenn ich gut drauf bin und alles so mache, wie es mein Vater auch gemacht hätte, rauche ich eigentlich gar nicht. Dann vergesse ich die Zigaretten.«
Noch heute, wenn ich daran denke, bin ich vom Ergebnis dieses Gesprächs fasziniert. Niemals zuvor war mir so deutlich vor Augen geführt worden, wie sehr die Vergangenheit das Leben eines Menschen in seiner Gegenwart beeinflussen und ihn daran hindern kann, seine Zukunft selbst zu bestimmen. In diesem Fall ging es für die Betroffene um eine Zukunft ohne Zigarettenrauchen.

Um es noch deutlicher zu sagen:

- Diese junge Frau unterwarf ihr eigenes Ich dem Vater-Ich so sehr, daß sie Schuldgefühle entwickelte, wenn sie nicht so handelte, wie er es vermutlich gutgeheißen hätte.
- Um sich von diesen Schuldgefühlen abzulenken, tat sie etwas, was sie gar nicht tun wollte: Sie rauchte eine Zigarette nach der anderen.
- Sie machte sich in all diesen Jahren niemals auf die Suche nach sich selbst, weil sie sogar nach dem Tod des Vaters noch immer die gute Tochter sein wollte.

Ich möchte Ihnen nicht vorenthalten, wie mein damaliges Gespräch mit dieser Frau in der «Lebensschule« endete. Ich meinte, sie würde vielleicht ganz von selbst zu rauchen aufhören, wenn sie die Ursachen dafür beseitigte: die Abhängigkeit von ihrem verstorbenen Vater und das Schuldgefühl, nicht so zu handeln, wie er es gewünscht hätte.
Ich berichte diese Geschichte deshalb so ausführlich, weil mir gar kein eindringlicheres Beispiel dafür einfällt, wie unendlich vielfältig sich die Abhängigkeit von unseren Trainern aus der Vergangenheit auf unser Leben im Heute auswirken kann und wieviel wir über unser heutiges Verhalten erfahren können, wenn wir uns beharrlich auf die Suche machen. Auf die Suche nach uns selbst. Im Zusammenhang mit unseren drei Fragen bedeutet das am vorliegenden Beispiel:

- Wer war diese Frau wirklich? Viel mehr als sie selbst, war sie ihr Vater.
- Warum war sie so, wie sie war? Weil ihr Vater ihr während ihrer ganzen Jugend gesagt hatte, er erwarte von ihr, daß sie so handle wie er. Oder wenigstens so, wie ein Sohn es getan hätte. Also war sie zu einem Teil wie ihr Vater, zum anderen versuchte sie so zu sein, wie sein niemals geborener Sohn hätte sein sollen.
- Was wollte sie wirklich? Sie meinte, sie wolle sich nur das Rauchen abgewöhnen. In Wahrheit aber war sie sich nicht im klaren darüber, daß ihre Rauchgewohnheit nichts anderes war als der Hinweis auf ihre Abhängigkeit vom Vater-Ich.

Wenn Sie sich jetzt daran machen, den fünften Schritt dieses Programms zu trainieren, sollten Sie eines bedenken: Im Unterschied zu dieser Frau besitzen Sie jetzt bereits ausführliche Erkenntnisse und Instrumente für die Entwicklung Ihrer eigenen Persönlichkeit.

1. Die tägliche stille Zeit ist die Voraussetzung für eine ungestörte Beschäftigung mit sich selbst.
2. Durch die Beschäftigung mit Ihrem eigenen Lebensprogramm erweitern Sie ständig Ihr Wissen darüber, wie Sie sich Ihre Zukunft vorstellen.
3. Mit der Entscheidung, der eigene Trainer Ihrer Zukunft zu sein, sind Sie dabei, sich von den Trainern Ihrer Vergangenheit abzunabeln.
4. Je stärker Sie den Glauben an sich selbst in Ihr Denken

verankern, um so weniger brauchen Sie den Glauben an andere als Ersatz für fehlendes Selbstbewußtsein.

5. Auf dieser Suche nach sich selbst können Ihnen die drei Fragen nach Vergangenheit, Gegenwart und Zukunft wertvolle Impulse geben. Machen Sie davon Gebrauch, so oft Sie das Bedürfnis verspüren, sich besser kennenzulernen.

Was den in diesem Kapitel erwähnten Hinweis auf unsere verdrängten sexuellen Bedürfnisse betrifft: Davon wird in einem späteren Trainingsschritt noch ausführlich die Rede sein.

Hier eine Zusammenfassung, ehe Sie weiterlesen

Der fünfte Trainingsschritt ist eine Anregung, sich bewußtzumachen, wer Sie sind, warum Sie so sind, wie Sie sind, und wie Sie sein wollen. Denn alle Probleme, die unserem täglichen Glücklichsein hinderlich sind, haben ihre Ursachen.

Erst wenn wir diese Ursachen kennen, können wir lernen, mit ihren Auswirkungen fertig zu werden. Das ist eine wichtige Voraussetzung dafür, die Ziele unserer bisherigen Trainer durch eigene Vorstellungen zu ersetzen.

Der 6. Schritt

Trainieren Sie jetzt, vor Ihren Ängsten nicht mehr davonzulaufen, sondern mit ihnen fertig zu werden. Denn nichts steht Ihrem täglichen Glück so sehr im Wege wie die Angst. Drei einfache Techniken helfen Ihnen:

1. Freunden Sie sich mit der Angst an, statt sie als Ihren Feind zu fürchten.
2. Rücken Sie jeder Angst mit fünf Fragen auf den Leib.
3. Ersetzen Sie den Impuls »Ich habe Angst« durch die Formel »Ich bin stark und frei. Nichts kann mich daran hindern, mein eigenes Leben zu leben und glücklich zu sein.«

Wenn tägliches Glück das höchste Ziel in Ihrem Leben ist, dann ist die Angst das größte Hindernis, das Ihnen im Wege steht. Hat Ihnen irgend jemand beigebracht, damit fertig zu werden? Ihre Lehrer, Ihre Vorgesetzten, der Staat, Ihr Hausarzt, die Gesellschaft vielleicht?

Natürlich nicht. Und das aus einem einfachen Grund: Weil die Angst das bewährteste Instrument ist, uns zu manipulieren. Wer Angst hat, fühlt sich hilflos und ist lenkbar. Wer sich nicht fürchtet, kann nicht erpreßt werden. Angst und Erpressung sind schließlich die Grundpfeiler unserer lebenslangen Erziehung.

Deshalb werden uns die Ängste von frühester Kindheit an anerzogen, und das Angsttraining hört niemals auf. Unsere Trainer wollen, daß wir uns fürchten. Sie reden es uns so lange ein, bis wir für ihre Angebote weichgeklopft sind. Dann helfen und retten sie uns. Bis wir vollends von ihnen abhängig sind.

Das Prinzip dieser manipulativen Strategie ist verblüffend einfach:

Wir sollen unsere Ängste nicht lösen, sondern betäuben. Die Trainer verkaufen uns die Betäubungsmittel. Das sind Mode und Auto genauso wie Fernsehen, Alkohol, Statussymbol oder Urlaubsparadies. Jedes Jahr werden neue Bedürfnisse geschaffen, denn unsere Abhängigkeit muß ständig gepflegt und erneuert werden. Wenn wir uns erst einmal daran gewöhnt haben, wächst die Angst, alles, was wir liebgewonnen haben, wieder zu verlieren. Das erhöht den Preis.

Vermutlich halten Sie diese Behauptung für maßlos übertrieben. »Na, na«, werden Sie denken, »ich habe ja auch meine Ängste, aber so schlimm ist es nun doch wieder nicht.«

Wirklich nicht?

Es gibt zwei Möglichkeiten, mit unseren Ängsten umzugehen:

- Wir laufen vor ihnen weg, betäuben und verdrängen sie. Oder:
- Wir nähern uns ihnen an, lernen sie immer besser kennen und ersetzen sie durch Alternativen, die wir selbst bestimmen. Das ist die Entscheidung, ein freier Bürger zu sein, der sein Leben nach eigenen Maßstäben lebt.

Schon der Gedanke »Na, na, so schlimm ist es gar nicht« ist der erste Schritt zur Flucht in die Abhängigkeit. Er hindert uns daran, uns ein unangenehmes Problem überhaupt bewußtzumachen. Wenn ich meine Ängste verleugne, so denken viele, vermeide ich das Risiko zu versagen.

Die größte Gefahr im Umgang mit der Angst besteht wohl darin, sie zu verdrängen und auf diese Weise die Kontrolle über sie zu verlieren. Was dann passiert, ist folgendes: Wir fällen Entscheidungen scheinbar *bewußt,* aber wir wissen nicht, wie sehr sie von den verdrängten Ängsten aus dem Unterbewußtsein bestimmt werden, wo sie sich unserer Kontrolle entziehen.

Sehr viele Menschen haben nicht aus *dem* Grund geheiratet, den sie vorgeben. Sie benutzen die allgemein so beliebte Formel »aus Liebe«. Aber der wahre Grund ist vielleicht die Angst vor Einsamkeit. Oder die Angst, noch länger von den Eltern bevormundet zu werden. Viele Männer heiraten, weil sie sich eine billige Geliebte und Haushaltshilfe wünschen. Manche Frauen wollen nur versorgt sein.

Das Argument: »Wir haben geheiratet, weil ein Kind unterwegs war«, mag vernünftig klingen. Aber es kann auch nur eine Ausrede für die Angst einer Frau sein, als ledige Mutter von der Verwandtschaft verächtlich gemacht zu werden.

Nicht die Vernunft, auf die wir alle so stolz sind, ist die Grundlage so vieler unserer Entscheidungen, sondern verdrängte Ängste. Deshalb besteht der erste Schritt unseres Trainings zur Angstbewältigung darin, uns unverblümt die wirklichen Zusammenhänge bewußtzumachen.

Die einfachste Weise, sich etwas bewußtzumachen, ist die Frage nach dem Warum. Dieses eine Wort öffnet uns den Weg zum Erkennen von Ursache und Wirkung.

Alles, was wir tun, hat eine Ursache, die wir ergründen können. Vorausgesetzt natürlich, wir *wollen* sie ergründen. Wenn wir die Ursache eines Problems gar nicht wissen wollen, weil sie uns unangenehm sein könnte, versperren wir uns von vorneherein die Möglichkeit, es zu lösen.

Sie als Ihr eigener Trainer sollten den wirklichen Ursachen von Hindernissen auf den Grund gehen. Wie die junge Dame, die immer dann zur Zigarette griff, wenn Sie Angst hatte, nicht im Sinne ihres toten Vaters zu handeln.

Stellen Sie sich an dieser Stelle ein paar Fragen.

- »Warum habe ich mir wirklich das Auto gekauft, das ich besitze, und nicht ein anderes?«
- »Warum habe ich tatsächlich geheiratet?«
- »Warum habe ich neulich mit meinem Partner geschla-

fen? Weil ich es wirklich wollte oder aus einem ganz anderen Grund?«

- »Warum greife ich zur Zigarette. Weil sie mir schmeckt, oder drängt mich etwas ganz anderes dazu?«

Und so weiter. Und so fort.
Vielleicht hilft es Ihnen dabei, über Ihre Ängste noch ein wenig mehr nachzudenken, wenn ich Ihnen hier eine Liste anbiete, die ich mir zur ständigen Erinnerung in meinem Arbeitszimmer an die Wand gehängt habe:

1. Die Angst vor Risiko und dem Ungewissen.
2. Die Angst, alt zu werden und etwas zu versäumen.
3. Die Angst, zu versagen und nicht anerkannt zu werden.
4. Die Angst, etwas zu verlieren, woran ich mich gewöhnt habe.
5. Die Angst vor Krankheit und Hilflosigkeit.

Lassen Sie es mich wieder einmal betonen: Ich schreibe das alles nicht, weil ich alles über Ängste weiß. Ich habe keine Ahnung von all den Theorien, Lehren und Methoden, die es im Zusammenhang mit Ängsten und ihrer Bewältigung gibt. Als mein eigener Trainer habe ich mich längst selbst auf die Suche nach den Ursachen gemacht, die mein Denken und Handeln bestimmen. Ich möchte das Wissen über mich nicht aus zweiter und dritter Hand beziehen, sondern aus mir selbst. Was Sie hier lesen, sind keine Wahrheiten, sondern nur meine eigenen Gedanken und Erfahrungen. Ich kann Sie deshalb nur ermuntern, sich selbst zu fragen:

- Warum tue ich wirklich, was ich tue?
- Warum will ich etwas ändern, was meinem Glück im Wege steht, und warum steht es mir im Wege?

Ich habe im Lauf der Zeit die Erfahrung gemacht, daß wir uns selbst auf nahezu alles eine befriedigende Antwort geben können, wenn wir das einfache Wort »warum« zu unserem Mitarbeiter für die Erforschung unseres Selbst gemacht haben.
Was nun den Umgang mit unseren Ängsten betrifft, so möchte ich Sie daran erinnern, daß uns immer zwei Möglichkeiten offenstehen: Wir laufen vor ihnen weg und verdrängen sie, oder wir nähern uns ihnen an und trainieren, sie zu lenken.

Hier sind drei Techniken, die ich schon lange im täglichen Leben mit Erfolg anwende. Ich kann Sie deshalb aus eigener Erfahrung ermuntern, davon Gebrauch zu machen:

1. Freunden Sie sich mit der Angst an, statt sie als Ihren Feind zu fürchten und vor ihr davonzulaufen.
2. Rücken Sie jeder Angst mit fünf Fragen auf den Leib, um herauszufinden, ob sie wirklich so gefährlich ist, wie sie in diesem Augenblick zu sein scheint.
3. Ersetzen Sie den Impuls »Ich habe Angst« durch die Formel »Ich bin stark und frei. Nichts kann mich daran hindern, glücklich zu sein.« Denn Sie wissen ja: Was wir lange genug denken, wird zur Realität. Der Gedanke »Ich habe Angst« genauso wie der Gedanke »Ich bin frei und glücklich«.

Hier ist die Geschichte eines Mannes, die mir erst richtig bewußtgemacht hat, was es bedeuten kann, sich mit seiner Angst anzufreunden. Er schilderte sie in der erwähnten Sendereihe den Fernsehzuschauern, und ich nutze jede Gelegenheit, sie weiterzuerzählen.

Dieser Mann suchte seinen Hausarzt auf, weil er an krampfartigen Schmerzen litt. Der Arzt meinte nach der ersten Untersuchung, ein Nierenstein könnte die Schmerzen verursachen, und empfahl seinem Patienten einen Urologen. Dieser bestätigte die Vermutung und bot an, die Sache durch eine Operation zu bereinigen. Er würde für kommende Woche schon einmal ein Bett im Krankenhaus reservieren. Er riet dem Patienten, bis dahin möglichst viel Mineralwasser zu trinken und vielleicht ein-, zweimal am Tag die Stiegen rauf- und runterzulaufen.

Wieder zu Hause, begann der Mann über seine Situation nachzudenken. Zwei Dinge störten ihn: Die ziemlich autoritäre Art, mit der dieser Urologe über ihn verfügt hatte, und die Angst vor der Operation.

Um ihr auszuweichen, überlegte er sich, was er selbst tun könne. Er entschied sich für drei Maßnahmen: Er befolgte den Rat, viel Wasser zu trinken und die Stiegen auf und ab zu laufen. Außerdem kam ihm die Idee, sich mit seinem Nierenstein anzufreunden, statt ihn als Feind zu betrachten, vor dem man sich fürchten muß.

Zweimal an jedem weiteren Tag setzte er sich also in eine Ecke seines Wohnzimmers, machte es sich bequem und führte Zwiegespräche mit seinem Nierenstein. Sie haben richtig gelesen: Er sprach mit seinem Nierenstein.

Er sagte etwa: »Hör zu, alter Junge, ich weiß, du steckst da irgendwo drinnen in meinem Körper und kannst nicht heraus. Ich weiß, es nützt mir nichts, wenn ich Angst vor dir habe, also laß uns einfach gute Freunde werden. Vielleicht können wir gemeinsam eine für uns beide befriedigende Lösung finden.« Und so fort.

Auf diese Weise, erzählte der Mann später, kamen er und sein Nierenstein einander immer näher. Die Angst wich einer heiteren Gelassenheit. Um es kurz zu machen: Zwei Nächte vor der geplanten Operation wurde der Mann durch ein dringendes Bedürfnis geweckt. Auf der Toilette verließ ihn der Nierenstein auf eine sehr friedliche, schmerzlose, freundschaftliche Art.

Natürlich schmunzeln Sie jetzt über diese Geschichte. Um ehrlich zu sein, ich tat es auch, als ich sie hörte. Aber gerade das ist es, was mich so beeindruckt: die Möglichkeit, ein Angstproblem auf heitere Weise zu lösen.

Ich habe nicht die geringste Ahnung, was dazu führte, daß der Nierenstein schließlich seiner Wege ging. Vielleicht war es das viele Mineralwasser oder das Stiegensteigen. Ich halte es aber auch für sehr wahrscheinlich, daß sich der Mann durch seine Idee der Selbstbehandlung einfach entspannte und daß diese allgemeine Entspannung eine Lösung des Steins in die Wege leitete.

Sicher ist: Wenn wir uns mit einer Angst beschäftigen, statt sie zu verdrängen, wenn wir uns mit ihr oder ihrer Ursache anfreunden, statt sie als Feind zu fürchten, ist die Chance auf jede Art von Lösung ungleich größer.

Was für diese Nierensteingeschichte gilt, können wir im Alltag in vielen Situationen beobachten. Zum Beispiel: Wir haben Angst vor der unvermeidlichen Begegnung mit jemandem, vor dem man uns eindringlich gewarnt hat. In unseren Gedanken malen wir uns das Schlimmste aus. Tatsächlich stellt sich dann dieser vermeintliche Feind als netter Mensch heraus, und wir freunden uns mit ihm an.

Sich mit einer Angst anzufreunden ist also die erste Technik, die Sie im Alltag jederzeit üben können. Die zweite besteht darin, eine Angst mit Hilfe von fünf einfachen Fragen zu analysieren.

Erste Frage

»Wofür fürchte ich mich konkret?« Konkret. Denn viele unserer Ängste erscheinen uns nur deshalb so bedrohlich, weil sie anonym sind. Nicht selten stellen sie sich als harmlos heraus, wenn wir sie näher betrachten.
Das tatsächliche Objekt einer Angst zu kennen ist in vielen Fällen die Voraussetzung dafür, gezielte Maßnahmen ergreifen zu können. Die allgemeine Feststellung »Ich habe Angst vor der Fahrprüfung« hilft Ihnen wenig bei der Lösung des Problems. Wenn Sie aber wissen, ob Sie sich vor einem strengen Prüfer fürchten oder davor, daß Sie nicht genug gelernt haben, ermöglicht es Ihnen, die Angst zu vermindern:

- Einen Fahrprüfer können Sie mit geeigneten Maßnahmen manipulieren.
- Die Angst, zu wenig zu wissen, können Sie dadurch

mindern, daß Sie sich noch ein paar Stunden mit dem Lehrstoff beschäftigen.

Zweite Frage

»Was ist das Schlimmste, das mir passieren kann. Ist es wirklich so schlimm, wie es bei oberflächlicher Betrachtung schien?« Bei einer Fahrprüfung können Sie schließlich noch einige Male antreten. Sie wissen dann wenigstens, wie es dabei zugeht, und können sich darauf einstellen.

Dritte Frage

»Was ist das Günstigste, das mir passieren kann?« Wenn Sie nur an die schlimmsten möglichen Folgen denken, steigert es vermutlich Ihre Angstphantasien. Mit der Frage nach dem Gegenteil neutralisieren Sie das einseitige Denken.

Wer nur an eine Niederlage denkt, darf sich nicht wundern, wenn sie eintritt. Er läßt schließlich gar keine andere Möglichkeit zu. Die Gedanken an das bestmögliche Ergebnis ermuntern ihn zum Glauben an den Erfolg.

Vierte Frage

»Was kann ich selbst dazu beitragen, um das Günstigste aus der Sache herauszuholen?« Wenn wir uns erst einmal mit solchen Überlegungen befassen, fallen uns nicht selten Lösungen ein, die wir vorher in unserer Angst gar nicht ins Auge faßten.

Fünfte Frage

»Warum tue ich nicht alles, was ich noch tun kann, um meine Chancen wahrzunehmen, und warum handle ich nicht sofort?« Diese Frage nimmt Ihnen zumindest das Gefühl der Hilflosigkeit vor einer undefinierten Angst. Sie können sich dann jedenfalls sagen: »Ich habe alles getan, was mir möglich war.«

Was nun die dritte Technik betrifft, so ist es nicht mehr notwendig, Ihnen viel darüber zu sagen. Wenn Sie inzwischen einige Übung darin besitzen, sich positive Denkformeln zu suggerieren, besitzen Sie genug Erfahrung, diese Methode der Selbstbeeinflussung auch im Umgang mit Ihren Ängsten einzusetzen.

Die tägliche stille Zeit ist ein Mehrzweckinstrument. Sie können damit ganz allgemein Ihr Selbstvertrauen trainieren, indem Sie sich immer wieder vorstellen, wie es sich von Tag zu Tag in jeder Hinsicht stärkt. Sie können damit aber auch ganz gezielt für die Bewältigung einer bestimmten Situation trainieren.

Immer wieder fällt mir in diesem Zusammenhang das Bei-

spiel des deutschen Arztes Rolf Lindemann ein. Er war ganz besessen von dem Plan, in einem winzigen Kajak von Afrika nach Nordamerika zu paddeln. Um sich mental auf dieses verrückte Abenteuer vorzubereiten, suggerierte er sich einige Wochen lang bei jeder Gelegenheit die zwei Formeln »Ich schaffe es« und »Kurs West«.
Er versenkte sie so eindringlich in sein Bewußtsein, daß er später den Kurs auch noch steuerte, als ihn Hitze und Schlaflosigkeit bereits in eine Art Delirium versetzt hatten. Sein programmiertes Unterbewußtsein steuerte für ihn.
Rolf Lindemann kam ans Ziel und schrieb später ein Buch über dieses Experiment. Für mich ist dies ein weiterer Beweis dafür, wieviel unser Unterbewußtsein für uns tun kann, wenn wir ernsthaft trainieren, es für unsere Zwecke einzusetzen.

Hier eine Zusammenfassung, ehe Sie weiterlesen

Was immer wir in unserem Leben erreichen und verändern wollen, die Angst wird unser ständiger Begleiter sein. Es liegt an jedem selbst, ob er sich von ihr behindern läßt, oder ob er lernt, mit ihr richtig umzugehen. Die wichtigste Voraussetzung dafür besteht darin, der Angst nicht auszuweichen, sondern sie sich bewußtzumachen.
Hier sind noch einmal die drei Techniken, die Sie lernen und trainieren können. An jedem Tag, schon von heute an, bei vielen Gelegenheiten:

1. Freunden Sie sich mit der Angst an, statt sie als Ihren Feind zu fürchten.
2. Rücken Sie jeder Angst mit fünf Fragen auf den Leib.
3. Ersetzen Sie den Impuls »Ich habe Angst« durch die Formel »Ich bin stark und frei. Nichts kann mich daran hindern, glücklich zu sein.«

Der 7. Schritt

Lernen Sie, wie man das Spiel des Lebens spielt, in dem Sie immer nur gewinnen können. In diesem Spiel gelten folgende vier Regeln:

1. Sie sind Ihr einziger Verbündeter, alle anderen sind Ihre Gegner.
2. Alles ist erlaubt, was Sie frei und glücklich macht. Nur Sie und niemand anderer sind Ihr Schiedsrichter.
3. Es gibt weder Sieg noch Niederlage.
4. Es gibt weder Rücksicht noch Mitleid, Treue oder Ehrlichkeit.

In den ersten sechs Schritten unseres Trainingsprogramms ging es darum, sich allmählich von der Abhängigkeit der allgegenwärtigen Trainer zu befreien und damit zu beginnen, sich selbst zu trainieren.
Lassen Sie es mich noch einmal ganz deutlich zum Ausdruck bringen: Unsere Trainer, das sind alle Menschen, die etwas von uns zu ihrem Vorteil wollen. Ohne Rücksicht darauf, ob es für uns von Nachteil ist.
Zuerst sind sie darauf aus, unsere eigenen Bedürfnisse, Wünsche und Vorstellungen für unser Leben durch die Regeln zu ersetzen, die *sie* uns aufzwingen. Diese Regeln reden sie uns so lange eindringlich ein, bis wir uns ihnen unterwerfen. Wenn wir es nicht tun, drohen sie uns mit Strafe. Wenn wir erst einmal gelernt haben, uns davor zu fürchten, trainieren sie uns zur dauerhaften Ein- und Unterordnung.
Vermutlich haben Sie bisher Ihr Leben noch nie von diesem Blickwinkel aus betrachtet. Das ist nicht verwunderlich, denn keiner Ihrer Trainer ist daran interessiert, daß Ihnen bewußt wird, auf welche Weise Sie von wem abhängig sind.
Das sollten Sie jetzt nachholen und die Gegner kennenlernen, die Ihrem Leben nach eigenen Vorstellungen im Wege stehen. Ihr eigenes Leben bewältigen zu können setzt diese fünf Fähigkeiten voraus:

1. Sich selbst zu kennen.
2. An sich selbst mehr zu glauben und sich mehr zu lieben als irgend jemand anderen.
3. Eigene Vorstellungen für sich zu besitzen.

4. Die Gegner zu kennen, die dem persönlichen Glück im Wege stehen.
5. Die Kräfte immer besser zu trainieren, mit denen Sie Ihre eigenen Vorstellungen gegen den Widerstand Ihrer Gegner durchsetzen können.

Mit diesen Voraussetzungen sind Sie darauf vorbereitet, das Spiel des Lebens zu spielen. Es verstehen und spielen zu lernen ist das Ziel des siebenten Trainingsschrittes.
»Das Spiel des Lebens zu spielen« bedeutet, Ihr Leben aus einer neuen Perspektive zu sehen. Unsere Trainer erziehen uns dazu, für sie zu kämpfen, uns für sie einzusetzen, Opfer zu bringen, uns selbst um einer Sache willen zu verleugnen. Das Spiel des Lebens zu spielen bedeutet, aktiv und nach eigenen Regeln *mitzuspielen.*
Für andere zu kämpfen oder uns unterzuordnen heißt nichts anderes, als daß die anderen ganz genau wissen, was sie wollen. Aber sie erklären uns: »Du verstehst nichts davon. Vertraue dich uns an. Wir wissen schon, was wir tun. Wir denken und entscheiden für dich und übernehmen die Verantwortung.« Sie zwingen uns die passive Rolle des Gläubigen, Wählers und Konsumenten auf.
Schon unsere Lehrer in der Schule unterziehen uns diesem Training. Sie reden und reden und drängen uns in die Rolle des Zuhörers. Sie wissen alles, wir wissen nichts. Wenn wir nicht das Wissen akzeptieren, das sie uns beizubringen versuchen, bestrafen sie uns.
Haben Sie es nicht auch erlebt?
Die Trainer von Moral und Gesellschaft, von Staat, Politik und Fortschritt bringen uns bei, wie wir zu denken, zu

entscheiden und zu handeln haben. Sie lehren uns die Selbstverleugnung, bis wir in ohnmächtiger Hilflosigkeit eingestehen: »Allein bin ich nichts. Wo sind die Retter, die mir helfen?«

Wenn wir erst einmal soweit gekommen sind, greifen sie uns gnädig unter die Arme und versprechen, ihr Bestes für uns zu tun. Ist es nicht so? Urteilen Sie doch selbst: Halten sie ihre Versprechungen? Erfüllen sie alle die Hoffnungen, die sie in uns erwecken? Machen Sie uns glücklich?

Natürlich tun sie es nicht. Sie fordern uns nur auf, mit ihnen zu marschieren, zu kämpfen, zu demonstrieren, zu streiken, geduldig zu warten, zu kaufen, zu glauben und immer neue Opfer zu bringen für das, was sie uns vorgaukeln. Auf *unsere* Kosten, für *ihre* Ziele.

Das Prinzip dieses ewigen Kämpfens und Selbstverleugnens für andere bedeutet für uns nichts anderes als ständigen Konflikt zwischen dem Glauben an andere und dem Glauben an uns selbst. Denn Abhängigkeit läßt keine Kompromisse zu, sondern immer nur: Sieg oder Niederlage. Du oder ich. Wenn wir dem einen glauben, dürfen wir keinem anderen glauben. Wenn wir einen lieben, dürfen wir keinen anderen lieben. Wenn wir nicht *gut* sind, sind wir *schlecht.*

Das ist das Verhängnis dieses Prinzips. Sehen Sie sich doch um. Es gilt in der großen Welt genauso wie in der kleinen Welt unseres Alltags. In Nordirland – Katholik oder Protestant. In Nahost – Jude oder Araber. Im ehemaligen Jugoslawien: Serben foltern Bosnier, Kroaten foltern Serben. Bosnier foltern Kroaten. Weil die anderen nicht so sind, wie die einen, werden sie bekämpft.

Wenn wir die Maßstäbe des Kämpfens befolgen, gibt es

niemals Frieden für uns. Also haben wir als überzeugte Individualisten gar keine andere Wahl, als unser Leben selbst zu bestimmen und zuerst einmal den Frieden mit uns selbst zu machen.
So philosophisch das alles auch klingen mag, aber die Kampfstätten finden Sie Tag für Tag überall dort, wo sie leben:

- In der Familie, dem Kampffeld der Geschlechter, in dem der Mann die Frau sexuell unterwirft und sie sich durch sexuelle Verweigerung rächt. Oder umgekehrt.
- In der Eltern-Kinder-Beziehung, in der zuerst die Eltern ihre Kinder unterdrücken oder vernachlässigen und sich später über deren Undankbarkeit beschweren. Mit dem Ergebnis: Zuerst reden die Eltern nicht mit den Kindern. Später leiden die Eltern darunter, daß die Kinder nicht mehr mit ihnen reden.
- In den Betrieben, in denen die Chefs ihre Untergebenen bevormunden und nicht verstehen können, daß unterdrückte Mitarbeiter nicht bereit sind, Verantwortung zu übernehmen.
- Natürlich gilt das auch für die Gewerkschaften, die von den Unternehmern immer mehr Geld für immer weniger Arbeit fordern. Zum Wohle der Arbeiter? Sicherlich nicht. Sondern zuallererst für die Erhaltung der Funktionäre, die davon leben, daß die Arbeiter bereit sind, an sie zu glauben und mit ihnen gegen die Unternehmer zu kämpfen.

Gibt es einen anderen Ausweg aus diesem Kreislauf, als das Kämpfen für andere zu beenden und das eigene Spiel des Lebens zu spielen? Nach unseren eigenen Regeln? Für unser eigenes Glück?
In diesem Spiel gelten vier Regeln:

Erste Regel: Sie sind Ihr einziger Verbündeter, und alle anderen sind Ihre Gegner

Ich weiß, daß diese Behauptung Sie ein wenig erschreckt. Ein Leben lang ist uns eingeredet worden, allein seien wir hilflos, stark nur in der Gemeinschaft. Aber wer ist diese Gemeinschaft, in der jeder jeden liebt, bis der Tod uns scheidet? In der ewiger Friede herrscht und einer für den anderen eintritt?
Es gibt sie nicht. Alles nur leere Versprechungen. Jeder denkt zuerst an sein eigenes Wohl, auch wenn es zum Nachteil des anderen ist. Keiner hilft Ihnen, wenn nicht für ihn ein Vorteil damit verbunden ist. Und sei es nur der Wunsch, sich selbst auf Ihre Kosten besser zu fühlen.
Das Geschäft mit unserem Mitleid ist nichts anderes als der Mißbrauch mit diesem Schuldgefühl. Eine kleine Spende für die Armen irgendwo in der Welt soll uns die Befriedigung geben, wir seien gute Menschen. Wem sind wir diese geheuchelte Rechtfertigung schuldig?
Sie können es drehen und wenden, wie Sie wollen: Im Spiel des eigenen Lebens steht jeder einsam und allein nur für sich selbst. Er hat keine Verbündeten. Auch die Menschen, die uns lieben, wollen nichts anderes, als von uns Besitz

ergreifen. Sie verlangen, daß wir nur sie und niemand anderen lieben. Wenn wir sie enttäuschen, sind wir Verräter. Warum, denken Sie, enden so viele Ehen, die im Himmel der ewigen Liebe geschlossen wurden, im Fegefeuer der Scheidungsgerichte?

Ungezählte Partner landen dort, weil sie sich von der Illusion verführen ließen, wir seien als liebende Eheleute geschaffen und nicht als gesunde Egoisten, die für ihr Glück allein verantwortlich sind.

Wahrscheinlich werden Sie solche Behauptungen sofort in Frage stellen. Dies liegt daran, daß Sie Angst davor haben, sich nur auf sich selbst zu verlassen und auf niemand anderen.

Seien Sie doch einmal ganz ehrlich mit sich selbst: Wer kann Ihnen wirklich helfen in Ihren seelischen Nöten, über die Sie mit keinem reden wollen – oder können?

Denken Sie darüber nach. Ohne Wenn und Aber. Ich zweifle nicht daran, daß Sie schließlich zu dem Ergebnis kommen, daß Sie keine Verbündeten haben im Bemühen um Ihr ganz persönliches Glück und Ihre Freiheit.

Zweite Regel: Alles ist erlaubt, was Sie frei und glücklich macht. Nur Sie und niemand anderer sind Ihr Schiedsrichter

Unsere Trainer haben uns unermüdlich eingeschärft, wir müßten zuerst auf andere Rücksicht nehmen, nur nicht auf uns selbst. Beantworten Sie sich jetzt ohne Umschweife die einfache Frage: »Was hat mir meine Rücksichtnahme auf andere bisher in meinem Leben für mein persönliches Glück eingebracht?«

Vergessen Sie dabei nicht: Sie brauchen sich hier vor niemandem zu rechtfertigen. Nur Sie als Ihr eigener Trainer stellen sich diese Frage. Vor ihm brauchen Sie nichts zu beschönigen. Gestehen Sie ihm ruhig Ihren Egoismus ein, den Sie bisher vielleicht sogar vor sich selbst verleugnet haben.

Im Spiel des Lebens ist sich jeder selbst der Nächste, und das wissen Sie genau. Das ist die nüchterne Realität. Gestehen Sie es sich ohne Schuldgefühle ein. Sie können anderen gegenüber den braven, edlen, hilfsbereiten Bürger spielen – täuschen und lügen sind im Lebensspiel immer schon erlaubt. Nur eines sollten Sie nie wieder tun: sich selbst belügen.

Denken Sie auch ein wenig über Ihre Trainer nach: Eltern belügen ihre Kinder. Lehrer täuschen Wissen vor, das sie gar nicht besitzen. Wir glauben es ihnen nur deshalb, weil wir selbst es nicht besser wissen. Die Hoffnungen, die uns Pfarrer und Politiker machen, erfüllen sich selten. Auch die Werbung zeigt uns nur die besten Seiten eines Produkts und verheimlicht alles, was wir nicht wissen sollen.

Sie alle versprechen uns das Glück. Welche von all diesen Versprechungen hat Sie bisher wirklich glücklich gemacht?

Wenn Sie entschlossen sind, die Verantwortung für Ihr eigenes Glück selbst zu übernehmen, ist alles erlaubt, was Sie glücklich macht. Niemand anderer als Sie selbst sind der Schiedsrichter in diesem Spiel, in dem Sie nicht mehr das Opferlamm für andere zu sein brauchen.

Dritte Regel: Es gibt weder Sieg noch Niederlage

Das Prinzip des Kämpfens ist absolut, Sie sind entweder Sieger oder Verlierer. Jeder Sieg ist die Erniedrigung des Feindes und trägt die Niederlage schon in sich. Denn alte oder neue Feinde treten sofort an, um den Sieger zu besiegen. Eines Tages gelingt es ihnen immer. Deshalb lautet die letzte Konsequenz des Kampfes: Gib dem Besiegten keine Chance mehr, dich zu besiegen. Meinen Sie, ich *erfinde* das alles? Natürlich nicht. Lesen Sie doch ein wenig in der Bibel nach, und Sie werden wissen, wann und wo das alles schon begann.

Das Prinzip des Spielens, wie ich es mir denke, gibt Ihnen selbst und dem Gegner immer wieder eine neue Chance. Wenn Sie gewinnen, stärkt es Ihr Selbstvertrauen. Wenn Sie verlieren, können Sie daraus lernen, welche Fähigkeiten Sie noch besser trainieren sollten.

Und noch etwas: Um lernen zu können, brauchen Sie Ihre Gegner und die permanente Auseinandersetzung mit ihnen.

Sieg oder Niederlage sind endgültig. Wer Ihnen dieses Prinzip einzureden versucht, will damit nur, daß Sie bereit sind, sich für ihn aufzuopfern. Kompromißlos und erbarmungslos. Warum, meinen Sie, würden sonst in allen Kriegen die Verweigerer geächtet oder auch hingerichtet?

Das Prinzip des Kämpfens durch das Prinzip des Spielens zu ersetzen ist eine Frage der Einstellung zu sich selbst. Es liegt allein an Ihnen, sich dafür zu entscheiden. Oder nicht.

Die Entscheidung beginnt mit der Frage, von der hier immer wieder die Rede ist:

- Begnüge ich mich mit dem Leben, wie es andere für mich bestimmen?
  Oder:
- Bestimme ich selbst, wie ich leben will?

Was ich hier über das Prinzip des Spielens schreibe, ist meine ganz persönliche Vorstellung. Sie mögen sie richtig finden oder falsch. Mir ist beides recht. Ich möchte Sie nur dazu ermuntern, über Alternativen nachzudenken, statt einfach nur das zu tun, was Ihre Trainer Ihnen als die einzige Wahrheit verkaufen, die angeblich für uns alle gilt.

Vierte Regel: Es gibt weder Rücksicht, Mitleid, Treue noch Ehrlichkeit

Drei Dinge sind es, die uns im Leben sehr zu schaffen machen: Erwartung, Hoffnung und der naive Glaube daran, daß sich irgendwie und irgendwann in dieser Welt alles zum Besten wenden wird.
Vielleicht geschieht dies auch. Aber sieht es danach aus, als würden Sie und ich es noch erleben? Die Wahrscheinlichkeit, daß alle Menschen aufeinander Rücksicht nehmen werden, einander treu sind und die Wahrheit sagen, nichts als die Wahrheit, ist nicht allzu groß.
Rücksicht, Treue, Ehrlichkeit und noch ein Dutzend anderer Charaktereigenschaften sollen uns zu gehorsamen Bür-

gern machen. Unsere Trainer füttern uns damit, bis wir ihre gezielten Illusionen mit der Realität verwechseln, in der wir leben.

Das ist die Ursache so vieler Konflikte, in die wir uns ausweglos verstricken. Warum gehen wir nicht von der Realität aus, daß wir alle immer schon genauso rücksichtsvoll wie rücksichtslos sind, treu und untreu, ehrlich und verlogen.

Unser ganzes Leben, so stelle ich mir vor, ist das ewige Spiel zwischen diesen beiden Eigenschaften, die ein Teil von uns sind. Nehmen wir sie an und spielen wir das Spiel, ohne uns schuldig zu fühlen, wenn wir nicht nur das eine sind.

Wie verhält es sich denn mit unseren Trainern? Sind sie so, wie sie es uns predigen? Oder benutzen sie ihre absoluten Maßstäbe nur dazu, um sich besser zu fühlen, wenn sie uns bestrafen, weil wir nicht so sind, wie sie es für uns bestimmt haben?

Seit ich mit Selbsthilfegruppen arbeite, um mehr über unsere Probleme und ihre Lösungsmöglichkeiten zu lernen, reden wir viel über das Mitleid. Jemanden zu bemitleiden heißt nichts anderes, als mit jemandem mit-zu-leiden. Wenn ich mit ihm leide, bestätige ich ihn nur in seinem Leiden. Wenn ich allerdings selbst aus eigener Kraft frei und glücklich bin, kann ich jemand anderem doch viel eher vermitteln, mit welchen Möglichkeiten auch er sein Leben verändern könnte.

Ich kann es ihm vermitteln, aber *er* muß sich entscheiden, sich selbst zu helfen. Immer wieder fällt mir auf, wie viele Menschen sich gar nicht selbst helfen wollen. Sie wollen sich von anderen helfen lassen, um nachher erleichtert sagen zu können: »Na, siehst du, der läßt dich auch im Stich.« Und sie machen sich auf den Weg, um nach immer neuen Helfern zu suchen, die sie in ihrem Leiden bestätigen.

Nichts macht mir die vierte Regel unseres Lebensspiels so deutlich wie diese Beobachtung. Wenn wir aufhören, andere zu bemitleiden, fordern wir sie auf, nicht mehr passiv abzuwarten, sondern selbst aktiv zu werden und mitzuspielen.

Das Spiel beginnt also offensichtlich immer bei uns selbst. Wenn wir uns bemitleiden, machen wir uns ohne Aussicht auf Veränderung zum Opfer aller, die unser Selbstmitleid zu ihrem Vorteil nützen. Sie bieten sich als unsere Helfer an und leben von der Hoffnung, die wir in sie setzen.

Welchen Grund sollten sie haben, uns tatsächlich zu helfen? Ein Arzt lebt schließlich nicht davon, daß wir gesund sind, sondern von unserer Krankheit und unserem Vertrauen, er werde uns heilen. Die Schönheitsindustrie verlöre ihr Milliardengeschäft, wenn Millionen Frauen plötzlich entschieden: »Wir sind mit unserem Alter, den Falten im Gesicht und der eigenen Haarfarbe glücklich.« Vorausgesetzt natürlich, diese Frauen kämen zu der Entscheidung: Wir helfen uns selbst, indem wir uns so lieben, wie wir sind.

Aber das ist, wie ich nicht oft genug betonen kann, nur möglich, wenn wir uns von den Trainern der Schönheit, der Gesundheit und all diesen eingelernten Sehnsüchten befreien und uns selbst nach eigenen Vorstellungen trainieren.

Sobald wir eigene Vorstellungen für uns entwickeln und zu unseren eigenen Helfern werden, beginnt das Spiel, von dem hier die Rede ist.
Wir beurteilen uns dann nicht mehr nach den Maßstäben der anderen, sondern nach unseren eigenen. Natürlich werden wir damit sofort auf Widerstände stoßen:

- Auf die Widerstände in uns selbst. Auf die Angst, uns aus der Gemeinschaft auszuschließen. Und auf die Zweifel, ob es denn tatsächlich richtig ist, ein überzeugter Egoist zu sein.
- Auf die Widerstände unserer Trainer, aus deren Abhängigkeit wir uns immer mehr befreien, je erfolgreicher wir darin sind, uns selbst zu helfen.

Aber je mehr wir unsere eigenen Kräfte trainieren, um so größer sind die Chancen, die Konfrontation mit diesen Widerständen zu gewinnen und daraus weiteres Selbstvertrauen zu schöpfen.
Es ist ein Spiel, das nie endet. Aber gibt es unserem Leben nicht erst seinen Sinn? Wenn Sie wollen, können Sie den vier in diesem Kapitel vorgestellten Regeln noch eine fünfte hinzufügen. Sie könnte lauten: Unser Leben ist im Grunde genommen immer ein Spiel mit und gegen uns selbst. Wenn wir gewinnen, macht es uns glücklich. Wenn wir verlieren, lernen wir daraus, welche Fähigkeiten wir noch besser trainieren sollten.
Wie gesagt: Es ist das Spiel, in dem es weder Sieg noch Niederlage gibt. Vorausgesetzt, wir lassen nicht andere über unser Handeln entscheiden, sondern sind unsere ei-

genen Schiedsrichter nach eigenen Maßstäben. Wenn Sie selbst genau wissen, was Sie wollen, weiß niemand anderer besser als Sie, ob Sie in Ihrem Sinne richtig oder falsch gehandelt haben.

Hier eine Zusammenfassung, ehe Sie weiterlesen

Der siebente Trainingsschritt ermuntert Sie, Ihr Leben als ein ewiges Spiel zu betrachten und Ihre eigenen Maßstäbe der Beurteilung festzulegen. Betrachten Sie die vier Regeln, die ich Ihnen vorschlage, vor allem als Provokation, über Alternativen zu den Regeln nachzudenken, die andere Ihnen anerzogen haben.
Aber lassen Sie es nicht beim Nachdenken bewenden. Durch Nachdenken allein hat noch niemand ein Spiel gewonnen. Alle bisherigen Schritte dieses Programms sind Vorbereitungen für dieses Spiel. Jetzt ist es an der Zeit, das Spielfeld zu betreten und zu gewinnen. Oder zu verlieren. Erst durch Handeln lernen Sie.
Als ich vor Jahren einen Fußballspieler bei der Entwicklung seiner Persönlichkeit beriet, wurde mir sehr bald klar, daß Sprüche wie »Einer für alle, alle für einen« nur leeres Gerede sind. Jeder ist sich selbst der Nächste. Jeder spielt zuerst für sich und dann erst für den Rest der Mannschaft. In einem Fußballteam genauso wie in allen anderen Bereichen des Lebens.

Der 8. Schritt

Machen Sie sich mit den vier wichtigsten Regeln des gesunden Lebens vertraut:

1. Die Harmonie des Körpers beginnt bei der Harmonie von Geist und Seele.
2. Fragen Sie Ihren Körper, was ihm guttut und was ihm schadet.
3. Geben Sie Geist und Körper die Bewegung, die notwendig ist, um für den Alltag fit zu sein.
4. Gleichen Sie die Spannung bewußt durch Entspannen aus.

In diesem achten Schritt unseres Trainingsprogramms geht es um Ihre Gesundheit. Dabei sollten Sie für die Dauer der Lektüre alles vergessen, was Ihre Trainer Ihnen täglich darüber unterzujubeln versuchen.
Wenn man diesen stets um uns bemühten Leuten glauben darf, dann haben wir einfältigen Laien nicht die geringste Ahnung davon, worin unsere Gesundheit überhaupt besteht. Wer heute mitreden will, muß mindestens einen Doktortitel besitzen, wenn nicht zwei. Man hat unsere Gesundheit zu einer nur für Experten durchschaubaren Wissenschaft gemacht. Vor allem aber: Wenn sie uns die Gesundheit erklären, gehen sie fast immer nur von der Krankheit aus.
Es hat sich längst auch die Politik unserer Gesundheit angenommen. In kaum einer Regierung fehlt ein sogenannter »Gesundheitsminister«. Womit beschäftigt er sich vordringlich?

- Er streitet sich mit Krankenkassen und Ärzten herum, läßt ermitteln, was die Krankenfürsorge kosten darf und wie die Defizite auf diesem Gebiet vermindert werden könnten.
- Er befindet darüber, welche Medikamente für den Handel zugelassen werden, vielleicht auch, ob genügend Versuche an Tieren unternommen worden sind, um die Wirksamkeit von Medikamenten und Kosmetika zu garantieren.
- Auch das bedeutende Problem des Verbotes von Zigarettenwerbung fällt in diese Verantwortung.

Interessant finde ich, daß Gesundheitsminister sich so vehement mit Krankenhäusern und Krankenkassen beschäftigen, aber noch keiner hat sich meines Wissens bisher ernsthaft darum bemüht, »Gesundheitshäuser« oder »Gesundenkassen« einzuführen.
Die Gesundheit ist etwas, womit sich Politiker, Mediziner – und mit ihnen wir alle als gelehrige Schüler – erst beschäftigen, wenn die Krankheit beginnt. Selbst der natürliche Vorgang des Gebärens ist in Kliniken verlegt und damit zu einer Krankheit deklariert worden, die nur mit ärztlicher Hilfe heilbar ist.
Was wissen Sie über Ihre Gesundheit? Wohlgemerkt: Ich meine nicht, was Sie darüber wissen, wie Ärzte und Pharmaindustrie Ihre Krankheiten bekämpfen, sondern wie Sie Ihre Gesundheit erhalten können. Mit anderen Worten: Was tun Sie täglich, damit Sie erst gar nicht krank werden?
Sie können, um diese Frage für sich selbst weiter zu untersuchen, auf einem Blatt Papier links aufschreiben, welche Krankheiten und Medikamente Ihnen geläufig sind. Auf der rechten Seite schreiben Sie, welche Maßnahmen Sie selbst ergreifen, damit Sie Krankheiten, Arztbesuche und Medikamente möglichst vermeiden.
Nehmen Sie sich ruhig genügend Zeit für diese Selbstprüfung. Vielleicht stellen Sie dabei fest, daß es Ihnen genauso geht wie vielen Leuten, die ich kenne: Wenn von Gesundheit die Rede ist, fällt Ihnen nur alles über das Kranksein ein.
Dies ist auf die Tüchtigkeit unserer Trainer zurückzuführen, die davon leben, daß wir krank sind. Aber damit nicht genug: Sie erziehen uns auch dazu, uns vor den Krankhei-

ten zu fürchten, die sie unermüdlich zu unserem Wohle entdecken. Denn: Wer sich vor der Krankheit fürchtet, ist bereits auf dem Wege in die Abhängigkeit der Leute, die uns Heilung versprechen.

All das sollte Ihnen bewußt sein, ehe Sie als Trainer darangehen, Ihr eigenes Gesundheitsprogramm zu entwickeln. Ich selbst habe dafür viel von meinen Eltern gelernt.

Mein Vater war nach dem Zweiten Weltkrieg jahrelang in sowjetischer Gefangenschaft. Während dieser Zeit erhielt er nie genügend Vitamine, niemand kümmerte sich um seinen Blutdruck und Cholesterinspiegel. Er selbst war viel zu sehr damit beschäftigt, Ratten zu erschlagen, die nachts in den Baracken herumliefen. Sie waren oft das einzige Fleisch, mit dem die Gefangenen ihre Suppe ein wenig anreichern konnten. Es gab damals auch keine Medikamente oder andere Hilfsmittel, die heute für die Erhaltung unserer Gesundheit angeblich unerläßlich sind.

Vielleicht sollte ich auch erwähnen, daß mein Vater während dieser Zeit oft stundenlang bis zu den Hüften im Wasser arbeiten mußte. Kürzlich feierte mein alter Herr gesund und munter seinen 87. Geburtstag. Kein Ischias, kein Rheuma, kein Bluthochdruck, keine Magengeschwüre. Er geht täglich zwei Stunden mit meiner Mutter spazieren. Sie ist 92 und macht jeden Morgen im Bett ein Dutzend gymnastische Übungen, ehe sie den Tag beginnt.

Ich frage mich manchmal: Wie haben die beiden das alles geschafft? Erwarten Sie von mir keine Antwort. Ich weiß es nicht. Vielleicht haben sie ganz einfach ihr Leben nur gelebt, statt sich ständig zu fragen, welche Krankheiten sie haben sollten.

Ehe ich Ihnen ein paar meiner Regeln für die Gesundheit aufzähle, möchte ich Sie wieder einmal warnen: Es ist *mein* Programm. Ich habe es mir Laufe der Jahre Punkt für Punkt zusammengebastelt. Manches habe ich anderen Leuten abgeschaut, einiges habe ich in Büchern gelesen, alles aber probierte ich sorgfältig an mir selbst so lange aus, bis es meinen ganz persönlichen Bedürfnissen entsprach. Ich würde Ihnen diese Übungen nicht anzubieten wagen, wenn ich selbst damit nicht bis jetzt hervorragende Ergebnisse erzielt hätte. So war ich in meinen nun 62 Jahren nur ein einziges Mal als Patient im Krankenhaus: als man mir meinen Blinddarm entfernte.

Ich kann, um die Zufriedenheit mit meiner Gesundheit noch zu unterstreichen, jederzeit eine halbe Stunde lang joggen, ohne zu ermüden. Im vergangenen Sommer marschierte ich – wie jedes Jahr – wieder fünf Tage lang in den Alpen, schlief im Freien, trank Schneewasser und legte insgesamt 8000 Höhenmeter zurück. Ich möchte schließlich von Zeit zu Zeit überprüfen, ob meine Gesundheitsregeln auch tatsächlich etwas taugen.

Erste Regel: Die Harmonie des Körpers beginnt bei der Harmonie von Geist und Seele

Ich interessierte mich schon sehr früh für die Weisheiten der alten Meister des Zen. Sie lehrten in Japan ihren Schülern die Kunst des richtigen Lebens. Die Grundlage dafür ist die Meditation, in der man sein wahres Ich hinter der Fassade des eingelernten Denkens entdecken soll.

Die Erkenntnis eines dieser Meister beschäftigte mich lange Zeit. Sie lautet: »Die Disharmonie des Körpers beginnt bei der Disharmonie der Seele.« »Eine Binsenweisheit«, denken Sie jetzt vielleicht. Wie recht Sie haben. Aber welche Schlußfolgerungen ziehen Sie daraus?

Um ganz ehrlich zu sein: Ich weiß bis heute nicht so recht, was ich unter »Seele« wirklich verstehen soll. Vielleicht ist es die Verankerung der universellen Ordnung in uns, die uns sagt, was für uns falsch und richtig ist. Wenn wir nicht in Harmonie mit dieser großen Ordnung leben, ist unsere Seele in Disharmonie. Und diese Disharmonie tritt als Krankheit des Körpers in Erscheinung.

Man hört gelegentlich: »Mein Seelenfrieden ist gestört.« Aber wer kümmert sich darum? Hat Sie schon jemals ein Arzt gefragt, wie es um Ihren Seelenfrieden bestellt ist, wenn er bei Ihnen Asthma, Herzinfarkt, Magengeschwüre oder Krebs diagnostizierte?

Vielleicht bedeutet »Seelenfrieden« die Harmonie mit uns selbst, wenn wir uns wohl fühlen und glücklich sind. Der Zustand also, den wir durch unsere stille Zeit erreichen können: Der Körper ist entspannt, die Atmung ist ruhig, und es gelingt uns, alle Gedanken loszulassen, die uns beunruhigen.

Erinnern Sie sich noch an den Hinweis über das Treffen des Professors Freud mit seinen Kollegen? Sie waren sich einig: Nicht die Selbstbefriedigung löste bei ihren Patienten Angst und Depressionen aus, sondern deren Unterdrückung. Depressionen wiederum können unter anderem zu Kopfschmerzen, Verstopfung, Herzbeschwerden oder Bluthochdruck führen.

Die Ursache dieser Krankheitsbilder sind, wenn man den gelehrten Herren glaubt, eine Disharmonie zwischen ihren natürlichen Bedürfnissen und deren Befriedigung. Als man den Betroffenen erklärte, Onanie sei weder eine Sünde, noch würden sie dadurch krank, war es offensichtlich die Lösung ihres Problems. Die Harmonie zwischen Bedürfnis und Befriedigung war wieder hergestellt.
Wenn es schon die Ärzte nicht tun, sollten wir selbst uns mit der Frage beschäftigen: Welches ungelöste Problem, welche Verdrängung, welcher seelische Schock könnte die Ursache für eine Erkrankung sein, die sich in meinem Körper manifestiert?
Vor einigen Jahren begegnete ich im südlichen Österreich einem Weinbauern, der mir eine interessante Geschichte erzählte. Er hatte zehn Jahre lang an schwerem Asthma gelitten. Die Ärzte konnten ihm nicht helfen. Zu dieser Zeit begann er, die Bibel und Goethes »Faust« zu lesen. Sie vermittelten ihm wichtige Einblicke in die Zusammenhänge des menschlichen Lebens.
Durch diese Erkenntnisse konnte er seelische Probleme aufarbeiten, die ihm vorher nicht bewußt waren. Die zunehmende seelische Harmonie befreite ihn dann auch von seinem Asthma. Das behauptete er jedenfalls.
Ich halte mich nicht für berufen, solche Erklärungen zu untersuchen. Aber für mich klingen sie keinesfalls erstaunlich. Sie sind einer der Gründe dafür, warum ich keinen Tag vergehen lasse, ohne mich hinzusetzen, um in meiner stillen Zeit nach innerer Harmonie zu suchen.
Nicht erst, wenn ich krank bin. Sondern an jedem einzelnen Tag, auch wenn ich mich bester Gesundheit erfreue. Ich

halte es durchaus für möglich, daß ich deshalb so selten krank bin.
Welche vorgefaßte Meinungen Sie über solche Zusammenhänge auch haben mögen, freunden Sie sich einmal damit an. Es liegt an Ihnen, in sich selbst nach Ihrer Wahrheit zu suchen.

Zweite Regel: Fragen Sie Ihren Körper, was ihm guttut und was ihm schadet, statt ständig nur auf die Trainer zu hören.

Die meisten Informationen, die viele Menschen über ihren Körper besitzen, stammen von ihren Trainern, die ihr Wissen vorwiegend aus Universitäten, Seminaren oder Büchern haben. Also aus zweiter oder dritter Hand. Warum hören Sie nicht viel mehr auf Ihren eigenen Körper, um aus erster Hand zu erfahren, was ihm guttut, und was ihm schadet?
Fragen Sie, bevor Sie etwas essen, Ihren Körper, ob er hungrig ist, oder essen Sie morgens, mittags und abends nur, weil Sie es so gewohnt sind? Gleichgültig, ob der Körper es verlangt?
Kürzlich lehnte ich die Einladung eines Bekannten zum Mittagessen mit der Bemerkung ab, ich würde wahrscheinlich an diesem Tag überhaupt nichts essen. Er konnte es gar nicht fassen. Ich erklärte ihm, ich hätte am Abend vorher zuviel gegessen und möchte meinem Körper die Chance geben, damit erst einmal fertig zu werden. Er würde mir dann schon signalisieren, wenn er wieder bereit

wäre, etwas aufzunehmen. Ich werde den Eindruck nicht los, daß mich der Bekannte seither für ein wenig verschroben hält.
Vielleicht bin ich es auch. Aber – ehrlich gesagt – ist es mir lieber, mein Magen hält mich für vernünftig als mein Bekannter.
Hier sind ein paar Fragen, die Sie ein wenig nachdenklich stimmen sollen:

- Wie oft essen Sie einfach nur aus Gewohnheit, aus Gefälligkeit oder um einen Ärger »hinunterzuschlucken«?
- Wie oft trinken Sie nur, weil andere es auch tun. Oder um die Zeit totzuschlagen, weil sie noch nicht nach Hause gehen wollen?
- Warum haben Sie Schuldgefühle, wenn Sie etwas aus reiner Lust essen oder trinken. Ein Schuldgefühl, nur weil Sie irgendwo gelesen oder gehört haben, daß Sie nicht essen sollten, was Sie so gerne essen?

Es ist wirklich erstaunlich, wie sehr sich andere Leute unermüdlich um unser körperliches Wohl bemühen. Alle wollen sie nur unser Bestes. Ich bin da ziemlich skeptisch. Deshalb heftete ich kürzlich folgenden Kalenderspruch an die Wand: »Wenn jemand nur dein Bestes will, frage ihn, ob er mit seinem eigenen Besten nicht zufrieden ist.«
Als mein eigener Trainer bin ich in den vergangenen Jahren in der Zwiesprache mit mir und meinem Körper während der täglichen stillen Zeit zu ein paar einfachen Erkenntnissen gelangt:

- Ich esse, was mir schmeckt.
- Ich genieße, was ich esse – ohne Angst und Schuldgefühle.
- Ich höre zu essen auf, wenn mein Körper mir sagt: »Genug.«
- Ich trinke gerne aus reiner Lust Wein, Bier oder auch ein paar der herrlichen Schnäpse, die der Nachbar in unserem Dorf von den Birnen gebrannt hat. Wenn ich zuviel davon erwische, stört es mich nicht. Mit Sicherheit trinke ich das nächste Glas erst dann, wenn ich spüre: Mein Körper hat den Überfluß von gestern oder vorgestern inzwischen gut verarbeitet.
- Ich esse auch lieber einen Apfel aus unserem Garten hinter dem Haus als eine Banane aus Mittelamerika oder Kiwis aus Neuseeland. Vielleicht liegt es daran, daß ich fühle: Ich möchte etwas essen, das in dem Klima gewachsen ist, in dem auch mein Körper ganz gut gedeiht.

Wenn ich nach der Harmonie zwischen meiner Seele, meinem Geist und meinem Körper suche, dann – so denke ich – ist es nur vernünftig, wenn ich diese Harmonie auch mit allem herzustellen versuche, was ich esse und trinke. Und mit dem Stück Erde, auf dem ich lebe.

Deshalb ist auch mein Bedürfnis nicht allzugroß, chinesisch, indisch, italienisch oder vielleicht russisch zu speisen. Es wird schon einen Grund haben, warum die Leute in diesen Ländern ganz anders kochen als wir.

Wenn es so etwas gibt wie eine Eß- und Trinkkultur, dann ist dies vermutlich etwas, das in uns dort gewachsen ist, wo wir leben. Und ich denke, daß unser Körper das viel besser

weiß als wir. Vielleicht, weil unsere Trainer seinen Instinkt noch nicht verdorben haben. Es sei denn, wir selbst haben es getan.
Unseren Körper zu fragen, was, wie und wieviel wir essen und trinken sollen, setzt die Entscheidung voraus, daß wir bereit sind, überhaupt auf ihn zu hören. Denken Sie daran, wenn Ihnen das nächste Mal wieder einmal ein Wissender erklärt, was Ihrem Körper schadet und was nicht.
Es liegt an Ihnen, aus erster Hand herauszufinden, ob Sie sich besser fühlen, wenn Sie sich ungeprüft nach den Regeln der Trainer ernähren. Oder nach den Regeln, nach denen Ihr Körper verlangt.

Dritte Regel: Geben Sie Geist und Körper die Bewegung, die notwendig ist, um für den Alltag fit zu sein

Als ich zur Schule ging, hatte ich zwei Probleme: Ich war zu schwach, um mich gegen die Prügel anderer Jungs zur Wehr zu setzen, und ich ärgerte mich, wenn mir morgens die Straßenbahn vor der Nase davonfuhr.
Also trainierte ich so lange, bis ich der Straßenbahn bis zur nächsten Station nachlaufen konnte, und trat einem Boxklub bei, in dem ich lernte zuzuschlagen, ehe andere mich schlagen konnten. Wie Sie sehen, neigte ich schon damals dazu, aus der Praxis des Lebens zu lernen. Seither habe ich nie aufgehört, fit genug zu bleiben, um den Anforderungen des Alltags gerecht zu werden.
Auch 30 Jahre später, als Chefredakteur einer Illustrierten,

rannte ich oft die 16 Stockwerke zu meinem Büro hinauf, statt den Lift zu nehmen. Das hielt nicht nur meinen Körper fit, sondern auch mein Selbstvertrauen. Mein Kreislauf kam in Schwung, die Muskulatur meiner Beine blieb elastisch, und das Gehirn wurde durchblutet. Ich hatte den Eindruck, daß ich besser denken konnte, wenn ich nach dem Stiegenlaufen in meinem bequemen Drehsessel saß.

Unser ganzes Leben, denke ich, ist Bewegung. Wenn wir auf eine Angst zugehen, ist es besser, als wenn wir vor ihr erstarren und hilflos warten, was geschieht. Es gibt eine Menge Leute, die hinter ihren Problemen hinterherdenken. Andere denken voraus, weil ihr Geist in Bewegung ist. Vor Jahren erfand ich für ein Geldinstitut den Werbeslogan: »Geld macht glücklich, wenn man rechtzeitig darauf schaut, daß man es hat, wenn man es braucht.« Im Grunde genommen meinte ich damit nichts anderes als: Bereite dich in gesunden Zeiten auf schlechte Zeiten vor, damit du dann nicht von anderen Leuten abhängig bist.

Gilt das nicht genauso für unsere Gesundheit, unseren Geist und die Kraft, die notwendig ist, um die Probleme lösen zu können, die morgen oder übermorgen auf uns zukommen?

Die Harmonie mit sich selbst zu trainieren bedeutet nicht, heute etwas einzuüben, damit wir es dann für alle Zeiten beherrschen. Wenn wir an jedem Tag aus eigener Kraft glücklich sein wollen, müssen wir auch jeden Tag fit genug sein, um die Hindernisse zu bewältigen, die sich uns immer wieder neu in den Weg stellen.

Heute, im fortgeschrittenen Alter, laufe ich längst zu kei-

nen Büros mehr hoch. Aber wie damals auch trainiere ich meinen Körper täglich mit zehn Übungen. Jede mache ich 100mal. Das macht 1000 kleine Bewegungen an jedem Tag. Ich brauche dazu weder ein Zimmerfahrrad noch irgendwelche andere Geräte. Auch kein Fitneßstudio, in dem man scheel angesehen wird, wenn man sich nicht aufwendig und schick eingekleidet hat.
Hier sind meine zehn Übungen:

1. Noch im Bett liegend, balle ich 100mal die Fäuste, um meinen Kreislauf zu aktivieren.
2. Ich bewege – noch immer im Bett liegend – die Beine wie beim Radfahren. Eine Übung, die ich von Leuten gelernt habe, die damit ihre Krampfadern losgeworden sind.
3. Ich setze mich dann an den Bettrand und bewege den Kopf nach allen Richtungen, um die Muskulatur am Hals fit zu halten.
4. Dann stehe ich auf und neige den Oberkörper in den Hüften nach links und rechts.
5. Ich kreise die Arme 50mal nach vorne und 50mal nach rückwärts.
6. Dann wippe ich den Oberkörper nach vorne und berühre dabei mit den Fingerspitzen den Boden.
7. Ich drehe den Oberkörper in den Hüften nach links und rechts.
8. Ich mache 100 Kniebeugen.
9. Ich hüpfe 100mal so hoch, wie ich kann.
10. Ich mache Liegestütze und drücke dabei 100mal wippend die Wirbelsäule leicht durch.

Wissen Sie, was dann passiert? Meine Verdauung ist durch diese Übungen so intensiv belebt, daß ich selten unter Verstopfung leide. Schließlich bade ich heiß und dusche abschließend kalt.

Gelegentlich, wenn ich mit befreundeten Experten des Körpertrainings beisammen bin, werde ich mit allerhand fachmännischen Ratschlägen eingedeckt. Das Drehen des Kopfes, meinen manche, sei schädlich. Andere geben mir Tips, wie ich den einen oder anderen Muskel noch intensiver stärken könnte, und anderes mehr.

Ich sage dann meistens: »In den vergangenen Jahrzehnten hat mir mein einfaches Training mehr genützt als geschadet. Ich habe jede Übung den Bedürfnissen meines Körpers angepaßt. Außerdem macht es mir an jedem einzelnen Morgen einen Riesenspaß. Warum also sollte ich etwas daran ändern, solange mir mein Körper signalisiert: ›Es tut mir gut.‹?«

Ich schreibe es diesen zehn Übungen auch zu, daß ich mich jederzeit auf die Waage stellen kann und schon im voraus weiß, wieviel ich wiege: 77 oder 78 Kilogramm.

Ob Sie es mir glauben oder nicht: Ich wundere mich sehr, wenn mir Leute lang und breit erzählen, wie sie ihren Körper nach irgendwelchen Vorschriften von Trainern quälen, bis ihnen die Puste ausgeht. Mir würde es niemals einfallen, meinem Körper etwas abzuverlangen, was mir selbst nicht Lust verschafft. Dabei stelle ich immer wieder mit Staunen fest, was er zu geben bereit ist, wenn ich auf ihn Rücksicht nehme.

Vierte Regel: Gleichen Sie Spannung durch Entspannen aus.

Unsere ganze Erziehung ist eine ständige Aufforderung, unserer Natur Gewalt anzutun. Wir sollen mutig, opferbereit, fleißig, rücksichtsvoll, überlegt oder schön sein. Kein Trainer fordert uns jemals zur Faulheit, zum Egoismus oder zum Widerstand gegen das Eingelernte auf. Nur unsere Natur tut es. Auf sie allerdings hören wir nicht.

Unsere Natur sagt uns, wann wir hungrig sind, sie läßt uns nach der Anstrengung müde sein und signalisiert, daß wir uns ausruhen sollten. Sie hat uns zum Lieben genauso geschaffen wie zum Hassen, zur Demut wie zum Widerstand, zum Denken wie zum Fühlen. Unsere Trainer gebieten uns das eine, aber sie verbieten das andere. Sie haben uns beigebracht, was gut zu sein hat und was unterdrückt, versteckt und verdrängt werden muß. Wozu aber sind wir dann mit *beiden* Eigenschaften ausgestattet?

Als unser eigener Trainer sollten wir erkennen, daß beide Eigenschaften Bestandteile unseres Wesens sind. Wir sollten lernen, ohne Schuldgefühle mit ihnen umzugehen.

Ständig flößt man uns die scheinheiligen Botschaften von Freizeit und Entspannung ein. Aber ich bin sicher: Noch kein Chef hat Sie dazu aufgefordert, sich während der Arbeitszeit ein wenig auszuruhen, wenn Sie abgeschlafft sind.

Glauben Sie wirklich, daß sich die Urlaubsindustrie darum kümmert, ob Sie sich in den Ferien entspannen? Ganz im Gegenteil. Sie hält Sie mit immer neuen und immer noch sensationelleren Angeboten in Trab. Auch im Restaurant sollen Sie nach dem Essen schnell den Tisch wieder verlassen, weil der Besitzer ihn für die nächsten Gäste braucht. Es sei denn, Sie trinken noch ein paar teure Cognacs, um sich dabei für ihn gewinnbringend zu »entspannen«.

Wir sind auf Anspannung getrimmt und sollen nie zur Ruhe kommen. Wir sollen die Forderungen der Trainer erfüllen – nicht die Erfordernisse unserer Natur nach regelmäßiger Entspannung. Das ist wahrscheinlich auch der Grund für viele unserer Konflikte und Aggressionen. Wir haben verlernt, uns wirklich zu entspannen. Fast alle Versuche, uns zu entspannen, sind mit neuer Anspannung verbunden.
Schon der Gedanke daran, sich einen Tag lang auf die faule Haut zu legen und sich um nichts zu kümmern, bewirkt bei den meisten Menschen sofort das Schuldgefühl. »Das kann ich doch nicht, was würden da die anderen sagen?« Oder: »Ich kann die anderen doch nicht im Stich lassen.« Vielleicht auch: »Ich muß ja meinen Verpflichtungen nachkommen.«
Es sind fast immer Verpflichtungen, die andere uns auferlegen. Aber welche Verpflichtungen haben Sie sich selbst gegenüber?
Wie Sie sehen, geht es hier weniger darum, Ihnen den einen oder anderen oberflächlichen Tip zu geben, wie Sie sich entspannen sollten. Es geht darum, daß Sie das natürliche Prinzip von Spannung *und* Entspannung verstehen, nach dem Körper, Geist und Seele verlangen. Oder um es anders zu sagen. Es geht um die Harmonie zwischen Spannung und Entspannung. Wirkliche Entspannung.
Manchmal, wenn ich Leute in feinen Lokalen bei ihren

sogenannten Geschäftsessen sehe, denke ich an das Leben auf dem Bauernhof meiner Großeltern. Ich verbrachte dort als kleiner Junge oft meine Ferien. Beim Essen saßen alle um einen großen Tisch und warteten, bis Großvater sich bekreuzigte. Dann senkten alle die Köpfe, falteten die Hände, ließen die Schultern entspannt hängen und beteten. Dieses Ritual wurde nach dem Essen wiederholt.
Ich glaube nicht, daß die meisten Leute am Tisch wirklich beteten. Aber sie entspannten sich. Sie stürzten nicht sofort von der Arbeit zur Mahlzeit und umgekehrt, sondern sie beruhigten Geist und Körper, ehe sie vom einen zum anderen übergingen. Sie legten die Mühen der Arbeit ab, ehe sie sich dem Essen widmeten.
Die geschäftigen Leute in den feinen Lokalen arbeiten beim Essen und kauen beim ständigen Reden ihre Nahrung gar nicht richtig. Ist es ein Wunder, daß ihr Darm eines Tages streikt und sie ihn mit Medikamenten gewaltsam zur Ruhe bringen müssen?

- Entspannen Sie sich vor dem Essen?
- Was tun Sie, wenn Sie müde sind?
- Was müssen Sie im Urlaub alles unbedingt sehen und tun, um sicher zu sein, daß Ihnen für Ihr gutes Geld auch wirklich etwas geboten wurde?

Meine Anregung zur täglichen stillen Zeit am Beginn unseres Programms kann ein entscheidender Schritt für Sie sein, um die Harmonie zwischen Spannung und Entspannung herzustellen. Nicht ab und zu, sondern an jedem einzelnen Tag. Vergessen Sie das nicht.

Das Bemühen, seinen Körper zu entspannen, durch ruhiges Atmen diese Entspannung zu vertiefen und schließlich das »Draußen« mit all seinen Problemen und Ärgernissen abzuschütteln, soll Ihnen vor allem immer wieder bewußt machen, was Entspannung wirklich für Sie bedeutet.
Vielleicht hat es Sie ein wenig beunruhigt, weil ich weiter oben schrieb, der Haß sei genauso ein Teil unseres Wesens wie die Liebe. Oder. Wir sollten uns auch zur Faulheit bekennen. Wahrscheinlich dachten Sie sofort: »Wo kämen wir denn hin, wenn wir alle unserem natürlichen Bedürfnis nach Haß oder Faulheit freien Lauf ließen?«
Solche Argumente haben uns die Trainer eingeredet, die uns als liebe, nette, immer uns selbst verleugnende, gut funktionierende Bürger haben möchten, um uns jederzeit erschrecken und manipulieren zu können.
Wir sollen immer in Spannung sein und nie durch Entspannung unsere Kräfte für den Widerstand sammeln können. Deshalb reden sie uns alle Fähigkeiten aus, die sie nicht für sich nützen können. Es sei denn, sie benötigen unseren Haß auf irgendwelche Feinde als politisches Instrument.
Wenn wir selbst lernen, mit unserer natürlichen Eigenschaft des Hassen-Könnens richtig umzugehen, können wir diese Emotion nach unseren eigenen Vorstellungen als Motor des Handelns nutzen. Wenn der Zorn eine Variation des Haßbedürfnisses ist – und das ist er wohl –, dann ist er ein guter Impuls, uns von einer Aggression zu befreien, die wir nicht verdrängen sollten.
Sie kennen das ja genauso wie ich: Wenn ich zornig bin, breche ich die Regeln der Selbstverleugnung und sage

jemandem unverblümt, was ich loswerden will. Statt es aus eingelerntem Wohlverhalten zu verdrängen.
Wenn ich es verdränge, schaffe ich mir stundenlange Spannungen. Ich mache mir am nächsten Tag noch Vorwürfe, daß ich meinem Ärger nicht Luft gemacht habe. Wenn ich meinen Zorn losgeworden bin, macht sich ein Gefühl der Befreiung breit. Ich entspanne mich. Und man sagt wohl nicht zu unrecht: »Das Schönste am Streit ist die Versöhnung.« Anders ausgedrückt: Der Ausbruch entspannt, damit neue Harmonie entstehen kann.
Ich denke, es liegt an uns, ob wir den Zorn als harmlosere Variante des Hasses bewußt entladen oder ob wir ihn so lange verdrängen, bis er sich als eine Aggression manifestiert, die wir nicht mehr kontrollieren können. Nicht selten geschieht dies dann als eine Aggression gegen uns selbst.
Gesundes Leben ist, wie Sie sehen, viel mehr als das »gesunde Leben«, das die Trainer aller Gesundheitsindustrien uns verkaufen möchten. Als Ihr eigener Trainer sollten Sie das wissen. Vielleicht nützen Ihnen diese Anregungen, wenn Sie Ihr Lebensprogramm zur Hand nehmen und für Punkt 7 Ihre eigenen Vorstellungen zu Papier bringen. Er lautet, wie Sie sich vielleicht erinnern: »Was kann ich täglich für mich tun, um gesund zu bleiben.«

Hier eine Zusammenfassung, ehe Sie weiterlesen

Unsere Gesundheit, so scheint es, ist zu einer komplizierten Wissenschaft geworden, die uns nur einige Eingeweihte erklären können. Was sie dabei aber vor allem im Auge haben, sind die Krankheiten, an denen sie verdienen.
Es liegt an Ihnen als Ihr Trainer, dafür zu sorgen, daß Sie erst gar nicht krank und von den Helfern abhängig werden.
Entwickeln Sie Ihr eigenes Gesundheitsprogramm für Seele, Geist und Körper.
Hier sind noch einmal die vier Regeln, die ich Ihnen aus eigener guter Erfahrung vorschlage. Modifizieren Sie sie nach Ihren persönlichen Bedürfnissen zur Ergänzung Ihrer Aufzeichnungen für Punkt 7 Ihres Lebensprogramms:

1. Die Harmonie des Körpers beginnt bei der Harmonie von Geist und Seele.
2. Fragen Sie Ihren Körper, was ihm guttut und was ihm schadet.
3. Geben Sie Geist und Körper die Bewegung, die notwendig ist, um für den Alltag fit zu sein.
4. Gleichen Sie die Spannung bewußt durch Entspannen aus.

Der 9. Schritt

Machen Sie eine Bestandsaufnahme darüber, was sich durch dieses Trainingsprogramm bisher in Ihrem Leben verändert hat. Oder auch nicht. Überprüfen Sie Ihre Erwartungen und Zweifel. Vergessen Sie nicht, daß Sie für den Rest Ihres Lebens genügend Zeit haben, um alles – Schritt für Schritt – zu erreichen, was Sie erreichen möchten. Hier sind drei Fähigkeiten, mit denen Sie sich immer wieder beschäftigen sollten:

1. Die Fähigkeit, in der Hast des Tages innezuhalten.
2. Die Fähigkeit, an sich selbst zu glauben.
3. Die Fähigkeit, Geist, Seele und Körper in Harmonie zu bringen.

Die meisten Menschen, die ich kenne, sind ständig voller Unruhe auf der Suche nach irgend etwas Neuem. Neue Möbel, ein neues Auto, neue Kleider, neue Krankheiten, neue Medikamente oder Partner. Es ist noch gar nicht so lange her, daß ich mir einen Computer kaufte. Kaum fing ich an, mich dafür so richtig zu begeistern, sagte mir ein Bekannter: »Was hast du denn da für einen Plunder gekauft. Das Ding ist doch schon längst überholt.«

Ein paar Augenblicke lang zweifelte ich tatsächlich daran, ob ich mir das richtige Gerät angeschafft hatte. Dann setzte ich mich hin und stellte eine Liste der Funktionen auf, die ein Computer für mich erfüllen mußte. Ich war beruhigt: Meiner erfüllte sie alle, mehr brauchte ich nicht. Es geht mir schließlich nicht darum, das Beste, Schnellste und Neueste auf diesem Gebiet zu besitzen, sondern das für mich Geeignete.

Das ist die entscheidende Frage, denke ich, die wir uns nie oft genug stellen sollten: Was brauche ich wirklich, und was ist für mich Überfluß? Überfluß ist für mich, was mir mehr Kosten und Sorgen verursacht als Freude bereitet.

Gilt das nicht auch für unser Lebensprogramm und all das, was unser ganzes Leben frei und glücklich macht? Wir binden uns im Laufe der Zeit an so viele Menschen und Dinge, die uns nicht nützen, die wir gar nicht brauchen, die uns nur Probleme bereiten.

Obwohl wir das erkennen oder zumindest ahnen, können wir uns nicht mehr davon trennen. Sie kosten uns Zeit und Energie, die wir dafür einsetzen könnten, was wirklich für uns wichtig ist. Trotzdem schleppen wir sie weiter mit uns

herum. Als Klotz am Bein. Irgendeinen Nutzen, reden wir uns ein, würde es schon irgendwann einmal haben.
Wenn Sie eine Bestandsaufnahme darüber machen, welchen Nutzen Ihnen dieses Trainingsprogramm bisher gebracht hat, sollten Sie genauso ernsthaft die Frage prüfen: Brauche ich es *wirklich*? Was nützt es mir?
Sie können dieses Buch mit mehr oder weniger großem Interesse einfach durchlesen und vielleicht das eine oder andere daraus für sich gewinnen. Wenn Sie an diesem Punkt der Lektüre angekommen sind, sollten Sie überlegen, ob Ihnen das genügt oder ob Sie nicht *mehr* daraus machen könnten. Oder wollen.
In seinem Leben einige entscheidende Dinge zu verändern bedeutet schließlich zweierlei: Wir werfen unnützen Ballast ab und ersetzen ihn durch etwas, das uns wichtiger ist. Es hätte wenig Sinn, verkümmerte Kräfte in uns zu aktivieren, um sie dann doch nur dafür einzusetzen, um ungeliebte Gewohnheiten weiter damit zu unterstützen.
Etwas in unserem Leben wirklich zu verändern ist immer mit der Entscheidung verbunden: »Worauf will ich verzichten, um das haben zu können, was mir wichtiger ist.«
Aus eigener Kraft frei und glücklich sein zu wollen setzt voraus, daß Sie sehr genau wissen, was Sie frei und glücklich machen würde. Sonst nützen alle Fähigkeiten nichts, auch wenn Sie sie noch so eifrig trainieren. Ihre eigene starke Vision für Ihr zukünftiges Leben ist der wirkliche Motor des Trainings.
Ihre Motivation kann verschiedenen Quellen entspringen:

- Das Unbehagen über die Unterdrückung, der Sie ausgesetzt sind, ist so groß, daß Sie einfach etwas *müssen*.
- Ihr Drang nach persönlicher Freiheit läßt Ihnen gar keinen anderen Ausweg, als radikal etwas zu verändern.
- Sie träumen schon seit vielen Jahren vom freien, eigenen Leben und sind sich klar darüber: Ich verwirkliche meinen Traum jetzt – oder nie.

Ich bin überzeugt davon, daß vernünftige Gründe allein nicht genügen, um wirkliche Veränderungen in unserem Leben herbeizuführen. Viel eher ist es die Unerträglichkeit des Leidens, die uns zu großen Entscheidungen zwingt. Die Alternativen lauten dann: Flucht oder Lösung.

Wenn Sie den Nutzen dieses Programms für sich überprüfen, sollten Sie Ihre eigene Situation abwägen, in der Sie sich gerade befinden. Ist die Zeit wirklich für Sie reif? Sind Sie es auch? Ist Ihr Unbehagen groß genug? Zwingt Sie Ihr Traum von Freiheit und Glück zu einer endgültigen Entscheidung?

In unseren Tagen des ungebändigten Fortschrittsglaubens werden wir geradezu zwanghaft darauf trainiert nichts von dem zu versäumen, was uns unentwegt angeboten wird. Der Weg zurück zu sich selbst bedeutet Rückschritt. Er widerspricht allen Geboten der Zeit: Innehalten statt schneller leben, aussteigen statt mitfahren, Widerstand leisten statt sich einordnen, Harmonie statt Unruhe.

Um ganz ehrlich zu sein: In diesem ganzen Buch ist überhaupt nichts neu, aktuell oder fortschrittlich. Alles dreht sich nur um unser gutes altes Ich. Wie es ist, warum es so

geworden ist, und wie es sein könnte. Es liegt an Ihnen zu beurteilen, ob es das ist, wonach Sie suchen.
Solche Erwägungen sollten Sie einbeziehen, wenn Sie jetzt überprüfen, was sich in Ihrem Leben bisher durch dieses Programm verändert hat. Hier sind noch einmal jene drei Fähigkeiten, auf die es ankommt:

1. Die Fähigkeit, in der Hetze des Tages innezuhalten. Sich zu entspannen. In sich hineinzuhorchen. Zur Ruhe zu kommen und jene Vorstellungen in das Unterbewußtsein zu versenken, die den eigenen Wünschen und Bedürfnissen entsprechen.

Haben Sie sich damit angefreundet? Mit welchem Ergebnis?
In der Selbsthilfegruppe gegen Angst und Depression, mit der ich zur Zeit dieses Training erprobe, sagte kürzlich ein junger Mann voll Ungeduld: »Hier in der Gruppe fällt es mir leicht, meine innere Ruhe zu finden. Aber daheim schaffe ich es einfach nicht. Manchmal bin ich direkt froh, wenn das Telefon läutet und ich aufspringen kann.«
Ich sagte: »Hören Sie auf, unbedingt ihre innere Ruhe finden zu wollen. Sitzen Sie einfach nur eine Viertelstunde lang erwartungslos da und atmen Sie ruhig. Aber treffen Sie gleich jetzt mit uns gemeinsam die Entscheidung, nie wieder während dieser Zeit ans Telefon zu gehen.«
Ich weiß, wie schwierig es ist, eine Viertelstunde lang nichts zu wollen, nichts zu müssen, nichts zu erwarten und

uns bewußt zu sein, daß wir in dieser Zeit niemandem, absolut niemandem für irgend etwas Rechenschaft geben müssen.
Wir werden von unseren Trainern zur inneren Unruhe trainiert. Das Ziel, das wir uns als unsere eigenen Trainer setzen, besteht aber darin, uns davon zu lösen. In ganz kleinen Schritten. Loszulassen. Uns frei zu machen. Zum Beispiel, indem wir eine Viertelstunde lang nicht ans Telefon gehen.
Überlegen Sie doch einmal: Wenn jemand Sie anruft, weil er sich langweilt und nur mit jemandem plaudern möchte, versäumen Sie nichts. Falls der Anruf einen wichtigen Grund hat, wird er es später noch einmal versuchen. In dieser Viertelstunde, die Sie für sich allein reserviert haben, bestimmen nur Sie allein, was wichtig ist. *Das* ist wichtig, sonst nichts.
Sie allein bestimmen über sich. Wenn Ihnen das an jedem Tag eine Viertelstunde lang gelingt, ohne sich nachher schuldig zu fühlen, haben Sie mehr erreicht, als nur einen Anruf nicht beantwortet zu haben. Sie haben über sich selbst bestimmt, statt jemand anderen über sich bestimmen zu lassen.
Zu den vielen Ursachen unserer ständigen inneren Unruhe gehört die Angst, wir könnten irgend etwas Wichtiges versäumen. Wer sollte darüber bestimmen, was für Sie wichtig ist, wenn Sie erst einmal die Entscheidung gefällt haben, daß in Ihrem Leben nichts wichtiger ist als Sie selbst?
Wenn schon »irgend etwas Wichtiges« Sie in Unruhe versetzt, für wie wenig wichtig halten Sie sich dann eigentlich

selbst? Ihre Antwort auf diese Frage berührt die Konsequenz der Entscheidung, auf der dieses ganze Programm beruht. Sie wissen ja: Entweder Sie lassen andere über Ihr Leben verfügen, oder Sie tun es selbst.

Sie bestimmen es selbst. Es sei denn, Sie geben sich damit zufrieden, nur ein bißchen Sie selbst zu sein. Das allerdings erfordert kein eigenes Training. Das haben Ihnen Ihre Trainer schon lange genug gründlich beigebracht.

Ich kann Sie gar nicht oft genug daran erinnern: Ihre Viertelstunde an jedem Tag ist das A und O dieses Trainings. Sie ist das Bekenntnis zu Ihrer eigenen Wichtigkeit. Entspannen Sie sich ganz bewußt, atmen Sie ruhig, lassen Sie die Unruhe abklingen. Erleben Sie dabei, wie gut es Ihnen tut.

Wenn dieses Erlebnis zur täglichen Gewohnheit geworden ist, hat sich schon sehr viel in Ihrem Leben verändert.

Trainieren Sie dieses Erlebnis und beginnen Sie damit, sich 20-, 30mal eine einfache Formel im Geiste vorzusagen wie: »Es ist wunderbar, mich so zu entspannen«, »Ich fühle mich frei und glücklich, diese Entspannung gibt mir Kraft« oder »Mir geht es von Tag zu Tag in jeder Hinsicht immer besser und besser«.

2. Die Fähigkeit, an sich selbst mehr zu glauben als an irgend jemand anderen

Fällt Ihnen diese Entscheidung schwer?

Es würde mich nicht wundern. Vielen Menschen fällt es schon schwer genug, überhaupt an etwas zu glauben. Manche reden es sich beharrlich ein, aber in Wahrheit suchen sie nur nach einem Rettungsring, an den sie sich klammern können.

Die meisten dieser Ringe werden von Leuten ausgeworfen, die davon leben, daß wir ihnen, ihren Ideen, Versprechungen und Hoffnungen glauben, mit denen sie uns abhängig machen.

Vielleicht ist es besser, an einen Scharlatan zu glauben als an gar nichts. Es mag auch von Vorteil sein, wenigstens den Zielen anderer Leute zu folgen als gar keinen. Aber das gilt wohl nur für Menschen, die sich nicht dazu entscheiden können, eigene Vorstellungen und Ziele zu haben.

Wie weit sind Sie bisher damit gekommen, Ihre eigenen, ganz persönlichen Vorstellungen für den Rest Ihres Lebens zu entwickeln und daran zu glauben, daß Sie es schaffen werden, sie zu verwirklichen?

Ich denke, es ist noch relativ einfach, sich eigene Ziele zu stecken, die unserem Leben einen tieferen Sinn geben. Aber was dann kommt, ist ein gewaltiger Brocken: Es sind die Zweifel und Ängste, die man uns anerzogen hat.

Zweifel und Ängste sind das größte Hindernis, das dem Glauben an uns selbst im Wege steht. Aber wie Sie wissen, können wir den Glauben genauso trainieren, wie die Erzieher uns von Kindheit an die Angst eingeübt haben.

Noch etwas sollten Sie sich immer wieder bewußtmachen: Der Glaube beginnt in Ihren Gedanken, die Sie selbst bestimmen und allmählich durch ständiges Wiederholen in Ihr Unterbewußtsein versenken. So lange und geduldig, bis sie dort stark genug verankert sind und Ängste und Zweifel verdrängen.

Ich gebe zu, daß diese einfache Darstellung der Zusammenhänge vorwiegend aus meiner eigenen Erfahrung stammt. Ich stelle mir vor, daß dies der Vorgang ist, wie der Glaube an uns selbst entsteht.

Für mich ist dieser Glaube nichts Abstraktes, nichts Religiöses oder Philosophisches. Ich frage mich nur ganz einfach: »Wie muß der Glaube beschaffen sein, der mir am besten dabei nützt, mein eigenes Leben zu leben und glücklich zu sein?«

Wenn Sie mir entgegenhalten: »*Mich* macht der Glaube an Gott so stark, daß ich alle Probleme meines Lebens lösen kann«, würde ich mir niemals erlauben, diesen Ihren Standpunkt in Frage zu stellen. Ich würde mir höchstens ein paar Gedanken darüber machen, ob nicht Ihr Glaube an Gott im Grunde genommen nichts anderes ist als ein nützliches Hilfsmittel für den Glauben an sich selbst.

Wenn Sie also in unserem Trainingsprogramm an dem Punkt angelangt sind, an dem Ihre selbständigen Vorstellungen für Ihr Leben an Zweifeln zu scheitern drohen, dient Ihnen vielleicht dieser Hinweis: Schreiben Sie alle diese Vorstellungen ausführlich in Ihrem Lebensbuch, Ihrem Lebensprogramm, auf, damit sie Ihnen nicht verlorengehen.

Dann aber widmen Sie sich wieder für einige Zeit geduldig dem Glaubenstraining. Ersetzen Sie die »Ich kann nicht«- und »Das schaffe ich nie«-Gedanken durch die Formel »Ich kann« oder »Ich schaffe es«. Jeden Tag. Immer wieder. Am Morgen und am Abend vor dem Einschlafen.

Genauso wie jemand, der seine Kraft aus dem Glauben an Gott bezieht, sich darin immer wieder durch das tägliche Gebet bestärken muß. Das Gebet, das Lesen in der Bibel oder der Besuch der Sonntagsmesse sind schließlich auch nichts anderes als Glaubenstraining.

3. Die Fähigkeit, Geist, Seele und Körper in Harmonie zu bringen, damit nicht die Disharmonie in einem dieser Lebensbereiche alle drei in Mitleidenschaft zieht

Wir leben in einer Zeit der ausgeprägten Spezialisierung in allen Bereichen des Lebens. So ist Erfolg und Geldverdienen für viele wichtiger als Familie und Gesundheit. Zumindest so lange, bis die Ehe in die Brüche geht oder der Körper unter ungelösten Problemen oder Überarbeitung zusammenbricht.

Dann allerdings überantworten sie sich wieder Spezialisten, die in ihrer Sparte einseitig tätig sind: Rechtsanwälte für die Scheidung, Chirurgen für die Entfernung der Magengeschwüre oder der Operation am Herzen. Aber all diese Eingriffe in einen einzelnen Lebensbereich lassen die wirklichen Probleme meist ungelöst. Sie werden höchstens noch größer.

Unser Programm geht davon aus, daß Geist, Seele und Körper eine Einheit sind. Wenn wir einen dieser Bereiche zu lange überfordern oder vernachlässigen, zieht er alle anderen in Mitleidenschaft. Das Ziel unseres Trainings

besteht also darin, rechtzeitig die Harmonie zwischen allen Faktoren herzustellen, die für unser tägliches Glück bestimmend sind.
Lassen Sie mich deshalb an dieser Stelle die acht Punkte unseres Lebensprogramms noch einmal aufzählen:

1. Was macht mich glücklich, und was kann ich tun, um dieses Ziel zu erreichen?
2. Was bedeuten für mich Geld, Besitz und Sicherheit?
3. Was bedeuten für mich Partnerschaft, Gefühle und Familie?
4. Was bedeutet Sexualität für mich?
5. Wie möchte ich leben, und was muß ich dafür an meinem bisherigen Leben ändern?
6. Mein gesunder Egoismus und das uneingeschränkte Bekenntnis zu mir selbst.
7. Was kann ich täglich für mich tun, um gesund und fit zu bleiben?
8. Wie benutze ich meine Phantasie für die Erfüllung meiner Lebensziele?

Wie sehr haben Sie sich mit diesem Programm bisher beschäftigt, um sich Punkt für Punkt die eigenen Vorstellungen, Wünsche und Bedürfnisse bewußtzumachen und sie aufeinander abzustimmen?
Ich bin in all den Jahren, in denen ich Leute beriet oder Seminare leitete, um Erfahrungen zu sammeln, vielen verhängnisvollen Folgen der einseitigen Spezialisierung begegnet. Ein Beispiel möchte ich Ihnen nicht vorenthalten:

Ein Ehepaar brachte acht Jahre damit zu, möglichst viel Geld zu verdienen und an Wochenenden und im Urlaub ein Haus zu bauen. Als es schließlich fertig war, starb der Mann an einem Herzinfarkt. Kurz zuvor hatte ihm seine Frau gestanden, daß sie schon seit zwei Jahren ein Verhältnis mit dem Hilfsarbeiter unterhielt, der ihnen beim Bau behilflich war.

Die Frau verkaufte später das Haus, trotzdem reichte das Geld nicht aus, um die aufgelaufenen Schulden zu bezahlen. Dazu quälte sie das Schuldgefühl, sie könnte am Tod ihres Mannes mitschuldig sein. Diese Selbstvorwürfe wurden noch verstärkt, als ihr Sohn bei einem Verkehrsunfall ein Bein verlor. Er war von zu Hause ausgezogen, als er von dem Verhältnis der Mutter erfuhr, aber nicht den Mut fand, dem Vater davon zu erzählen.

Zugegeben: Schlimmer, so scheint es, kann es einer Familie nicht mehr ergehen. Obwohl ich sicher bin, daß viele Menschen unter ähnlichen Bedingungen leben. Die Folgen allerdings werden nicht so deutlich offenbar. Oder sie werden verdrängt und unterdrückt.

Vielleicht können Sie aus dem angeführten Beispiel lernen, wie wichtig es sein kann, alle wichtigen Lebensbereiche rechtzeitig in Einklang zu bringen.

Wenn Sie diese Zusammenhänge erkannt haben, haben Sie schon sehr viel erreicht. Es gibt Ihnen die Möglichkeit, Ihre augenblickliche Situation neu zu überdenken:

- In welchem Bereich meines derzeitigen Lebens vergeude ich meine Kräfte, und welche Bereiche vernachlässige ich zu sehr?

- Welches Problem muß ich vordringlich lösen, weil es andere Bereiche in Mitleidenschaft zieht?
- Worauf bezieht sich zur Zeit meine größte Angst, die meine innere Harmonie am meisten stört?
- Vor welchem Problem laufe ich davon, obwohl ich ganz genau weiß, daß ich es durch eine eindeutige Entscheidung lösen muß – auch wenn es für einige Zeit schmerzhaft sein wird?

Sehr oft sind es nicht die großen Probleme, die uns am meisten belasten, sondern scheinbar nebensächliche Dinge, die erst zu Problemen werden, wenn wir sie vor uns herschieben, statt zu lösen.
Als Ihr Trainer sollen Sie in kleinen Schritten vorgehen und sich über jeden kleinen Erfolg uneingeschränkt freuen. Sagen Sie nicht: »Dieses Programm hat mir bisher noch nicht sehr viel gebracht.« Allein die Tatsache, daß Sie dieses Buch bis hierher gelesen haben, kann für Sie sehr viel bedeuten.

Hier eine Zusammenfassung, ehe Sie weiterlesen

Der neunte Trainingsschritt besteht aus einer Bestandsaufnahme. Gestehen Sie sich ehrlich ein, was sich durch dieses Buch bisher in Ihrem Denken und Handeln verändert hat. Oder nicht.
Es hätte wenig Sinn, sich etwas vorzumachen. Wenn Sie nicht mit sich zufrieden sind, kann es daran liegen, daß Ihre

Erwartungen viel zu hoch waren. Sie wissen ja, wie das ist: Am Anfang sind wir euphorisch. Wenn dann nicht sofort etwas ganz Tolles geschieht, beginnen die Zweifel.
Und noch etwas: Erfreuen Sie sich an jedem kleinen Fortschritt, statt sich selbst zu beschimpfen, weil Sie nicht schon viel weiter gekommen sind. Sie haben den Rest Ihres Lebens Zeit, das Leben zu lernen, das Sie glücklich macht.

Der 10. Schritt

Machen Sie sich mit fünf wichtigen Voraussetzungen vertraut, um im Manipulationsspiel des Lebens möglichst oft zu gewinnen:

1. Schätzen Sie Ihre eigenen Kräfte richtig ein.
2. Schätzen Sie den Gegner richtig ein.
3. Gehen Sie in kleinen Schritten vor – oder zurück.
4. Machen Sie auf sich aufmerksam.
5. Nutzen Sie die Überzeugungskraft des Wiederholens.

Der zehnte Schritt unseres Lebenstrainings beschäftigt sich mit dem Manipulationsspiel. Wir spielen es alle Tage, aber mit welchem Erfolg? Unsere Trainer haben uns im Lauf der Jahre alles mögliche gelehrt, nur nicht, wie wir *sie* manipulieren könnten. Ganz im Gegenteil. Sie wollen, daß wir ihrer Manipulation möglichst wehrlos ausgeliefert sind.

- Die Eltern wollen, daß wir ihre guten Ratschläge befolgen.
- Die Lehrer möchten, daß wir alles glauben, was sie uns sagen.
- Der Staat und die Funktionäre, die sich als der Staat ausgeben, brechen jeden Widerstand durch Gesetze und Verordnungen.
- Partner, die uns lieben, wollen uns ganz allein für sich.
- Alle, die vom Wohlstand profitieren, wollen nur eines: Wir sollen kaufen, was sie uns anpreisen, ohne lange zu fragen, ob wir es auch wirklich brauchen.
- Alle, die Kriege führen oder Frieden stiften, erwarten von uns, daß wir bereit sind, dafür ohne Widerrede jedes Opfer zu bringen.

Aus all dem besteht das Manipulationsspiel.
Wenn Sie sich einmal dazu entschlossen haben, Ihr Leben als ein Spiel zu betrachten, in dem Sie mitspielen, haben Sie im Verlauf dieses Programms schon einige Regeln dafür kennengelernt. Hier sind Sie noch einmal zur Erinnerung:

1. Sie sind in diesem Spiel Ihr einziger Verbündeter. Alle sind Ihre Gegner.
2. Alles ist erlaubt, was Sie glücklich macht. Nur Sie und niemand anderer sind Ihr Schiedsrichter.
3. Es gibt in diesem Spiel weder Sieg noch Niederlage.
4. Es gibt weder Rücksicht, Mitleid, Treue noch Ehrlichkeit.

Vermutlich fällt es Ihnen nicht leicht, sich mit einigen dieser ziemlich provokanten Erkenntnisse vertraut zu machen. Aber glauben Sie mir: Es sind die Regeln, mit denen wir von unseren Trainern und Gegnern ein Leben lang manipuliert werden. Sie kennen keine Rücksicht, sie haben kein Erbarmen mit uns und nutzen unsere Schwächen hemmungslos zu ihrem Vorteil aus.
Tatsache ist: Jeder von uns hat letzten Endes nur seinen eigenen Vorteil im Sinn. Wir alle sind Egoisten. Wir alle wollen gewinnen und glücklich sein. Unsere Trainer haben uns allerdings dazu erzogen, dieses natürliche Bedürfnis zu unterdrücken.
Das Spiel des Lebens zu spielen bedeutet nichts anderes, als unsere eigenen Vorstellungen gegen alle Hindernisse durchzusetzen. Wer dazu nicht entschlossen ist, spielt dieses Spiel nicht mit. Er unterwirft sich seinen Gegnern ohne Widerstand. Er zieht sich in das Schneckenhaus seiner Ängste und Zweifel zurück und wartet hilflos ab, bis andere ihn für ihre Spiele benutzen.
Wenn also das ganze Leben ein Spiel ist, dann ist das Manipulationsspiel dafür das Basistraining, aus dem sich die Techniken anderer Spielvariationen ergeben. Etwa

dem Partnerspiel, dem Liebesspiel oder den vielen Formen des Abenteuerspiels, wie es etwa Börsenspekulanten, Extremkletterer oder manche Politiker bevorzugen, um dem Leben besondere Reize abzugewinnen.
Der tiefere Sinn des Manipulationsspiels ist jedoch die Anregung zur Selbstbefreiung, die Ermunterung, zu handeln, statt zu verdrängen. Wie Sie ja längst wissen, haben Sie immer zwei Möglichkeiten der Entscheidung: Ich erfülle meine Wünsche und Bedürfnisse, oder ich verdränge sie.
Wenn ein Vater mit seinem Sohn zehn Jahre lang die Formel trainiert: »Du bist ein Versager. Aus dir wird nie etwas Anständiges«, liegt es am Sohn, ob er resigniert oder das Spiel aufnimmt und handelt.
Resignieren bedeutet, die eigenen Vorstellungen so lange zu verdrängen, bis man schließlich selbst davon überzeugt ist, ein Versager zu sein. Das Spiel aufzunehmen bedeutet, seine Fähigkeiten zu trainieren, bis man imstande ist, sich allen Widerständen gegenüber durchzusetzen.
Der Motor zu diesem Handeln kann durchaus auch der Haß auf den Vater sein. Nicht wenige Söhne setzen sich nur deshalb im Leben durch, um ihre Väter eines Besseren zu belehren und sie damit zu erniedrigen. Aber im Grunde genommen bleiben sie trotzdem Verlierer. Unser Glück kann nicht darin bestehen, jemanden anderen unglücklich zu machen – auch wenn er diese Strafe vielleicht verdient. Sein Glück aus eigener Kraft zu erlangen kann nicht bedeuten, daß wir jemanden dazu benötigen, den wir hassen. Das hieße ja, vom Objekt unseres Hasses abhängig zu sein, statt uns von ihm zu befreien.

Das Manipulationsspiel ist, um es noch einmal zu betonen, ein Instrument zur Selbstbefreiung. Denn wir erfüllen uns viele unserer Bedürfnisse nur deshalb nicht, weil wir nicht wissen, wie wir uns aus der Abhängigkeit unserer Trainer befreien und selbst aktiv werden können.

Erst kürzlich sagte in unserer Selbsthilfegruppe eine Dame mittleren Alters, sie sei unglücklich, weil ihr Mann nicht mehr mit ihr schliefe. Er spiele nächtelang mit Freunden Karten, und zu Hause säße er lieber vor dem Fernsehapparat, als zu ihr ins Bett zu kommen.

Nachdem sie voll des Selbstmitleids alles aufgezählt hatte, was ihrem Mann offensichtlich mehr Spaß machte, als mit ihr zu schlafen, fragte ich sie ganz unverblümt: »Und was tun eigentlich *Sie*, damit er das tut, was Sie von ihm erwarten?« Daraufhin erzählte eine andere Dame der Gruppe, wie sie ihren Mann dazu gebracht hatte, seine Freundin aufzugeben und in das eheliche Schlafzimmer zurückzukehren. Ganz einfach: Sie blieb nächtelang von zu Hause fort, bis der Mann aus Eifersucht wieder um sie zu werben begann.

Die Gruppe brachte dann einige Stunden damit zu, über die Möglichkeiten des Manipulationsspiels zu reden. Wir waren uns schließlich einig: Wer von jemand anderem etwas will, muß ihn dazu bringen, es zu tun. Er muß die Regeln des Manipulierens lernen. Dem anderen die Schuld zuzuweisen und sich selbst zu bemitleiden bedeute nichts anderes, als sich in diesem Spiel von vorneherein geschlagen zu geben.

Dazu allerdings ist es notwendig, mit den wichtigsten Erfordernissen vertraut zu sein und sie in der Praxis des

täglichen Lebens immer wieder zu trainieren. Ich habe diese Erfordernisse nicht erfunden. Es gibt sie längst. Die geübten Spieler manipulieren uns damit, seit wir geboren wurden. Es liegt an uns, sie ihnen abzuschauen und zu lernen, wie wir für uns selbst das Beste daraus machen können.
Hier sind fünf dieser Erfordernisse:

1. Schätzen Sie Ihre eigenen Kräfte richtig ein

Das Manipulationsspiel ist immer eine Konfrontation mit einem Gegner, die wir gewinnen wollen. Die Frage ist: Welche Chancen haben wir, und wie nutzen wir sie?
Grundsätzlich können wir davon ausgehen, daß wir jedem Gegner gegenüber eine Chance haben, wenn wir die eigene Stärke dort einsetzen, wo der Gegner seine größte Schwäche hat. Nur naive Spieler überlassen dem Gegner die Wahl der Methode, den Zeitpunkt der Konfrontation und den Austragungsort.
Wenn sich also die vorhin erwähnte Dame ihren Wunsch erfüllen will, muß sie zuerst wissen, welche ihrer Stärken sie ins Spiel bringen kann. Wenn ihr größter Reiz nicht mehr in ihrer Jugend liegt, ist es vermutlich erfolgversprechender, ihren Mann mit Raffinesse zu beeindrucken.
Nicht wenige Frauen haben Hemmungen, alle sexuellen Möglichkeiten einzusetzen, weil sie von ihren elterlichen Trainern zur Passivität erzogen wurden. Nach dem Prinzip der Anständigkeit: »Die Männer wollen ja doch immer nur

dasselbe. Gib dich ihnen nur hin, wenn es sich nicht vermeiden läßt.« Damit mögen anständige Mädchen einen Mann vor den Traualtar locken. Aber verführen sie ihn auf diese Weise nach 20 Ehejahren auch noch zum Sex?
Ähnlich verhält es sich mit ahnungslosen Gewerkschaftsmitgliedern. Ihnen hat man beigebracht: »Du brauchst nicht fleißig zu sein, wir sorgen dafür, daß du für immer weniger Arbeit immer mehr Geld bekommst.« Auf diese Weise wurden viele Menschen daran gehindert, ihre Fähigkeiten weiterzuentwickeln und ihre Chancen unter besseren Bedingungen wahrzunehmen.
Wer sich also zeit seines Lebens immer nur darauf verlassen hat, daß andere ihn für ihre Spiele benutzen, darf sich nicht wundern, daß er hilflos ist, wenn er sich aus eigener Kraft durchsetzen muß.
Seine Kräfte richtig einschätzen zu können bedeutet also zuallererst, daß wir uns ihrer bewußt sind, ehe wir sie trainieren und einsetzen. Jedes Spiel, das wir gewinnen wollen, beginnt demnach bei uns selbst im Kopf:

- Ich muß wissen, was ich will.
- Ich muß wissen, welche Fähigkeiten ich brauche, um das Spiel gewinnen zu können.
- Ich muß diese Fähigkeiten Schritt für Schritt trainieren, ehe ich sie zum richtigen Zeitpunkt, dem richtigen Gegner gegenüber am richtigen Ort einsetze.
- Ich muß an mich und meine Fähigkeiten glauben.
- Mein Ziel muß so stark in meinem Unterbewußtsein verankert sein, daß es stärker ist als Ängste und Zweifel.

Erwarten Sie von mir an dieser Stelle keine weiteren Anleitungen. Ich bin nicht Ihr Trainer. Es liegt an Ihnen, was Sie aus meinen Hinweisen für sich machen.

2. Schätzen Sie den Gegner richtig ein

Es gibt verschiedene Voraussetzungen, unter denen Sie ein manipulatives Spiel mit großer Wahrscheinlichkeit verlieren werden:

- Sie versuchen, mit dem Kopf durch die Wand zu rennen, ohne zu wissen, wie dick sie ist. Sie kennen also weder Ihre eigenen Stärken noch die Schwächen des Gegners.
- Sie unterschätzen sich selbst und überschätzen deshalb die Kräfte des Gegners. In diesem Fall haben Sie wahrscheinlich erst gar nicht versucht, die größte Schwäche des Gegners herauszufinden, um sie für sich auszunutzen.
- Sie lassen sich vom Gegner bluffen. Sie glauben ihm arglos alles, was er Ihnen erzählt, statt den Inhalt seiner Sprüche sorgfältig nach ihrem Gehalt zu prüfen. Das ist die Ursache, warum so viele Menschen enttäuscht sind, wenn unter einer glitzernden Verpackung etwas ganz anderes zum Vorschein kommt als das, was sie erwartet haben. Meistens kommt diese Erkenntnis allerdings ziemlich spät.

Sie sollten nicht vergessen, daß Sie sich im Manipulationsspiel immer zwei Arten von Gegnern gegenübersehen: dem Gegner in Ihnen selbst und dem Gegner außerhalb:

- Einerseits sind es die anerzogenen Hemmungen, das zu tun, was Sie tun möchten.
- Andererseits ist es das Bemühen anderer Leute, Sie für ihre Vorteile auszunutzen, während Sie Ihre eigenen Wünsche unterdrücken.

3. Gehen Sie in kleinen Schritten vor – oder zurück

Ich bin davon überzeugt, daß uns die Natur mit zwei Reflexen ausgestattet hat: Angriff oder Flucht. Das manipulative Spiel erfordert beide Fähigkeiten zur richtigen Zeit auf die richtige Weise:

Wenn der Gegner für Sie vorerst zu stark erscheint, ist es besser, seinem Angriff durch gezielte Flucht auszuweichen. Aber zu flüchten heißt keineswegs, sich geschlagen zu geben. Ganz im Gegenteil: Mit einem überlegten Rückzug können Sie den Gegner aus seiner Reserve locken, um seine Schwäche zu erkennen.

Wer angesichts eines Hindernisses sofort sagt: »Das schaffe ich nie« oder »Da habe ich keine Chance«, ist meistens einfach nur zu bequem, das Spiel mitzuspielen. Oder er kennt die Regeln nicht.

Das Spiel des Lebens scheitert für viele, wenn nicht die meisten Menschen an der Selbstverleugnung. Wenn ein routinierter Gegner weder Verständnis noch Mitleid oder Fairneß zeigt, begnügen sich die Betroffenen damit, sich selbst zu bemitleiden und dem anderen die Schuld an der eigenen Resignation zu geben.

Sehen Sie sich doch um: Unsere Welt ist voll von solchen Opfern der rücksichtslosen Manipulation: Allen geben sie an ihrem Versagen die Schuld: der Erziehung, der Gesellschaft, dem Staat oder dem Schicksal. Nur nicht sich selbst.

Es mag schon stimmen, daß manche unserer Gegner im Augenblick stärker sind als wir. Im Augenblick. Aber das ist noch lange kein Grund, das Spiel von vornherein verloren zu geben. Ganz im Gegenteil, für jemanden, der bereit ist, sein Spiel zu spielen, ist es ein faszinierender Anreiz, es trotzdem zu gewinnen.

Und wie?

Ganz einfach: Indem Sie sich vorerst zurückziehen, Ihre eigenen Fähigkeiten stärken, dabei die Schwächen des Gegners durchschauen und diese Schritt für Schritt zu Ihrem Vorteil machen.

Glauben Sie mir: Kein Gegner ist unbesiegbar. Vielleicht ist er es heute noch. Aber je stärker er ist, um so mehr neigt er dazu, sich selbst zu über- und Sie zu unterschätzen. Ganz abgesehen davon, daß viele unserer Gegner nur bluffen. Ihre großartigen Funktionen, Titel und Positionen sind meistens nichts anderes als der Versuch, ihre Schwächen dahinter zu verbergen.

Ein Geheimnis, das Spiel gegen einen stärkeren Gegner zu gewinnen, ist die Strategie der kleinen Schritte. Wir weichen respektvoll vor ihm zurück und greifen ihn bei seiner Schwäche an, wenn er sich in Sicherheit wähnt. Heute hier,

morgen dort. Immer wieder, bis er davon überzeugt ist, daß er uns Zugeständnisse machen muß, statt uns einfach nur als ein hilfloses Bauernopfer für sein eigenes Spiel zu betrachten.
Aber vergessen Sie dabei nicht: Das Ziel Ihres Spiels darf nicht darin bestehen, einen Gegner zu vernichten, um sich damit nur selbst zu erhöhen. Ihr Spiel hat nur *ein* Ziel: Das zu tun, was Sie glücklich macht, und jedem Gegner klarzumachen, daß er Sie nicht daran hindern soll.

4. Machen Sie auf sich aufmerksam

Unsere Trainer haben uns zur Bescheidenheit erzogen. Sie kennen das ja: »Sei nicht vorlaut, halte dich zurück«, »Nur nicht anecken«, »Reden ist Silber, schweigen ist Gold«, »Bleib bescheiden, und dränge dich nicht in den Vordergrund«, und so weiter.
Vielleicht sind diese Botschaften der Selbstverleugnung der Grund dafür, daß so viele großartige Menschen sich niemals wirklich entfalten können. Sie getrauen es sich einfach nicht zu zeigen, wie großartig sie sind.
Wahrscheinlich ist das auch der Grund dafür, daß unsere Trainer nichts unversucht lassen, uns zur Mittelmäßigkeit zu erziehen und unsere wahren Fähigkeiten und Bedürfnisse zu unterdrücken. Sie trainieren uns die Mittelmäßigkeit an, damit uns niemals bewußt wird, wie mittelmäßig *sie* sind.
In den vorangegangenen Schritten dieses Programms war immer wieder die Rede davon, unsere Wünsche und Be-

dürfnisse nicht zu verdrängen, sondern *auszuleben.* Die Beherrschung des manipulativen Spiels ist ein Instrument dafür.
Ausleben heißt, sich auf ein Spiel einzulassen, die Voraussetzungen dafür zu erfüllen und zu handeln. Um es noch deutlicher zu formulieren: Nur das Handeln, das Sich-Durchsetzen führen zur Befriedigung und damit zu Befreiung und Glücklichsein.
Lassen Sie es mich noch einmal betonen: Der erste Schritt besteht darin, daß Sie auf sich aufmerksam machen.
Für diesen Schritt gibt es ein wichtiges Prinzip, das Sie unermüdlich trainieren sollten. Es lautet: Damit ein Fisch anbeißt, dürfen Sie ihm nicht Ihre Lieblingsspeise an den Angelhaken hängen, sondern *seine.*
Wenn Sie jemanden zum Spiel auffordern, indem Sie ihm nur von Ihren eigenen Vorzügen vorschwärmen, wird er bald gelangweilt das Weite suchen. Wenn Sie ihm aber sagen, was Sie an ihm bewundern, wird er nicht müde werden, Ihnen zuzuhören. Je mehr Sie ihm Ihre Aufmerksamkeit schenken, um so stärker wird er auf Sie aufmerksam.
Wie gesagt, das ist nur ein Prinzip, nichts weiter. Prinzipien sind dazu da, um uns eine Richtung aufzuzeigen, in die wir gehen wollen, um ans Ziel zu kommen.
Auf sich aufmerksam zu machen hat das eine Ziel, dem anderen zu signalisieren: »Hallo, ich bin da. Es gibt mich. Nimm mich einfach einmal zur Kenntnis.« Es ist der Anfang eines Spiels, Ihres Spiels, in dem Sie die Initiative ergreifen.
Es mag sein, daß der andere Ihr Signal nicht eindringlich

genug zur Kenntnis nimmt. Das stellt Sie vor die Entscheidung: resignieren oder weiterspielen?

- Wenn Sie resignieren, werden Sie vermutlich eine geeignete Entschuldigung suchen. Aber hilft sie Ihnen, Ihren Wunsch zu befriedigen? Viel wahrscheinlicher wird es sein, daß Sie den Weg der Verdrängung wählen und sich selbst bedauern.
- Wenn Sie weiterspielen, wissen Sie zumindest eines: Sie haben den falschen Köder an Ihren Angelhaken gehängt. Daraus können Sie lernen, den nächsten Spielzug erfolgreicher zu inszenieren.

Natürlich könnte ich Ihnen jetzt mindestens 20 Variationen bewährter Methoden aufzählen, wie man andere Leute auf sich aufmerksam macht und das Manipulationsspiel Schritt für Schritt zum Erfolg bringt. Ich tue es nicht. Und Sie wissen genau, warum: Ich bin nicht Ihr Trainer. Es liegt an Ihnen, die besten Methoden für sich selbst herauszufinden – und sie zu trainieren.

5. Nutzen Sie die Überzeugungskraft des Wiederholens

Was für dieses ganze Trainingsprogramm gilt, gilt auch für das Manipulationsspiel: das Gesetz des Wiederholens. Was auch immer Sie im Leben erreichen wollen – vor allem das persönliche Glück aus eigener Kraft –, es hängt davon ab, wie geduldig Sie es trainieren.

Wenn Sie jemanden überzeugen wollen, sind drei Voraussetzungen erforderlich:

1. Sie glauben selbst daran.
2. Sie machen auf sich aufmerksam.
3. Sie lassen nicht locker, bis Ihr Gegner genauso überzeugt ist wie Sie.

Alles, was ich Ihnen dazu sagen könnte, wäre weniger überzeugend als das, was uns die Werbung lehren kann. Drehen Sie den Fernsehapparat an, und lernen Sie alles, was Sie darüber wissen müssen.
Das Gesetz des Wiederholens im Manipulationsspiel beruht auf unserer Bereitwilligkeit, auch die hinterhältigste Lüge als Wahrheit anzuerkennen, wenn sie uns nur oft und eindringlich genug vorgesagt wird.
Ich kenne kein eindrucksvolleres Beispiel dafür als die Waschmittelwerbung, von den Sprüchen der Politiker einmal abgesehen.

- Die Hausfrau erfährt täglich aus dem Fernsehen, daß ein Mittel X ihre Wäsche weißer wäscht als die Produkte der Konkurrenz. Diese Botschaft ist damit verbunden, daß eine Hausfrau nur dann eine gute Hausfrau ist, wenn ihre Wäsche weißer ist als die der Nachbarin.
- So primitiv diese Botschaft auch sein mag, die Hausfrau hört sie immer wieder. Auch wenn sie es längst nicht mehr hören will. Der Markenname prägt sich ihr ein. Anfangs nur im Gedächtnis, im Laufe der Zeit auch im Unterbewußtsein.

- Wenn sie dann beim Einkauf im Supermarkt durch die Reihen geht und ein Waschmittel sucht, wird sie vor einem Regal mit verschiedenen Markennamen innehalten. Sie wird zögern, und sie ist in Eile. Wonach wird sie schließlich greifen? Höchstwahrscheinlich nach der Marke, die ihr vertraut ist, weil sie ihr Tag für Tag aus dem Fernsehapparat als guter, rettender Engel dargestellt wurde, der alle ihre Sauberkeitsprobleme löst.

Der Vorgang mag nicht ganz so einfach sein, wie ich ihn hier beschreibe. Aber es ist die Wirkung des Prinzips der Wiederholung. Wenn uns etwas wieder und wieder in den höchsten Tönen angepriesen wird, entsteht eine Vertrautheit, die unsere Entscheidung beeinflußt.
Können Sie mir einen Grund nennen, warum wir dieses Prinzip nicht selbst befolgen sollten, um jemanden in unserem Sinne zu beeinflussen? Noch dazu, wenn wir von dem überzeugt sind, was wir dem anderen einzureden versuchen?
Trainieren Sie es. Die Industrie muß Millionen dafür bezahlen, um uns ihre Produkte im Fernsehen, auf Plakaten oder in Zeitungsanzeigen einzureden. Sie kostet es nichts. Nichts? Nein, das stimmt nicht: Es kostet Sie das tägliche Training der Fähigkeiten, die Sie glücklich machen. Um Sie Ihnen noch einmal vor Augen zu führen:

1. Sie wissen, was Sie wollen.
2. Sie haben einen Plan, wie Sie es erreichen können.
3. Sie glauben an sich selbst und an das, was Sie erreichen wollen.

4. Sie trainieren es immer wieder, bis es sich eines Tages ganz von selbst erfüllt. Weil es in Ihrem Unterbewußtsein stärker verankert ist als alle Widerstände, die unsere Trainer Ihnen durch ständiges Wiederholen eingepflanzt haben.
5. Wenn Sie Ihr Selbstbewußtsein auf diese Weise gestärkt haben, reden Sie Ihren Wunsch dem Gegner im Manipulationsspiel so lange ein, bis die Botschaft aus seinem Unterbewußtsein heraus in Ihrem Sinne wirksam wird. Wie in der Fernsehwerbung.

Natürlich sind die fünf in diesem Kapitel angeführten Regeln des Manipulationsspiels keineswegs vollständig. Wie alles in diesem Programm sind sie nur Anregungen. Sie können Sie verwerfen, daran herumnörgeln oder sich sagen: »Ich will durch meine eigene Erfahrung herausfinden, ob sie für mich taugen.«

Unterliegen Sie dabei allerdings nicht der Versuchung, von vornherein einfach nur die Nase zu rümpfen und zu sagen: »Es ist unmoralisch, auf diese Weise andere Menschen zu manipulieren.« Oder: »Solche hinterhältigen Methoden liegen mir nicht.« Unmoralisch hin, hinterhältig her, Ihre Gegner im Manipulationsspiel kennen keinen Pardon. Im Gegenteil: Die anderen wissen ganz genau, wie sie Ihre moralischen Hemmungen am besten für sich ausnutzen können.

Als Ihr eigener Trainer haben Sie den Auftrag erteilt, nach den geeignetsten Möglichkeiten zu suchen, möglichst an jedem Tag Ihres Lebens glücklich zu sein. Ein großer Teil Ihres Glücks besteht darin, Ihre Wünsche zu

erfüllen, statt sie zu verdrängen. Unter welchem Vorwand auch immer.
Die Regeln des Manipulationsspiels werden tagtäglich gegen Sie angewandt. Es liegt an Ihnen, sie zu erkennen und selbst anzuwenden. Wenn Sie Ihre Mitwelt aufmerksam beobachten, werden Sie sehr bald feststellen, daß jene Leute, die am lautesten nach der Verpflichtung zu Moral, Fairneß und Gerechtigkeit rufen, diese Gebote am hemmungslosesten mißachten.

Hier eine Zusammenfassung, ehe Sie weiterlesen

Im Grunde genommen ist unser ganzes Leben ein ständiges Bemühen, einander zu manipulieren. Wir alle sind Manipulierte und Manipulierer zugleich. Ob wir nun um einen Partner werben, Kinder erziehen, Eltern belügen oder der Werbung auf den Leim gehen. Wer dieses ewige Spiel besser beherrscht, hat die besseren Chancen, sich aus eigener Kraft glücklich zu machen.
Viele unserer Wünsche und Bedürfnisse bleiben unerfüllt, weil wir nicht imstande sind, andere Leute in unsere Absichten einzubeziehen. Wir verdrängen eigene Bedürfnisse eher, als sie auszuleben. Und wohin das führen kann, wissen Sie ja.
Fünf Anregungen sollen Sie ermuntern, sich mit diesem Spiel vertraut zu machen. Sie werden sehen: Wenn Sie damit die ersten Erfolge erringen, werden Sie Spaß daran finden, immer neue eigene Erkenntnisse zu gewinnen.

Der 11. Schritt

Lernen Sie die Kunst des Loslassens und Zulassens. Lassen Sie alles los, was Sie belastet und krank macht. Lassen Sie alles zu, was Sie frei und glücklich macht.

Beim elften Schritt unseres Programms kehren wir zum Ausgangspunkt unseres Trainings zurück. Zur Frage: Wie kann ich aus eigener Kraft an jedem Tag meines Lebens frei und glücklich sein? Die einfachste Antwort lautet: Indem ich alles loslasse, was mich daran hindert, und alles zulasse, was mich frei und glücklich macht.
Lesen Sie über diese Antwort nicht einfach hinweg. Lehnen Sie sich im Sessel zurück, und denken Sie eine Weile über diese zwei Wörter nach: loslassen – zulassen.
Stellen Sie sich vor, daß es irgendwo in Ihrem Innern einen Hebel gibt, zu dem Sie jederzeit Zugang haben. Wenn Sie ihn nach oben drücken, löst sich alles aus Ihrem Denken und Fühlen, was Sie belastet. Der Ärger, an dem Sie sich festkrallen. Die Angst, die Sie quält. Die Schuldgefühle, Hemmungen, Komplexe. Sie lösen sich von Ihnen und verschwinden irgendwo im Universum.
Wenn Sie den Hebel nach unten drücken, können Sie ohne Schwierigkeit alles das tun, was Sie immer schon tun wollten, statt es zu verdrängen. Die Sperren der Erziehung lösen sich, und Sie tun es einfach, als wäre es die selbstverständlichste Sache der Welt.
Es ist schon mehr als zehn Jahre her, als ich bei einem Gruppengespräch mit Lesern meiner Bücher eine bemerkenswerte Frau kennen- und bewundern lernte. Sie hatte *Die Kunst, ein Egoist zu sein* gelesen und war nur gekommen, um zu erzählen, welchen Nutzen sie für sich daraus gezogen hatte.
Schon am ersten Tag begrüßte sie mich mit den Worten: »Es freut mich, den Mann kennenzulernen, wegen dem ich mich scheiden ließ.« Sie können sich denken, daß mir für

ein paar Augenblicke der Atem stockte. Dann erzählte sie mir sehr ausführlich, was geschehen war.
Meine Ausführungen über den gesunden Egoismus hatten sie angeregt, sich mit 53 Jahren die Frage zu stellen: »Macht mich das Leben, das ich führe, eigentlich wirklich glücklich?« Ihre Antwort war nein.
Sie fragte sich: »Warum bin ich nicht glücklich? Was steht meinem Glück im Wege?« Sie war verheiratet und hatte vier Töchter großgezogen. Was sie störte, war der Käfig, in den ihr Mann sie eingesperrt hielt. Er vertrat den Standpunkt, daß sie vor allem für ihn da zu sein habe.
Ihr Hobby war das Nähen. Aber wenn ihr Mann abends nach Hause kam, wurde er wütend, wenn er die Nähmaschine auch nur zu Gesicht bekam. Gelegentlich schlug er seine Frau, wenn er am Fußboden auch nur einen Faden entdeckte. Sie hätte abends gerne Kurse oder Vorträge besucht. Er verbot es ihr mit dem Argument: »Du hast bei mir alles, was du brauchst.«
Sie verdrängte ihre Bedürfnisse bis zu dem Tag, an dem ihr zufällig *Die Kunst, ein Egoist zu sein* in die Hände fiel. Später erzählte sie: »Je mehr ich darin las, um so deutlicher erkannte ich, daß ich aus dem Rest meines Lebens mehr für mich machen mußte. Ich mußte es, sonst würde ich daran zugrunde gehen.«
Nachdem sie einige Male vergeblich versucht hatte, die Ansichten ihres Mannes zu ändern, ließ sie sich von ihm scheiden. Er konnte es anfangs gar nicht fassen, aber sie setzte sich durch. Zum erstenmal setzte sie durch, was sie tun wollte.

Sie verdrängte nicht, sie ließ los. Vor allem ließ sie die Ängste los, was denn jetzt mit ihr geschehen würde. Schließlich war sie schon über fünfzig und hatte keinen Beruf erlernt.

Um es kurz zu machen: Sie begann, mit ihrem praktischen Hausverstand nach Lösungen für das eine große Ziel zu suchen: »Ich wollte nichts anderes, als für den Rest meines Lebens frei und glücklich zu sein.«

Der Entschluß zur Scheidung hatte sie so selbstbewußt gemacht, daß sie Vorträge und Seminare besuchte. Heute trainiert sie Gymnastik mit älteren Frauen an einer Volkshochschule. Sie ist Reisebegleiterin für Senioren und arbeitet im örtlichen Kneippverein. Von Zeit zu Zeit schreibt sie mir Ansichtskarten mit besten Grüßen und der Versicherung, daß sie noch nie so glücklich gewesen sei wie gerade jetzt.

Was ich an dieser Frau ganz besonders bewundere, sind die einfachen Techniken, mit denen sie an ihrem Glück arbeitet. »An jedem Morgen«, erzählte sie mir, »stelle ich mich ans offene Fenster, strecke die Arme hoch und atme zehnmal ganz tief ein und aus. Dabei denke ich mir, daß ich einen wunderbaren Tag vor mir habe, was auch geschehen sollte.« Sie praktiziert diese Übung täglich als ein Ritual des positiven Denkens.

Anfangs hatte es sie gestört, daß sie abends nicht einschlafen konnte. Ärger und Probleme des vergangenen Tages gingen ihr durch den Kopf. Also entwickelte sie ihre eigene einfache Technik des Loslassens.

Hier ist sie, in ihren eigenen Worten: »Ich stelle mich, schon im Nachthemd, an den Bettrand, sammle in Gedanken alle meine Ärger des Tages ein und packe sie in ein Tuch, wie es die Bauern früher dazu benutzten, um ihre Brotzeit mit aufs Feld zu nehmen. Wenn ich alles beisammen habe, was mich belastet, schnüre ich das Tuch zu und werfe es in einen Bach, von dem ich mir vorstelle, daß er an meinem Bett vorbeifließt. Ich schaue erleichtert zu, wie er meine Sorgen fortträgt.«

Das ist die fröhliche Geschichte einer Frau, die keinen Psychiater braucht, um ihre Ängste und Probleme loszuwerden. Ich sitze manchmal mit ihr zusammen und höre fasziniert zu, wie sie für alle Probleme des Lebens eine Antwort weiß. Aus Büchern? Nein, aus der völlig unkomplizierten Beschäftigung mit sich selbst.

Sie sagt: »Ich nehme das Leben an jedem Tag so, wie es kommt. Was mich belasten könnte, lasse ich los. Was ich tun will, das lasse ich zu.« Oder: »Ich glaube an die wunderbaren Kräfte, die ich alle in mir habe und an jedem Tag neu entdecke. Jede Stunde meines Lebens ist für mich ein großes Abenteuer.«

Sie trainiert ihre Freiheit und ihr Glück an jedem einzelnen Tag. Wenn ein Problem auftaucht, löst sie es. Wenn sie etwas tun will, tut sie es. Zu ihrer Arbeit fährt sie mit dem Fahrrad, auch im Winter. Ihre Kleider näht sie sich selbst. Wenn ihre Töchter sie brauchen, hilft sie ihnen.

Sie beherrscht die Kunst des Loslassens und Zulassens so gut, wie ich sie gerne beherrschen möchte. Deshalb lerne ich aus jedem Satz, den sie mir über das Leben erzählt, das sie führt.

Wie Sie sehen, kann ich gar nicht aufhören, Ihnen von dieser großartigen Frau zu erzählen, die nicht mehr als fünf

Klassen der Grundschule besucht hat. Sie hat das Leben selbst zu Ihrer Universität des Glücklichseins gemacht.

Kehren wir jetzt zu der so wichtigen Frage des Verdrängens zurück. Wie oft an einem Tag möchten Sie jemand etwas sagen, das Ihnen auf der Zunge brennt – aber Sie »halten sich zurück«? Mit anderen Worten: Sie verdrängen Ihre Gefühle, Ihren Zorn, eine Stimmung des Augenblicks. Irgendein angeblich so vernünftiger Grund findet sich immer, der Sie daran hindert, zu sagen, was Sie loswerden möchten.

Um es geradeheraus zu sagen: Es mag vernünftig sein, Ihr Bedürfnis zu verdrängen, aber es macht Sie krank.

- Sie möchten jemandem nur ein Kompliment machen, aber Sie denken: »Damit mache ich mich vielleicht lächerlich.«
- Sie möchten jemanden loben, aber Sie denken: »Laß es lieber bleiben, sonst wird der noch größenwahnsinnig.«
- Sie möchten jemandem nein sagen, aber Sie sagen aus Gefälligkeit ja. Weil Sie Angst davor haben, er könnte sonst böse auf Sie sein.
- Sie möchten einem Beamten, der Sie am Schalter unhöflich anherrscht, sagen: »Hören sie einmal zu. Sie sind für *mich* da, nicht ich für Sie.« Aber Sie denken: »Ich halte lieber den Mund, sonst könnte er mir Schwierigkeiten machen.«
- Sie möchten zurückbrüllen, wenn ein Vorgesetzter Sie anbrüllt, aber Sie entschuldigen sich und denken: »Du Arschloch.« Sie denken es bloß, aber Sie befreien sich

nicht von Ihrem Zorn. Sie fressen ihn lieber in sich hinein, bis er an Ihren Gedärmen zu nagen beginnt.

Immer stehen Sie vor der entscheidenden Frage: Verdrängen oder loslassen und ausleben? Je öfter Sie etwas verdrängen, desto größer wird der Stau in Ihrer Seele und in Ihren Gedanken. Der Ärger läßt Sie nicht schlafen. Der fehlende Schlaf zehrt an Ihren Nerven. Der verdrängte Druck in der Seele macht Sie dann eines Tages krank.

Ist es nicht besser, sich bei ein paar Leuten unbeliebt zu machen, wenn Sie dadurch Ärger, Depressionen und Krankheiten vorbeugen können?

Unsere Fähigkeit, etwas aussprechen zu können, ist ein natürliches Ventil, das uns davor bewahrt, krank zu werden. Deshalb sollten Sie lernen, von diesem natürlichen Instrument der Vorbeugung Gebrauch zu machen.

Es ist eine der zahlreichen Möglichkeiten, die wir besitzen, um uns zu befreien. Vorausgesetzt, wir haben begriffen, wie wichtig es ist loszulassen.

Trainieren Sie diese Fähigkeit, den Zorn loszulassen, genauso wie die Trauer, den Schmerz, die Wut im Bauch, die Sentimentalität und das Bedürfnis, etwas Ungewohntes oder Verbotenes zu tun. Wenn Sie aus diesem ganzen Trainingsprogramm keinen anderen Nutzen ziehen, als das Loslassen und Zulassen zu lernen, entwickelt sich in Ihnen allmählich eine völlig neue Einstellung zu sich selbst. Wie bei der Frau, von der ich Ihnen erzählte, wächst Ihr Selbstvertrauen durch jeden gelungenen Versuch.

- Sagen Sie mindestens einmal am Tag nein, wenn Sie nicht ja zu jemandem sagen möchten, der wieder einmal Ihre Gutmütigkeit ausnützen will. Kümmern Sie sich nicht um mögliche Folgen, sondern nur darum, daß Sie die Angst loslassen, was alles passieren könnte, und Ihr Bedürfnis nach Selbstbehauptung zulassen.
- Brüllen Sie das nächste Mal lautstark zurück, wenn irgend jemand Sie anbrüllt. Sie werden sehen: Es tut Ihnen gut, und Sie werden abends vor dem Einschlafen noch immer stolz auf sich sein.

Unterdrückung und Selbstverleugnung, zu der uns die Trainer erzogen haben, sind die Ursachen für die meisten Leiden.

Eine der Seuchen unserer Zeit ist die Darmverstopfung. Ich habe Millionäre kennengelernt, die sich alles leisten können. Auch die teuersten Ärzte und Medikamente. Sie entscheiden furchtlos an einem einzigen Tag über ein Vermögen. Einer von ihnen gestand mir in einer stillen Stunde: »Wissen Sie, was mein größtes Glück ist? Wenn ich nach einer Woche Verstopfung endlich wieder Stuhlgang habe.«

Vielleicht finden Sie diese Erwähnung ein wenig unappetitlich. Aber ich möchte Sie damit nur wieder einmal darauf hinweisen, daß das Loslassen Ihren Geist, die Seele und den Körper betrifft. Natürlich sind Verdauungsprobleme vorwiegend eine Frage der richtigen Ernährung. Aber nicht allein.

Ich war in dem Gespräch mit dem erwähnten Herren auf dieses Thema gekommen, weil ich mich über die fahle

Haut seines Gesichts gewundert hatte. Darmverstopfung äußert sich nicht nur durch Unbehagen oder der Form des Bauches wegen der Aufblähung des Darms, sie vergiftet Organe und wird an der Haut sichtbar.

Um es Ihnen ganz offen zu sagen: Seit ich auf meinen Körper höre und mich täglich in der stillen Zeit entspanne, leide ich nicht mehr an Verstopfung. Und einmal im Jahr ziehe ich mich zwei, drei Wochen zum Fasten zurück, um gründlich alles loszulassen, was sich im Laufe der Zeit in den Windungen und Falten meines Darms angesammelt hat. Wenn ich mein Auto regelmäßig zum Service und zum Ölwechsel fahre, denke ich mir, hat auch mein Darm von Zeit zu Zeit das Recht auf einen gründlichen Service.

Wie Sie sehen, haben Hinweise wie »Sagen Sie, was Sie wollen, statt es zu verdrängen« oder «Lassen Sie los, was Sie bedrückt« einen viel tieferen Sinn, als nur gelegentlich jemand anzubrüllen oder unserer Trauer freien Lauf zu lassen. Es geht darum, das Loslassen zu trainieren, wenn unser natürlicher Instinkt zur Selbsterhaltung uns den Hinweis gibt: »Tue es. Und tue es jetzt. Du und dein Wohlbefinden sind wichtiger als das Wohlverhalten, das man dir eingelernt hat.«

Denken Sie einfach ein wenig über dieses Thema nach. Viel wichtiger, als sich unüberlegt auszutoben, ist es, zu lernen, sich selbst zu beobachten und einige Zusammenhänge zu erkennen.

Letzten Endes geht es auch nicht nur darum, Ihren Aggressionen freien Lauf zu lassen. Es geht darum, zu erkennen, woher Ihre Aggressionen kommen. Wir neigen zu dem Argument: »Der andere hat uns wütend gemacht.« Wir

weisen *ihm* die Schuld für unser Verhalten zu, um eine Rechtfertigung für *unsere* Aggression zu finden.
Dabei bin ich schon längst davon überzeugt: Jede Aggression gegen andere ist immer eine Aggression gegen uns selbst, die in *uns* ihre tatsächliche Ursache hat.
Das bedeutet: Wenn wir die wirkliche Ursache unserer Aggression bei uns selbst erkennen und das Problem lösen, gibt es keinen Grund mehr, uns an anderen Menschen abzureagieren.
Wenn hier also von Loslassen die Rede ist, betrifft es vor allem die Zusammenhänge in uns selbst. Wenn Sie selbst am besten wissen, daß Sie etwas richtig gemacht haben, müssen Sie sich gegen eine ungerechtfertigte Kritik nicht mehr mit einem Wutausbruch zur Wehr setzen. Wutausbrüche sind meistens doch nichts anderes als ein vordergründiger Versuch, sich vor sich selbst zu rechtfertigen.
Die Kunst des Loslassens und Zulassens ist also vor allem eine Kunst, seine eigenen Probleme bei sich selbst zu lösen.

Hier eine Zusammenfassung, ehe Sie weiterlesen

Lernen Sie, alles loszulassen, was Ihrem Glück im Wege steht, und alles zuzulassen, was Sie tun wollen. Darum geht es in diesem Trainingsschritt.
Blättern Sie nicht einfach weiter, ehe Sie sich nicht ausführlich mit dieser Zauberformel »Loslassen – Zulassen« auseinandergesetzt haben. Tatsächlich: Es ist eine Zauberfor-

mel, mit der Sie sich gar nicht eindringlich genug auseinandersetzen können.
Unterschätzen Sie die Gefahren nicht, denen Sie durch ständiges Unterdrücken Ihrer Wünsche und Bedürfnisse ausgesetzt sind. Das Loslassen und Zulassen ist ein vorbeugender Reinigungsprozeß für Körper, Geist und Seele.
Ängste, die den Prozeß des Handelns »verstopfen«, verstopfen vielleicht eines Tages auch Ihren Darm. Dieser Zusammenhang erscheint Ihnen vielleicht weit hergeholt, aber er ist so natürlich, daß Sie ihn sehr bald verstehen werden, wenn Sie sich beobachten. Tun Sie es.
Vor allem aber im Umgang mit sich selbst.
Wenn Sie aus diesem gesamten Programm keinen anderen Nutzen ziehen als die Fähigkeit, loslassen und zulassen zu können, kann sich Ihr Leben genauso verändern wie jenes der Frau, von der ich Ihnen hier erzählte.

Der 12. Schritt

Überdenken Sie drei Begriffe, die man Ihnen ein Leben lang eingeredet hat: Wahrheit, Ehrlichkeit und Lüge.

- Es gibt zwei Wahrheiten: Die Wahrheit Ihrer Trainer – und Ihre eigene.
- Ehrlichkeit ist nichts anderes als ein Instrument, mit dem andere Sie manipulieren wollen.
- Die Lüge gibt es nicht, wenn Sie nach Ihren eigenen Maßstäben leben.

Wenn Sie sich einmal dazu entschlossen haben, Ihr Leben nach eigenen Vorstellungen und Maßstäben zu leben und aus eigener Kraft frei und glücklich zu sein, ist es jetzt an der Zeit, drei Begriffe neu zu überdenken, die Sie vermutlich von Ihren Trainern unreflektiert übernommen haben: Wahrheit, Ehrlichkeit und Lüge. Vielleicht spielen sie eine entscheidende Rolle bei Ihrer Selbstverleugnung, Ihren Schuldgefühlen und Verdrängungen.

Was ist Wahrheit?

Haben Sie darüber schon einmal ernsthaft nachgedacht, oder akzeptieren Sie kritiklos alles als Wahrheit, was man Ihnen als »Wahrheit« verkauft? Wer sind die Leute, die darüber bestimmen, ob irgend etwas die Wahrheit ist. Wer ermächtigt sie dazu?

Ich frage Sie noch einmal eindringlich: Wer sind die Leute, die uns ständig die Wahrheit verkünden, und warum können wir nicht unsere eigene Wahrheit selbst bestimmen?

Wissen Sie, wie ich darüber denke? Ich denke, daß die angeblichen Wahrheiten nichts anderes sind als ein gewaltiger Bluff unserer Trainer, die sich unsere Gutgläubigkeit zunutze machen.

Irgendwann einmal bestimmte jemand: »Es gibt nur einen Gott, den einzigen. Ihn müßt ihr anbeten. Er ist die Wahrheit. Ihr seht ihn nicht. Ihr hört ihn nicht. Deshalb braucht ihr uns, die Wissenden, damit wir euch sagen, was die Wahrheit ist, die er euch verkündet.« Seither sind die Trainer die Verkünder der Wahrheit für alle Menschen, die

zu bequem sind, ihre eigene Wahrheit selbst zu finden. Oder ihre Götter.
Ich weiß, das ist so etwas wie Gotteslästerung. Aber sagen Sie ganz ehrlich: Könnte an dieser Behauptung nicht trotzdem etwas Wahres sein?
Seit vielen Jahren setze ich mich einmal an jedem Tag still und bequem in eine Ecke. Ich entspanne mich. Ich atme einige Male ruhig und tief und versuche, mit der großen Ordnung des Kosmos in Harmonie zu sein. Manchmal bin ich viel zu unruhig, um das in mir zu spüren, was die große Ordnung des Kosmos sein könnte. Aber an guten Tagen, wenn ich in Harmonie mit mir selbst und meiner Umwelt bin, gelingt es mir.
Dann erspüre ich Zusammenhänge, die ich mit meinem Denken nicht erkennen kann. Ob Sie es glauben oder nicht: Dann redet manchmal auch mein Körper mit mir, Instinkte werden wach, die bisher offensichtlich in mir nur geschlummert haben. Vielleicht redet dann auch Gott mit mir, wenn es ihn gibt. Ich weiß es nicht. Aber falls er es tut, steht niemand zwischen uns, der es zu seinem Vorteil interpretiert und mir einzureden versucht, es geschehe alles nur zu meinem Heil.
Als der eigene Trainer meines Lebens will ich mich nicht darauf verlassen, was andere mir als meine Wahrheit einzureden versuchen. Ich möchte an den Zwischenhändlern des Wissens vorbei selbst an den Ursprung der Probleme vorstoßen und meine eigene Wahrheit erkennen.
Es ist schon ein paar Jahrhunderte her, seit einer dieser Zwischenhändler die christliche Morallehre zur Wahrheit erklärte. Dazu gehörte das Dogma: »Wenn du beim Ge-

schlechtsverkehr Lust empfindest, begehst du eine Sünde, für die du Abbitte leisten mußt.« Vielleicht war das der Zeitpunkt, an dem das Schuldgefühl erfunden wurde.
Wahrscheinlich sind Sie selbstbewußt genug, um solche »Wahrheiten« als längst überholt zu bezeichnen. Mag sein. Aber das Prinzip von Schuld und Sühne steckt noch immer tief in Ihnen drinnen. Habe ich nicht recht?
Es genügt allerdings nicht, wenn Sie solche Wahrheiten unserer Trainer als längst überholt bezeichnen, solange Sie ihnen nicht Ihre eigene Wahrheit als die für Sie bessere Alternative entgegenstellen.

Das Wesen vorgeblicher »Wahrheiten« besteht wohl darin, daß sie als solche ausgegeben werden, die angeblich für uns alle gelten. Für Sie genauso wie für mich und Millionen andere auch.
Diese »Wahrheiten« gehören zu den wirkungsvollsten Instrumenten der Unterdrückung der Freiheit des einzelnen. Damit signalisieren uns die Trainer: »Du bist dumm und weißt nichts über dich. Wir sagen dir die Wahrheit. Unterwirf dich ihr, sonst wirst du ausgeschlossen.«
Unsere Trainer sagen es uns nicht nur, sie unterstützen es auch mit Strafandrohung. Wer sich nicht widerspruchslos unterwirft, wird verhöhnt und diskriminiert. Es gab Zeiten, in denen Menschen als Ketzer oder Hexe auf dem Scheiterhaufen verbrannten.
All das, werden Sie jetzt denken, ist längst vergangen und vergessen. Ist es das wirklich, oder machen Sie es sich nur vor, weil Sie zu bequem sind, über Ihre eigene Wahrheit nachzudenken?

Ich war noch ein kleiner Junge, als in meiner österreichischen Heimatstadt die Truppen der deutschen Wehrmacht einmarschierten. Es war ein Riesenspektakel. Die Leute standen neugierig in dichten Trauben am Straßenrand. Ich auch. Die meisten waren von diesem Schauspiel fasziniert. Die Hakenkreuzfahnen wurden vorangetragen. Alle jubelten und hielten den rechten Arm zum neuen Hitlergruß erhoben.

Neben mir stand ein älterer Mann, der das alles nicht so recht zu begreifen schien, mit seinen Händen in den Hosentaschen. Ehe er sich versah, stürzte ein uniformierter SA-Mann auf ihn zu und gab ihm eine schallende Ohrfeige. Er schrie: »Nimm den Arm hoch zum Hitlergruß, du Kommunistenschwein!«

Eine neue Wahrheit hielt in meiner Heimat Einzug, und ich war als kleiner Junge Zeuge, was jemandem droht, der sie nicht anerkennt. Seither sind viele andere Wahrheiten ins Land gezogen. Aber für all jene, die sich ihr nicht unterwerfen, hat sich nichts geändert. Auch wenn die Methoden der Bedrohung harmloser geworden sind.

Was ist Ehrlichkeit, und was ist Lüge?

Ich denke mir, daß es nur eine einzige Art von Ehrlichkeit gibt: die Ehrlichkeit sich selbst gegenüber. Vorausgesetzt natürlich, daß Sie sich dazu entschlossen haben, Ihr Leben nach Ihren eigenen Bedürfnissen, Wünschen und Vorstellungen zu leben.

»Ehrlich« – was ist das? Wer bestimmt, was ehrlich ist und

was Lüge? Was Sie für ehrlich halten, kann irgend jemand als Lüge deklarieren. Er sagt Ihnen: »Du lügst.« Wie reagieren Sie darauf? Mit Schuldgefühlen? Versuchen Sie sofort, sich zu rechtfertigen?

Lassen Sie mich Ihnen noch einmal diese einfache Frage stellen: Wer bestimmt darüber, was für Sie Wahrheit, Ehrlichkeit und was Lüge ist?

Wenn Sie Ihr eigener Trainer sind, der weiß, wie Sie Ihr Leben leben wollen, sollten Sie selbst bestimmen, was Ihre Wahrheit ist. Wenn Sie das erkannt haben, gibt es für Sie keine Lüge mehr, für die Sie sich schuldig fühlen müßten. Wahrheit, Ehrlichkeit und Lüge sind meiner Meinung nach nichts anderes als Instrumente des Manipulationsspiels. Wer sich der Wahrheit eines Gegners im manipulativen Spiel des Lebens unterwirft, hat nur geringe Chancen, das Spiel zu gewinnen. Wer sich von seinem Gegner Schuldgefühle einreden läßt, hat überhaupt keine Chance mehr.

Die Botschaft unserer Trainer lautet: »Ein ehrlicher Mensch ist ein guter Mensch. Wer lügt, ist ein schlechter Mensch und wird bestraft.« Aber lüge ich deshalb schon, weil ich die Welt nicht so sehe, wie die Trainer wollen, daß ich sie sehen muß?

- Sind viele Entscheidungen, die unsere Trainer in den Parlamenten fällen, schon deshalb ehrlich, weil sie einstimmig und in unserem Namen gefällt worden sind?
- Wie ehrlich sind Meinungsumfragen? Sind sie nicht vielmehr so gedreht und gewendet, bis sie denen nützen, die sie in Auftrag gegeben haben?

- Wie ehrlich ist die Werbung, die ein Produkt immer nur von einer einzigen Seite zeigt – der besten. Und alles verschweigt, was dem Verkauf schaden könnte. Ist das ehrlich, oder ist es schon Lüge? Wenn es Lüge ist, haben unsere Trainer deshalb Schuldgefühle?

Fast täglich, wenn ich den Fernsehapparat einschalte, sehe ich neben vielen anderen auch die Botschaften der Zahncremehersteller. Der Anschein wird erweckt, als könne das bloße Reinigen der Zähne mit einer bestimmten Creme schon die Karies verhindern. Viel wirkungsvoller wäre es, keinen Zucker und keine Süßigkeiten zu essen. Das allerdings redet uns die Werbung *nicht* aus. Warum sollte sie auch? Die Erzeuger der Zahncreme verdienen ja gerade daran, daß wir Karies *haben*. Oder uns zumindest davor fürchten. Ist diese Werbung ehrlich, eine gezielte Halbwahrheit oder eine Lüge, die bestraft gehört?

Es gibt, wie Sie sehen, ganz offensichtlich viele Arten von Wahrheit, Ehrlichkeit und Lüge. Jeder sucht sich jene Variante aus, die zu seinem Vorteil ist. Warum lernen wir nicht daraus und entscheiden selbst, was für uns Wahrheit, Ehrlichkeit und Lüge ist?

Die Frage ist: Wie finden Sie Ihre eigene Wahrheit? Auch wenn es Ihnen bisher noch nicht richtig bewußt geworden ist, aber das Training dafür haben Sie schon begonnen. Vorausgesetzt natürlich, Sie lesen dieses Buch nicht nur, sondern nützen es praktisch für sich.

Drei Schritte dieses Programms helfen Ihnen dabei, Ihre Wahrheit selbst zu finden:

Erstens: Indem Sie täglich in der stillen Zeit eine Viertelstunde lang alle Einflüsse von außen ausschließen und in sich selbst nach Ihrer Wahrheit suchen.
Zweitens: Indem Sie in Ihrem Lebensbuch, Ihrem eigenen »Buch der Wahrheit«, die Erkenntnisse und Maßstäbe festhalten, die Sie als Ihre eigene Wahrheit erkennen.
Drittens: Indem Sie an sich selbst mehr glauben als an irgend jemand anderen.
Grundsätzlich, denke ich, gibt es immer zwei Wahrheiten:

- Die Wahrheit der anderen, unserer Gegner im Spiel des Lebens, mit der sie uns manipulieren wollen.
- Unsere eigene Wahrheit, nach der wir die Wahrheiten der anderen überprüfen können, ob sie uns nützen oder schaden.

Darüber hinaus sollten wir auf der Suche nach der Wahrheit bedenken, daß sie nicht zeitlos ist. Sie kommt und geht von einem Tag zum anderen und mit den Leuten, die sie erfinden. Denn kaum hat wieder einer der Wissenden eine Wahrheit zu Tage gefördert, macht sich schon ein Kollege auf den Weg, um sie zu widerlegen – wenn es ihm nützt.
Die Wahrheit von heute muß also keineswegs auch die Wahrheit von morgen sein. Es hängt letzten Endes immer davon ab, wie wir uns selbst entscheiden. Für welchen der ständig wechselnden Wahrheitsverkünder – oder für uns selbst.
Mit der Wahrheit verhält es sich so ähnlich wie mit Gesetzen, der Gerechtigkeit und den Richtern, die schließlich für alle gutgläubigen Bürger darüber befinden, wie die Maß-

stäbe für Gut und Böse lauten. Dabei gibt es längst schon niemand mehr, der wirklich weiß, ob alle Gesetze vom Vorjahr auch heute noch gültig sind.
Das sollten Sie selbst auch bedenken, wenn Sie an Ihrem eigenen Gesetzeswerk, Ihrem Lebensbuch, arbeiten: Ihre Wahrheit von gestern muß nicht unbedingt auch Ihre Wahrheit von heute sein. Mit anderen Worten: Wofür Sie sich heute entscheiden und woran Sie heute glauben, ist wichtiger als alle angeblich für alle geltenden ewigen Wahrheiten der Welt.
Die Hüter der Gerechtigkeit haben umfangreiche Strafandrohungen für das Delikt »Betrug« in ihren Gesetzesbüchern festgehalten. Immer geht es dabei um den Betrug an anderen. Wer aber kümmert sich um das für uns vermutlich viel folgenschwerere Verbrechen des Selbstbetrugs?
Selbstbetrug ist wahrscheinlich alles, was Sie Ihrem Körper, Ihren Gefühlen, Ihrem natürlichen Instinkt und der Seele antun. Obwohl Sie ganz genau wissen, daß es für Sie falsch ist und Ihnen schadet. Vielleicht sagen Sie jetzt: »Wie soll ich denn über all das Bescheid wissen, was mir schadet?«
Ich habe darauf auch keine Antwort für Sie bereit. Ich kann nur zitieren, mit welcher Ausrede sich die Gesetzeshüter aus der Affäre ziehen. Nämlich: »Unwissenheit schützt vor Strafe nicht.«
Das Training, nach seinen eigenen Wahrheiten zu leben, besteht natürlich nicht allein darin, sie zu finden, um dann doch wieder nur das zu tun, was andere uns einreden. Jede Erkenntnis über uns selbst ist nur nützlich, wenn wir davon

im täglichen Bemühen nach Freiheit und Glück praktischen Gebrauch machen. Und es unermüdlich trainieren.
Wenn Sie also eine eigene Wahrheit erkennen, die mit den Wahrheiten der anderen in Widerspruch steht, stehen Sie vor der Entscheidung: »Unterdrücke ich meine Wahrheit und resigniere, oder beginne ich das Manipulationsspiel, um meiner eigenen Wahrheit eine Chance zu geben?«
Wie steht es nun mit der Lüge im manipulativen Spiel? Ganz einfach: Es gibt sie nicht. Die Lüge ist, genauso wie der Begriff der Ehrlichkeit, ein taktischer Kniff, mit dem man den Gegner verunsichern will.

- Wenn *Sie* einem Gegner mit Stolz und Ehrgefühl im manipulativen Spiel sagen, er sei ein Lügner, wird er nichts unversucht lassen, sich wortreich zu rechtfertigen – und Ihnen dabei Dinge erzählen, die er lieber für sich behalten sollte.
- Wenn *Ihnen* jemand sagt, Sie seien ein verdammter Lügner, antworten Sie ihm doch einmal ganz einfach lächelnd: »Jawohl, das bin ich. Na und?« Beobachten Sie, wie er darauf reagiert, daß Sie auf seinen Trick nicht hereingefallen sind.

Angesichts solcher Erfahrungen, die Sie an jedem Tag machen können, sollten Sie sich ernsthaft die Entscheidung überlegen: »Von heute an kümmere ich mich weder darum, ob ich ehrlich bin oder lüge, noch um Ehre, Treue, Gehorsam oder Stolz. Alles, was mich glücklich macht, das tue ich ohne Schuldgefühle.«
Ich weiß, daß Sie dieses Ansinnen schockiert. Aber wenn

Sie ernsthaft frei, mündig und glücklich sein wollen, sollten Sie als Ihr eigener Trainer alle diese eingelernten Maßstäbe in Frage stellen. Wie sollten Sie sonst erfahren, ob sie Ihnen nützen oder schaden?
Unser Bemühen um tägliches Glück ist der ständige Wechsel zwischen bewegen und verharren, lösen und flüchten.

- Wer immer nur in emsiger Bewegung ist, hat keine Zeit, über den Sinn seines Eifers nachzudenken. Vielleicht will er es gar nicht, weil er ständig vor sich selbst flüchtet. Oder, um es anders zu sagen: Er will die Wahrheit über sich selbst nicht wissen. Lieber klammert er sich an Wahrheiten, die andere ihm anbieten.
- Das Verharren, etwa in der Entspannung der täglichen stillen Zeit, ist die Besinnung auf sich selbst, die Zeit des Fragens nach dem Warum und der eigenen Wahrheit.
- Das Lösen der Probleme, die unserem Glück im Wege stehen, setzt voraus, daß wir sie kennen. Wenn wir uns über die Ursache eines Problems selbst belügen, können wir es nicht an der Wurzel lösen. Wenn wir allerdings die Wahrheit über eines unserer Probleme kennen, warum sollten wir dann jemand anderem gegenüber darüber ehrlich sein?
  Er würde das Wissen doch nur dazu benutzen, um selbst einen Nutzen daraus zu ziehen. Wie jene Ehefrau, die ihren Mann ein Leben lang damit erpreßte, daß er ihr seinen einzigen Seitensprung eingestanden hatte.
- Die Lüge kann für uns ein wichtiges Hilfsmittel des Flüchtens sein. Wenn ein Kind den gewalttätigen Vater belügt, um Schlägen zu entgehen, ist die Lüge ein Mittel

des manipulativen Spiels. Ähnlich verhält es sich mit den Versprechungen der Politiker, von denen Sie ganz genau wissen, daß sie niemals eingelöst werden.

Wie Sie sehen: Wahrheit, Ehrlichkeit und Lügen sind das, was Sie selbst daraus machen. Alle drei Begriffe sind Mittel des Manipulationsspiels. Wir sollten uns von keinem Trainer einreden lassen, daß das eine »gut« sein soll und das andere »schlecht«. Nur weil das eine *ihm* nützt und das andere *uns*. Unsere Wahrheit ist in uns selbst.
Wenn das nach einer Aufforderung klingt, als Teil dieses Trainingsschrittes das Lügen zu üben, so kann ich nur sagen: Das müssen Sie selbst entscheiden. Sie und Ihr Trainer, nicht ich. Ich wollte Sie mit meinen Ausführungen nur dazu anregen, nicht alle Tabus ungeprüft zu akzeptieren.

Hier eine Zusammenfassung, ehe Sie weiterlesen

Im 12. Trainingsschritt geht es darum, sich auf die Suche nach seiner eigenen Wahrheit zu machen, statt ständig die Trainer danach zu fragen: »Was ist richtig, was ist falsch, was ist erlaubt und was verboten?«
Wenn Sie sich ernsthaft entschlossen haben, Ihr eigenes Leben zu leben, bleibt Ihnen wohl gar nichts anderes übrig, als die eigene Wahrheit über sich und Ihr Leben selbst herauszufinden und sich ein ganz persönliches »Buch der Wahrheit« anzufertigen.

Es gibt zwei Arten von Wahrheit: Ihre Wahrheit und die Wahrheit, die andere Ihnen einreden wollen. Wenn Sie Ihre eigene Wahrheit kennen, ist sie der Maßstab, nach dem Sie die Wahrheiten der anderen beurteilen können. Aber auch Ihre Wahrheit von heute muß nicht unbedingt noch morgen die Wahrheit sein. Deshalb hört die Suche nach der eigenen Wahrheit niemals auf.
Sie können diesen Trainingsschritt auch als Ermunterung sehen, die Lüge im Manipulationsspiel des Alltags auf ihren Nutzen zu überprüfen. Probieren Sie es im täglichen Leben einfach einige Male aus. Vielleicht ermuntert es Sie, wenn Sie aufmerksamer als bisher darauf achten, wie unverfroren andere die Lüge dazu benutzen, um *Sie* zu manipulieren.

Der 13. Schritt

Trainieren Sie die Fähigkeit, sich auf das zu konzentrieren, was Sie hier und jetzt gerade tun. Wenn Ihr Denken und Handeln *eins* sind, können Sie fast alles verwirklichen, was Sie sich vornehmen. Konzentration bedeutet im täglichen Leben:

- Essen Sie, wenn Sie essen.
- Arbeiten Sie, wenn Sie arbeiten.
- Lieben Sie, wenn Sie lieben.
- Entspannen Sie sich, wenn Sie sich entspannen.
- Handeln Sie, wenn Sie handeln, und zweifeln Sie nicht im geringsten daran, daß Sie tun können, was Sie tun wollen.
- Setzen Sie alle Ihre Kräfte für die Erreichung des einen Zieles ein, das Sie jetzt und hier erreichen wollen.

Vor einigen Jahren besuchte ich die Vorführung einer Gruppe von koreanischen Schülern des Taekwondo, einer der klassischen Künste der Selbstverteidigung. Eine der gezeigten Übungen bestand darin, daß ein Teilnehmer etwa zwei Meter in die Höhe schnellte und mit einem einzigen Hieb seiner Fußkante ein Holzbrett in zwei Teile zerschlug. Bis heute ist diese Szene für mich der Inbegriff höchster Konzentration.

Was bedeutet Konzentration für unser tägliches Leben? Es bedeutet:

- Iß, wenn du ißt.
- Arbeite, wenn du arbeitest.
- Entspanne dich, wenn du dich entspannst.
- Liebe, wenn du liebst.
- Handle, wenn du handelst, und zweifle nicht im geringsten daran, daß du tun kannst, was du tun willst.
- Setze alle deine Kräfte für das eine Ziel ein, das du jetzt und hier erreichen willst.

»Na, ja«, denken Sie jetzt vielleicht, »das tue ich doch.« Tun Sie es wirklich? Erst kürzlich sagte eine junge Dame in einem Seminar: »Ich habe mir während der stillen Zeit ein Dutzend Male vorgesagt, ich wäre glücklich. Aber dann wurde mir bewußt, daß ich es ja gar nicht bin.«

Das ist typisch für den Zwiespalt, in dem die meisten von uns fast ständig leben: Wir beschließen, glücklich zu sein. Aber ehe wir uns versehen, zerstört unser Nörgler-Ich die schöne Vision vom Glück. Statt uns auf unser Ziel – das Glücklichsein – zu konzentrieren, zweifeln wir es an.

Meinen Sie, der erwähnte Taekwondo-Schüler könnte das Holzbrett zerschlagen, wenn er im Augenblick des Hochspringens dächte: »Was mache ich bloß, wenn das Holz härter ist als die Kante meines Fußes?»
Es mag durchaus sein, daß Holz härter ist als die Fußknochen eines Menschen. Aber ganz offensichtlich ist die Entschlossenheit eines Menschen noch viel härter. Ganz davon zu schweigen, daß manche Schüler des Taekwondo oder Karate mit einem einzigen Schlag ihrer Faust auch einen Stapel Ziegel zertrümmern.
Ihr und mein tägliches Glück besteht vermutlich nicht darin, Holzbretter und Ziegel mit Händen und Füßen zu zerkleinern. Unser 13. Trainingsschritt lautet ganz einfach nur: Lernen Sie, alle Ihre Kräfte für das einzusetzen, was Sie gerade jetzt verwirklichen wollen. Diese Kräfte sind: das Denken, das Fühlen, der Glaube an sich selbst und die Phantasie.
Ich vermute, daß die Menschen in unseren Ländern noch nie mit so viel professioneller Sorgfalt von sich selbst abgelenkt wurden wie in unserer Zeit. Kaum haben wir uns etwas gekauft, das uns Freude macht, teilt uns die Werbung schon wieder mit, daß es auf diesem Gebiet etwas noch viel Besseres, Neueres und Schöneres gibt, das wir unbedingt besitzen müßten.
Die Trainer des Konsums sind nicht daran interessiert, daß wir uns auf unser Glück hier und jetzt konzentrieren. Kaum besitzen wir etwas, lenken sie unsere Aufmerksamkeit schon wieder auf etwas anderes, das sie uns verkaufen wollen. Wir sitzen noch im alten Auto, denken aber schon an das nächste. Kein Wunder, daß die

Konzentrationsschwäche zu einer Zeitkrankheit geworden ist.

Wenn eine Hausfrau abends mit ihrem Mann über das Problem eines Sprößlings reden möchte, drängt er: »Mach's kurz, sonst versäume ich das Fußballmatch im Fernsehen.« Nicht selten rächt *sie* sich später im Schlafzimmer damit, daß sie seine sexuelle Annäherung mit der Ausrede abweist: »Heute nicht, mir macht die Migräne wieder zu schaffen.«

So leben viele Menschen ständig an sich selbst und einander vorbei. In Gedanken immer ganz woanders, nicht bei dem, was sie im Augenblick gerade tun.

Wir leben in einer Zeit der permanenten Ablenkung in allen Lebensbereichen. Es beginnt in der Schule, wenn Lehrer ihre Schüler vertrösten: »Du lernst nicht für jetzt, sondern für später.« Die Missionare der Nächstenliebe fordern: »Denk nicht an dich, sondern an die Menschen, die irgendwo in der Welt verhungern müssen, während du hier im Überfluß schlemmst.« Und dann ist da die verlockende Botschaft der Banken: »Kaufe jetzt – zahle später.«

Wir sollen also im Augenblick des Kaufens nicht daran denken, daß wir uns für die nächsten paar Jahre verschulden. Eine durchaus lobenswerte Anregung für die Konzentration auf das kurze Glück beim Kaufen. Aber in den nächsten Jahren wird uns der Gedanke an die Rückzahlung verfolgen. Immer dann, wenn wir denken: »Du mußt sparen, sonst kannst du die Schulden nicht zurückzahlen.«

Ich kenne ein paar Leute, die in sehr schönen Häusern wohnen. Aber sie können dieses Glück nie so richtig genie-

ßen, weil sie ständig daran denken müssen, daß das alles nicht ihnen, sondern immer noch der Bank gehört.
Niemand ist, so scheint es, daran interessiert, daß wir uns auf unser ganz persönliches Glück und unsere Freiheit hier und jetzt konzentrieren und uns jeden einzelnen Tag am Leben erfreuen. Oder meinen Sie, jemand ist wirklich frei und glücklich, wenn er sich heute in Schulden stürzt, von denen er nicht weiß, ob er sie in den nächsten zehn Jahren auch abzahlen kann? Zuzüglich der Zinsen, versteht sich.
Frei und glücklich zu sein, und um nichts anderes geht es in diesem Lebenstraining, bedeutet, hier und jetzt zu leben und uns mit allen Kräften auf das zu konzentrieren, was uns heute glücklich macht. Mit allen unseren Kräften. Um sie noch einmal aufzuzählen:

- Mit den Gedanken, die wir darauf konzentrieren, was wir *jetzt* tun. Statt schon daran zu denken, was wir als nächstes tun sollten.
- Mit den Gefühlen, indem wir genießen, was wir gerade tun.
- Mit dem festen Glauben daran, daß wir alles können und dürfen, was wir tun.
- Mit der Phantasie, in der wir uns das, was wir tun, als das Schönste ausmalen, das wir in diesem Augenblick tun möchten. Statt die Kraft unserer Vorstellung zu benutzen, das Schlimmste zu befürchten.

Im Hier und Jetzt frei und glücklich zu sein ist, wie Sie sehen, in hohem Maße davon abhängig, wie bewußt wir uns auf das einstellen, was wir tun wollen. Praktisch kann

das bedeuten, daß wir uns heute nur das kaufen, was wir uns heute auch leisten können.
Konzentration ist vor allem die Entscheidung, aus jedem Augenblick, den wir erleben, für uns das Bestmögliche zu machen. Mit dem, was wir jetzt besitzen. Das allerdings setzt voraus:

- Daß wir selbst wissen, was wir wollen und was uns wirklich glücklich macht, damit andere uns nicht ständig mit neuen Angeboten zur Ablenkung verführen können.
- Daß wir unsere Kräfte richtig einsetzen, statt sie zu zersplittern.

Wenn Sie hier und heute ein Problem konzentriert lösen, das heute gelöst werden soll, sind Sie morgen davon befreit und können sich neuen Aufgaben widmen.
Wenn Sie ein Problem nur halb lösen oder ihm ausweichen, schleppen Sie es weiter mit sich herum, und es vervielfacht sich im Laufe der Zeit. Dann lenkt Sie der Gedanke an das ungelöste Problem von gestern heute von Ihrer Arbeit ab. Gleichzeitig leben Sie in der Angst, daß Ihnen alle angehäuften Probleme morgen über den Kopf wachsen würden.
Wie könnten Sie unter diesen Voraussetzungen heute frei und glücklich sein? Deshalb ist es wichtig, die Fähigkeit zu trainieren, jetzt und hier zu leben.
Beginnen Sie mit dem Konzentrationstraining bei drei Trainingsschritten, die Sie bereits kennen:

1. Bei der stillen Zeit, wenn Sie sich entspannen und Ihre Aufmerksamkeit nach innen richten, auf sich selbst. Lassen Sie in Ihren Gedanken alles los, was Sie vorher »da draußen« beschäftigt hat. Entscheiden Sie sich ganz bewußt: »In der nächsten Viertelstunde bin ich hier und jetzt mit mir allein. Gleichgültig, was vorher war und später auf mich zukommt.« Das ist eine tägliche Grundübung der Konzentration.
2. Wenn Sie, um die Entspannung zu vertiefen, einige ruhige tiefe Atemzüge machen. Verfolgen Sie dabei mit Ihren Gedanken, wie sich der Atem und mit ihm die Kraft des Kosmos in Ihren Körper senkt und ausbreitet. Denken Sie es nicht nur, fühlen Sie es auch. Malen Sie sich mit Ihrer Phantasie aus, wie jeder Atemzug Ihnen mehr und mehr Kraft gibt. Das ist eine Übung zur Vertiefung der Konzentration.
3. Wenn Sie einmal am Tag Ihre Körperübungen machen: Denken Sie dabei an nichts anderes als daran, wie sich mit jeder Übung Ihre Muskulatur kräftigt und elastisch bleibt. Werden Sie mit jeder kleinen Übung mit Ihrem Körper eins. Denn die Konzentration lernen Sie am besten durch die Konzentration auf die Einheit mit sich selbst.

Unterschätzen Sie diese drei Anregungen nicht. Es geht nicht darum, von heute auf morgen großartige Leistungen der Konzentration zu vollbringen. Als Ihr eigener Trainer ist es wichtig, darauf zu achten, in kleinen täglichen Schritten Erfahrungen im Umgang mit Ihren inneren Kräften zu sammeln und sie weiterzuentwickeln. Wenn Sie erst einmal

erkennen, wie wichtig es ist, sich auf die kleinen Dinge des Alltags zu konzentrieren, wächst mit jedem Erfolg der Ansporn, weitere und größere Schritte zu üben.
Wichtig ist, daß Sie sich bewußtmachen, was Sie ablenkt und welche Folgen es hat, sich nicht auf das zu konzentrieren, was Sie jetzt und hier gerade tun:

- Wenn Sie gedankenlos Ihr Mittagessen hinunterschlingen, während Sie mit Kollegen über die Arbeit sprechen, kauen Sie nicht sorgfältig. Gleichzeitig überträgt sich die Spannung des Geistes auf den ganzen Körper – und schlägt sich auf den Magen. Die Ablenkung von hier und jetzt wird irgendwann einmal zu einem Verdauungsproblem. Dann werden Sie die Magenschmerzen ständig von dem ablenken, was Sie gerade tun.
- Selbst wenn Sie beim Nachhausekommen die Autoschlüssel irgendwo verlegen, weil Sie in Gedanken schon fünf Schritte voraus sind, kann es am nächsten Morgen zum Problem werden. Hektisch suchen Sie die verlegten Schlüssel, erfüllt von der Angst, Sie könnten irgendwohin zu spät kommen.

Sie kennen das ja vermutlich aus eigener Erfahrung. Machen Sie sich alle diese Dinge einfach einmal bewußt. Beobachten Sie, wie Sie sich in kritischen Situationen verhalten. Wo sind Ihre Hände, und wo sind zur selben Zeit Ihre Gedanken und Gefühle?
Das Training der Konzentration auf hier und jetzt beginnt nicht damit, daß Sie alles über Konzentration wissen, was bisher in allen einschlägigen Büchern darüber geschrie-

ben wurde. Es beginnt damit, daß Sie darauf achten, daß Ihre Gedanken und Gefühle, Ihr Glaube an sich selbst und Ihre Phantasie dort sind, wo Sie gerade jetzt handeln. Nicht irgendwo anders.
Um es Ihnen noch einmal eindringlich zu sagen: Konzentration bedeutet, alle Ihre Kräfte dafür einzusetzen, damit alles, was Sie jetzt und hier tun, so vollständig gemacht wird, daß Sie darüber glücklich sein können.
Hier sind, aus meiner eigenen Erfahrung, noch einige Hinweise auf Hindernisse, die der Konzentration im Wege stehen:

- Die Angst, etwas zu versäumen.
- Eine halbherzige Entscheidung.
- Die Unlust an dem, was Sie gerade tun.
- Sie versäumen durch Zögern den richtigen Zeitpunkt, an dem etwas getan werden soll.

Ihr Training der Konzentration sollte sich, wie Sie sehen, auf zwei Ebenen vollziehen: auf der Ebene der Bewußtmachung durch Selbstbeobachtung während des täglichen Handelns. Und auf der Ebene der Entscheidung, alle Kräfte für das zu mobilisieren, was Sie jetzt und hier tun.

Hier eine Zusammenfassung, ehe Sie weiterlesen

Wir leben in einer Zeit der ununterbrochenen Ablenkung. Kaum haben wir etwas gekauft, wird uns schon etwas Besseres, Neueres, Schöneres angeboten, auf das wir unser Augenmerk richten sollen. Niemand scheint daran interessiert zu sein, daß wir stillhalten, uns an dem erfreuen, was wir haben, und damit rückhaltlos glücklich sind.
Dabei liegt die Erfüllung des Lebens in der Fähigkeit, das Leben jetzt und hier zu leben und alle Kräfte auf das Heute zu konzentrieren. Das sollten Sie sich bewußtmachen. Beobachten Sie sich. Wo sind Ihre Gedanken, während Ihre Hände mit etwas ganz anderem beschäftigt sind? Womit beschäftigt sich Ihre Phantasie, wenn Ihr Mund ißt?
Sich zu konzentrieren bedeutet: Alle Kräfte auf die eine Sache zu richten, die Sie jetzt und hier tun. Diese Kräfte sind: Ihr Denken, Ihr Fühlen, Ihr Glaube an sich selbst und Ihre Phantasie.
Vergessen Sie nicht: Es genügt nicht, daß Sie all das wissen. Viel wichtiger ist es, daß Sie die Konzentration Ihrer Kräfte täglich üben und aus der Selbstbeobachtung lernen.

Der 14. Schritt

Widmen Sie sich der Frage: »Was bedeuten Geld, Besitz und Sicherheit für mich?« Es könnte sein, daß sich dann in Ihrer Einstellung zum Leben manches ändert.

- Vielleicht erkennen Sie, daß Geld für Ihre Freiheit und Ihr Glück gar nicht die Bedeutung hat, die Ihre Trainer Ihnen einreden.
- Es wird Ihnen bewußt, daß Ihr Besitz Ihnen mehr Sorgen als Freude bereitet.
- Vielleicht fällt es Ihnen dann auch leichter, die eine oder andere Sicherheit loszulassen, an die Sie sich bisher krampfhaft geklammert haben.

Ich war gerade 19 Jahre alt geworden, als ich begann, an meinem Lebensprogramm zu schreiben. Ich erinnere mich noch genau. Auf der ersten Seite eines alten Schulheftes schrieb ich: »Meine eigene Bibel«. Darunter als eine Art Manifest:

- Bis 30 will ich lernen, was ich für mein Leben brauche.
- Bis 40 will ich die Voraussetzungen schaffen, um das tun zu können, was ich am liebsten mache.
- Bis 50 will ich so weise sein, um aus eigener Kraft glücklich sein zu können.
- Ab 60 will ich das freie, glückliche Leben führen, wie es mir entspricht.
- Ab 70 bereite ich mich darauf vor, so zu sterben, wie ich leben möchte: fröhlich und bewußt.

Schließlich folgte die Anweisung an mich selbst: »In meiner Bibel schreibe ich die konkreten Ziele und den Weg auf, wie ich erreichen kann, was ich mir vorgenommen habe.«
Später ersetzte ich die doch ein wenig hochtrabende Bezeichnung »Bibel« durch »Mein Lebensbuch«, aber ich hörte nie auf, daran zu arbeiten, neue Erkenntnisse einzufügen, Überholtes zu streichen und die Fähigkeiten zu trainieren, die notwendig sind, um so leben zu können, wie ich leben möchte.
Mein Leben ging schon auf die Fünfzig zu, als sich fast alle meine Träume in so erstaunlichem Maße erfüllt hatten, daß ich Angst bekam. Ich verdiente mehr Geld, als ich brauchte, und Jahr für Jahr stellte ich fest, daß ich mehr als die

Hälfte davon an das Finanzamt überweisen mußte. Der Staat verteilte es dann großzügig für Dinge, von denen ich viele für völlig überflüssig hielt.
Auf einem Flug von Wien nach London fiel mir dann eines Morgens der Satz ein, der mein weiteres Leben entscheidend beeinflußte: »Wenn dir Geld und Besitz mehr Sorgen als Freude bereiten, mußt du dich auf den Weg zurück zu deinen wahren Bedürfnissen machen.«
Ich verbrachte viel Zeit damit, über meine Beziehung zu Geld, Besitz, Sicherheiten und Überfluß nachzudenken. Genau das ist es auch, was ich Ihnen als 14. Trainingsschritt empfehle:
Nehmen Sie Ihr Lebensbuch, Lebensprogramm – oder wie immer Sie es nennen – zur Hand, und schreiben Sie in aller Ruhe auf, was Ihnen zu folgenden drei Fragen einfällt:

- Wieviel Geld brauche ich eigentlich wirklich, um das Leben führen zu können, das mich glücklich macht?
- Bringt mir all das, was ich jetzt besitze, an jedem Tag mehr Freude als Sorgen?
- Was von dem, das ich besitze, brauche ich eigentlich gar nicht?

Ich nehme an, daß es sich mit dem Geld ähnlich verhält wie mit der Wahrheit: Seine Bedeutung ist höchst relativ. Es hängt von jedem von uns ab, ob er selbst den Wert des Geldes für sich bestimmt oder ob er es anderen überläßt. Unsere Trainer reden uns ein, daß wir uns für Geld einfach alles kaufen können. Alles. Das mag schon sein. Aber brauchen wir denn wirklich *alles*?

Das ist und bleibt die Schlüsselfrage bei allen unseren Überlegungen über uns selbst: Was brauche ich wirklich, um möglichst frei und glücklich mein Leben leben zu können, wie es mir entspricht? Wer das nicht weiß, kann auch nicht selbst beurteilen, wieviel Geld er dafür braucht. Geld an sich ist ja noch kein Wert, auch wenn wir Leute bewundern, die an jedem Tag eine Million Dollar verdienen. Kürzlich hörte ich jemanden sagen: »Dieser Mann ist gut und gerne 100 Millionen wert.« Bei manchen Leuten, die »100 Millionen wert« sind, handelt es sich allerdings nicht selten nur um die Summe, mit der sie bei ihrer Bank in der Kreide stehen.

Irgendwann, so denke ich, sollte sich jeder von uns entscheiden, ob er sein Glück von dem Geld abhängig macht, das er besitzt, oder ob er Geld dazu benutzt, um frei und glücklich zu sein. Jetzt, während Sie in diesem Buch lesen, ist eine gute Gelegenheit, diese entscheidende Frage zu klären.

Tun Sie es, ohne sich mit einigen eingelernten Floskeln darüber hinwegzuschwindeln:

- Ich muß ja meinen Verpflichtungen nachkommen.
- Ich kann doch nicht einfach meinen gutbezahlten Job aufgeben, was würden da meine Freunde und Verwandten denken?
- Ich möchte nie wieder arm sein.

Wir haben uns daran gewöhnt, daß der Wert eines Menschen danach gemessen wird, was er verdient und was er besitzt. Jahr für Jahr können wir in den Zeitungen lesen, wie ganze Völker danach beurteilt werden. Nach dem Bruttosozialprodukt, dem Einkommen der Durchschnittsbürger und dem sogenannten Lebensstandard. Haben Sie schon einmal eine Statistik darüber gelesen, in welchen Ländern der Erde die glücklichsten Menschen leben? Ich nicht. Wie es scheint, ist daran niemand interessiert.

Wenn Sie sich für das Lebensziel entschieden haben, an jedem Tag Ihres Lebens aus eigener Kraft frei und glücklich zu sein, sollten Sie damit Schluß machen, sich und die Mitwelt nach den Kriterien arm oder reich zu bewerten.

Geld und Besitz sind immer nur das wert, was Sie für sich daraus machen. Nicht irgendwann einmal, sondern an jedem Tag. Und das Maß aller Dinge – so denke ich – lautet: Verschafft es mir mehr Sorgen oder mehr Freiheit und Glück?

Vielleicht irre ich, aber es sieht so aus, als erfülle für die meisten Menschen, die ich kenne, Geld vorwiegend eine einzige Funktion: Ersatz. Weil sie nicht gelernt haben, sich selbst glücklich zu machen, versuchen sie, sich wenigstens ein Stückchen Glück von anderen zu kaufen.

Ihr neuer Trainingsschritt soll dazu dienen, Ihre ganz persönliche Beziehung zu Geld, Besitz und Sicherheiten zu überprüfen. Benutzen Sie dabei nicht andere Leute als Vergleich. Es sind Ihr Leben und Ihr Glück, um die es geht. Wenn Sie sich nicht selbst darüber Klarheit verschaffen, wird es niemand anderer für Sie tun.

Die Trainer des Fortschritts und Wohlstands – was immer man darunter verstehen mag – sind nur daran interessiert,

daß Sie arbeiten, Geld verdienen oder borgen, um es wieder ausgeben zu können. Damit der Kreislauf der Volkswirtschaft in Gang gehalten wird.
Wofür Sie Ihr Geld verdienen und ausgeben, ist den Trainern völlig gleichgültig. Hauptsache, Sie erfüllen die Funktion als kleines anonymes Rädchen im Räderwerk des Systems, in dem Sie, Ihre Sehnsüchte und individuellen Bedürfnisse nicht die geringste Rolle spielen. Es sei denn, als Objekt der Manipulation.
Ihre Lebensqualität, so sagt man Ihnen, bestehe darin, sich Wohlstand und Sicherheit leisten zu können. In Wahrheit ist aus dieser angeblichen Lebensqualität längst ein Leben in Überfluß geworden, das sich vorwiegend an der Quantität orientiert. Wieviel Sie verdienen, besitzen und ausgeben, zählt, und keinesfalls, wie glücklich Sie mit dem sind, was Sie tun und besitzen.
Lassen Sie uns nach diesem kleinen Ausflug in den Bereich der Lebensphilosophie zur Realität des Hier und Jetzt zurückkehren. Zurück zur Frage:

- Wie glücklich sind Sie mit dem Leben, das Sie jetzt führen? Tun Sie selbst alles, um glücklich zu sein? Oder überlassen Sie es anderen?

Sie sollten sich bei dieser Klärung nicht in Überlegungen über alle die Verpflichtungen anderen Menschen gegenüber verirren. Oder an die Schulden, die Sie zurückzahlen müssen. Wenn Sie trainieren wollen, frei und glücklich zu leben, sollten Sie jetzt auch nicht darüber nachdenken, wie Sie mehr Geld verdienen können, sondern darüber, was Sie an Ihrer Einstellung zu sich selbst und Ihrem Leben ändern könnten. Sicher ist:

- Für Geld können Sie sich weder Freiheit und Glück kaufen, sondern immer nur kurzfristigen Ersatz dafür.
- Was Sie besitzen, dient Ihrem Glück nur dann, wenn es Sie nicht unglücklich macht.
- Niemand kann Ihnen eine wie immer geartete Sicherheit geben – auch wenn er Ihnen das Blaue vom Himmel verspricht. Die einzige Sicherheit sind Sie selbst. Vorausgesetzt natürlich, Sie lernen, sich Ihrer selbst sicher zu sein.

Letzten Endes beginnt das Training im Umgang mit Geld, Besitz und Sicherheit damit, daß Sie Tag für Tag immer wieder eine wichtige Frage für sich entscheiden. Sie lautet:

Worauf muß ich verzichten, damit ich das haben kann, was mich wirklich glücklich macht, weil es meinen Bedürfnissen entspricht?

Wie Sie sehen, geht es dabei nicht um Geld oder Besitz allein. Es geht genauso um die Klärung Ihrer Beziehung zu anderen Menschen, zu Ihrer Arbeit und Ihrem ganzen Lebensstil. Worauf müssen Sie verzichten, um das Leben führen zu können, das Sie wirklich führen wollen, weil es Ihnen entspricht.
Es geht also auch um Fragen wie: Wieviel Geld gebe ich dafür aus, um anderen Leuten zu gefallen oder zu imponie-

ren? Oder: Wieviel Geld gebe ich dafür aus, damit andere mich glücklich machen, weil ich nicht gelernt habe, mich selbst glücklich zu machen?
Wieviel Geld, denken Sie, könnten Sie allein dadurch sparen, daß Sie darauf verzichten, von allen Leuten geliebt, bewundert oder respektiert zu werden? Weil Sie die einfache Entscheidung gefällt haben: Ich liebe mich, wie ich bin, also brauche ich mir die fehlende Liebe nicht zu erkaufen.
Wenn Sie an sich mehr glauben als an irgend jemand anderen, ist das eine bedeutende Entscheidung. Sie sind dann nicht mehr auf die Hoffnung angewiesen, die Ihnen all jene Leute suggerieren, die Ihnen ihre »Sicherheiten« für gutes Geld verkaufen wollen.
Wenn es eine Fähigkeit gibt, die unsere Trainer von Fortschritt und Wohlstand hassen wie die Pest, dann ist es unsere Fähigkeit, verzichten zu können. Verzicht ist der Schlüssel zur persönlichen Freiheit, von der in diesem Trainingsprogramm zusammen mit Glück so beharrlich immer wieder die Rede ist.
Die Fähigkeit des Verzichtens ist das Heilmittel gegen die Krankheit des »Kaufen Sie jetzt – zahlen Sie später«. Wer imstande ist zu verzichten, kann nicht mehr erpreßt werden. Weder mit Geld noch mit Angst.
Wenn Sie also aus diesem 14. Trainingsschritt den größten Nutzen ziehen wollen, sollten Sie das Verzichten üben. An jedem Tag. Ganz bewußt. An vielen Kleinigkeiten des Alltags:

- Sagen Sie einfach einmal an jedem Tag nein, statt aus reiner Gefälligkeit ja zu sagen.

- Geben Sie jemandem recht, der Sie kritisiert oder beleidigen will. Verzichten Sie darauf, der tolle, gute, edle Bürger sein zu wollen, der seine Ehre, seinen Stolz oder den guten Ruf zu verteidigen hat.
- Wenn Sie darauf verzichten, alles richtig machen zu wollen, brauchen Sie auch kein Schuldgefühl zu haben, wenn Sie etwas falsch gemacht haben. Schließlich leben Sie nach Ihren eigenen Maßstäben und nach Ihrer eigenen Wahrheit. Vorausgesetzt natürlich, Sie haben sich in früheren Trainingsschritten dieses Programms zu dieser Einstellung entschlossen.

Geld, Besitz und Sicherheit sind nur drei von vielen Begriffen, mit denen uns die allgegenwärtigen Gegner im täglichen manipulativen Lebensspiel zu ihrem Vorteil überrumpeln möchten. Glauben Sie mir: Wenn Sie den Verzicht trainieren, werden Sie in diesem Spiel Erfolge erringen, von denen Sie bisher nicht zu träumen wagten.

Hier eine Zusammenfassung, ehe Sie weiterlesen

Dieser Trainingsschritt ist eine Anregung für die Arbeit an Ihrem eigenen Lebensprogramm. Vergessen Sie nicht: Wenn Sie Ihr Leben nach eigenen Vorstellungen leben wollen, ist es unerläßlich, eigene Maßstäbe dafür zu entwickeln. Nicht nur im Kopf, sondern schriftlich.
Sie wissen ja: Ihr Lebensprogramm ist Ihr Trainer, der Sie ständig daran erinnert, wie Sie leben wollen. Es ist die

Kontrolle Ihres Handelns. Es soll Sie ermuntern, wenn Sie zweifeln.
Ich habe Ihnen ein 8-Punkte-Gerüst für die Erarbeitung dieses Programms vorgeschlagen. Setzen Sie sich jetzt eingehend mit Punkt zwei auseinander. Er lautet: »Was Geld, Besitz und Sicherheit für mich bedeuten.«
Drei Fragen sollen Sie für diese Auseinandersetzung anregen:

- Wieviel Geld brauche ich wirklich, um das Leben führen zu können, das mich glücklich macht?
- Bringt mir alles, was ich jetzt besitze, an jedem Tag mehr Freude als Sorgen?
- Was von dem, das ich besitze, brauche ich eigentlich nicht?

Zu welchen Ergebnissen Sie bei Ihren Überlegungen auch kommen mögen, Ihr Glück und Ihre Freiheit hängen entscheidend von der Fähigkeit des Verzichtens ab. Die Formel im täglichen Training des Verzichtenkönnens lautet:

- Worauf muß ich verzichten, damit ich *das* haben kann, was mich wirklich glücklich macht, weil es meinen eigenen, wahren Bedürfnissen entspricht?

Der 15. Schritt

Wenn Ihr Selbstvertrauen gestärkt und die Liebe zu sich selbst gefestigt ist, lernen Sie das Partnerspiel. Drei wichtige Regeln lauten:

1. Erwarten Sie Ihr Glück von niemand anderem als von sich selbst. So kann Sie niemand enttäuschen.
2. Machen Sie sich keine Illusionen von der alles überbrükkenden Kraft der Liebe.
3. Es ist besser, Sie streiten mit Ihrem Partner, als Sie unterdrücken Ihren Ärger und sagen nichts.

Bei diesem Trainingsschritt geht es um das Partnerspiel, eine Variante des manipulativen Lebensspiels. Sie wissen ja: Unser ganzes Leben ist ständige gegenseitige Manipulation. Es liegt an Ihnen, ob Sie sich dabei immer nur als wehrloses Opfer verhalten oder ob Sie Ihre Vorteile wahrnehmen.

Das Wesen des Spiels ist die Bewegung, die in Ihrem Denken beginnt. Wenn Sie in Resignation erstarren, bewegen Sie sich nicht. Sie bewegen sich also nicht auf den anderen zu. Sie igeln sich in Selbstmitleid ein, lassen den anderen nicht an sich heran und kommen ihm auch nicht entgegen.

Sie erstarren auch, wenn Sie sich in Autorität flüchten und darauf beharren: »Ich allein weiß, was richtig ist, der andere weiß nichts.« Oder: »Ich mache alles richtig, der andere muß sich ändern.«

Sie wissen genauso gut wie ich, was dieses Erstarren bewirkt: Es ist das Ende jeder Partnerschaft. Jeder beharrt auf seiner Position, es kommt kein Spiel der Aussprache, des Redens, Zuhörens oder auch Streitens zustande. Ohne dieses Spiel verliert die Partnerschaft ihren Sinn.

Der legendäre Wiener Humorist Karl Farkas sagte einmal: »Eine Ehe ist die Vereinigung von zwei Menschen, damit sie die Probleme lösen, die sie nicht hätten, wenn sie allein geblieben wären.« Wie recht er hat: Wer seine eigenen Probleme nicht lösen kann, wird sie auch in der Partnerschaft mit jemand anderem nicht lösen, dem es genauso geht.

Die Möglichkeit, gemeinsam Probleme des Lebens *besser* lösen zu können als allein, setzt voraus, daß sich die Partner

gegenseitig ermuntern, provozieren und aus sich herausgehen. Nur aus diesem Spiel verschiedener Kräfte können Lösungen entstehen, die beide glücklich machen.
Wenn ein Mann mit anerzogenem Autoritätsbewußtsein seine Frau unterdrückt, gibt er ihr keine Chance, ihre eigenen Ideen, Wünsche und Bedürfnisse einzubringen. Der Mann läßt dann auch keine Möglichkeit zu, seine Fehler zu korrigieren. Das gilt genauso für die Erziehung der Kinder. Oder für den Chef, der immer alles besser weiß als seine Mitarbeiter.
Das Partnerspiel beginnt also damit, das Spiel überhaupt zuzulassen, damit gemeinsame Lösungen zustande kommen, *gemeinsame* Lösungen, die beide glücklich machen. Das bedeutet: Ich habe meine eigenen Vorstellungen, aber ich gebe dem Partner die Chance, seine Wünsche, Bedürfnisse und Ideen einzubringen. Dann bemühen wir uns gemeinsam, daraus eine Lösung zu finden, mit der beide glücklich sein können.

- Das Prinzip zur gemeinsamen Lösung von Problemen lautet: Es ist nicht wichtig, wer recht hat, sondern was recht ist, weil es der gemeinsamen Sache dient.

Selbstverständlich wird das Partnerspiel schon längst überall gespielt. Meistens allerdings in der kämpferischen Variation und auf zwei Ebenen, nach außen und nach innen.

- Nach außen in der Form des Versteckspiels oder des Rachespiels. Beim Versteckspiel täuschen die Partner ihrer Umwelt die glückliche, vorbildliche Ehe vor. Öffentlich wird niemals gestritten, man ist immer einer Meinung. Ganz anders im Rachespiel. Dabei benutzt ein Partner die Gegenwart anderer Leute, um den anderen öffentlich lächerlich zu machen, indem er sich über eine intime Schwäche des anderen lustig macht.

- Nach innen, also zu Hause, sind die häufigsten Variationen das Verweigerungsspiel, das oft auch als Erpresserspiel gespielt wird. Ein Partner zieht sich so lange in den Schmollwinkel zurück, bis der andere nachgibt. Meistens allerdings mit dem festen Vorsatz, sich dafür eines Tages zu rächen.

Erst kürzlich erzählte mir ein Freund von einer interessanten Form des Erpresserspiels: »Wenn ich nicht mit meiner Frau schlafe, sagt sie spitz: ›Aha, hast du dich wieder bei der Freundin ausgetobt.‹ Wenn ich mit ihr schlafen möchte, weist sie mich mit dem Argument ab: ›Heute war wohl nichts los bei der Freundin, und jetzt soll ich herhalten.‹«
Zu den bekanntesten Verweigerungsspielen der Männer gehören die nächtlichen Sitzungen oder Gasthausbesuche. Ich erinnere mich noch gut an ein Erlebnis, das ich vor Jahren hatte. An der Theke eines Lokals traf ich einen alten Bekannten. Er lud mich auf ein Bier ein und redete und redete, dann noch ein Bier und noch eines. Schließlich wurde es schon ziemlich spät, und ich sagte: »Sollten wir jetzt nicht nach Hause gehen?« Er schaute auf die Uhr und meinte: »Ich muß noch eine halbe Stunde bleiben, dann schläft meine Frau garantiert. Wenn ich jetzt komme, ist ihr Zorn noch in voller Blüte, und sie beschimpft mich, weil ich wieder einmal betrunken bin.«

Ich könnte Ihnen noch seitenlang von ähnlichen Varianten des alltäglichen Partnerspiels berichten, aber ich bin sicher, Sie selbst – ob Sie nun eine Frau oder ein Mann sind – kennen das alles ja zur Genüge aus eigener Erfahrung.

Es sind Spiele um die Macht, die meistens als Dschungelkriege enden, nach dem Prinzip »Wie du mir, so ich dir«. Probleme werden nicht gelöst, sondern überspielt und verdrängt. Aber wir wissen ja: Was immer wir verdrängen, entzieht sich unserer Kontrolle und richtet sich irgendwann einmal gegen uns selbst.

Manche ertränken die ungelösten Probleme in Alkohol, andere werden ganz einfach psychisch oder körperlich krank. Oder sie lassen sich scheiden. Nicht selten, um sich bald darauf mit einem neuen Partner zusammenzutun, mit dem sie die Probleme genausowenig lösen wie mit dem vorangegangenen.

Ich erzähle Ihnen alles das nur, um Sie auf ein paar Zusammenhänge aufmerksam zu machen, mit denen sich viele Partner schon abgefunden haben. Sie jammern vielleicht: »Wenn ich das geahnt hätte, wäre ich allein geblieben.« Aber sie bleiben aus Gewohnheit zusammen. Oder weil sie nicht wissen, wie sie es anders machen könnten.

Dieser Schritt des Lebenstrainings ist eine Anregung, aus dem Kreislauf des ewigen gegeneinander Kämpfens auszubrechen und es mit neuen Regeln zu versuchen.

Letzten Endes hängt Ihr tägliches Glück immer davon ab, ob Sie Ihre Bedürfnisse unterdrücken und darunter leiden oder ob Sie sie ausleben. Wenn Sie Ihre Bedürfnisse unterdrücken oder unterdrücken *lassen*, erstarren Sie in Frustra-

tion. Jeder beharrt auf seiner Position – der eine in Selbstmitleid, der andere im Bewußtsein, im Recht zu sein. Es gibt keine Basis der Gemeinsamkeit mehr. Kein Spiel kann zustande kommen. Nichts bewegt sich mehr auf das Ziel jeder Partnerschaft zu: gemeinsam glücklicher zu sein, als man es allein sein könnte.
Die zwei größten Hindernisse, die diesem Spielprinzip entgegenstehen, sind falsche Vorstellungen und Erwartungen, die unsere Trainer uns unermüdlich eingelernt haben:

1. Die Illusion von der alles überbrückenden Kraft der Liebe.
2. Die Illusion von der sich selbst erfüllenden Ehe.

Sie kennen gewiß die Slogans, mit denen sich die Menschen über die nüchterne Alltagsrealität hinwegzutäuschen versuchen. Sie lauten: »Wir lieben uns, deshalb kann uns nichts passieren.« Oder: »Wenn wir erst einmal verheiratet sind, wird sich schon alles von selbst ergeben.«
Wenn Sie aus diesem 15. Trainingsschritt für sich das Beste machen wollen, sollten Sie gleich jetzt die Entscheidung fällen: In meiner Partnerschaft geschieht nichts, was ich nicht selbst tue. Deshalb übernehme ich die Verantwortung für mein Glück auch selbst. Denn:

- Wenn ich selbst nicht weiß, was ich will, kann mir auch kein Partner helfen. Eher ist das Gegenteil der Fall: Wer selbst nicht weiß, was er will, wird vom Partner ausgenutzt. Oder er zieht sich enttäuscht zurück.
- Wenn ich mich selbst nicht liebe, wie sollte ich dann dem

Partner das Gefühl vermitteln können, das ich gar nicht kenne?
- Wenn ich mir selbst nicht vertraue, kann mir auch ein Partner nicht trauen.
- Wenn ich meine Gefühle verdränge, verleugne und unterdrücke, kann ich dem Partner vielleicht schwören: »Ich liebe dich.« Aber der Partner wird sehr bald spüren, daß es nur leere Worte sind, und er wird mir die Enttäuschung nicht verzeihen.

Um es noch deutlicher zu sagen: Was ich vom Partner erwarte, muß ich selbst in die Partnerschaft einbringen. Wenn Sie sich in früheren Trainingsschritten mit den Zusammenhängen des Spielgedankens vertraut gemacht haben, werden Sie jetzt erkennen, daß das Partnerspiel nichts anderes ist als eine Variante des Lebens- und des Manipulationsspiels.
Hier sind einige Regeln, die Ihnen als weitere Anregung dienen sollen:

Erste Regel: Erwarten Sie Ihr Glück von niemand anderem als von sich selbst. So kann Sie niemand enttäuschen.

Nichts ist für das Partnerspiel verhängnisvoller als die beiden Sätze: »Ich mache dich glücklich« und »Mach mich glücklich«. Je mehr Sie sich anstrengen, den Partner glücklich zu machen, um so weniger nützen Sie ihm. Sie ermuntern ihn nur dazu, selbst nichts für sein Glück beizutragen.

Folgendes wird vermutlich geschehen:

- Der Partner hat ganz andere Vorstellungen von seinem Glück als Sie. Es wird Ihnen eines Tages so ergehen wie dem selbstgefälligen Ehemann, der seiner Frau vorwirft: »Du hast genug Geld, drei Pelzmäntel, ein Auto und eine Villa mit Swimmingpool. Ich lese dir jeden Wunsch von den Augen ab. Warum bist du nicht glücklich?«
- Wenn der Partner nichts zu seinem Glück beitragen muß, weil Sie ihn ja »glücklich machen«, wird er unweigerlich immer höhere Ansprüche stellen, die Sie immer weniger erfüllen können. Er wird enttäuscht sein, und Sie werden Schuldgefühle entwickeln.
- Wenn der Partner Sie auffordert, ihn glücklich zu machen, schiebt er von vornherein Ihnen alle Verantwortung für sein Glück in die Schuhe. Wenn er nicht glücklich ist, wirft er Ihnen nicht zu unrecht vor: »Du bist daran schuld, daß ich so unglücklich bin.«

Wie Sie sehen, gilt für die Partnerschaft nichts anderes als für Ihr ganz persönliches Leben: Wer gelernt hat, sich selbst glücklich zu machen, ist von niemand anderem abhängig. Wer sich auf andere verläßt, beschwört seine Enttäuschung selbst herauf.

Zweite Regel: Machen Sie sich keine Illusionen von der alles überbrückenden Kraft der Liebe

Vermutlich löst in einer Partnerschaft nichts verhängnisvollere Mißverständnisse aus als der Satz: »Ich liebe dich.« Die Sehnsucht nach der großen Liebe, die alles kann und alles ermöglicht, ist ganz offensichtlich eine der großen Illusionen unserer Zeit, gegen die kein Kraut gewachsen zu sein scheint.

Sie ist verzweifeltes Bekenntnis wie hilflose Hoffnung, unerfüllbare Erwartung wie kalkulierte Manipulation. Können Sie mir erklären, was das bedeutet, wenn jemand seinem Partner sagt: »Ich liebe dich.«?

Vor allem bedeutet es wohl den Beginn des Mißverständnisses. Denn wer »Ich liebe dich« sagt, denkt ohne jeden Zweifel etwas anderes als jemand, für den dieses Geständnis bestimmt ist.

Wer liebt, erwartet Gegenliebe. Für den einen ist es der Ausdruck seiner Sehnsucht nach Zärtlichkeit, Hilfe und Verständnis. Ein anderer meint damit nichts anderes als die Aufforderung, mit ihm ins Bett zu gehen.

Weil die Vorstellungen von Liebe so verschieden sind, sollten Sie für sich selbst klären: »Was bedeutet Liebe für mich?«

- Ist es ein Ersatz für etwas, das ich vermisse?
- Ist es die Neugierde nach etwas, von dem man Wunderdinge erwartet?
- Habe ich Angst davor, weil ich meine Gefühle nicht zeigen will?

Was bedeutet Liebe für Sie?
Wenn es stimmt, daß die Liebe für einen Partner zu den höchsten Gefühlen gehört, die ein Mensch empfinden kann, sollten wir dieses Gefühl erleben und darüber glücklich sein. Aber wir sollten keine Bedingungen daran knüpfen. Vor allem nicht die Erwartung irgendeiner Sicherheit. Die Liebe schafft kein Problem aus der Welt, viel eher ist das Gegenteil der Fall. Sehen Sie sich doch um: Wie viele Ehen in Ihrem Bekanntenkreis begannen mit der großen Liebe, und jetzt verkehren die Partner nur noch über Anwälte? Weil jede dritte Ehe geschieden wird, ist es durchaus möglich, daß Sie ein Betroffener sind. Welche Lehren ziehen Sie daraus?
Wenn Sie sich dazu entschlossen haben, das Partnerspiel zu spielen, sollten Sie die Regel befolgen: »Ich sage meinem Partner, was er sich von meiner Liebe erhoffen darf – und was nicht.«

Dritte Regel: Es ist besser, Sie streiten mit Ihrem Partner, als Sie unterdrücken Ihren Ärger und sagen nichts

Das Partnerspiel beruht auf der Voraussetzung, daß zwei Menschen miteinander reden. Trotzdem scheitern so viele Beziehungen daran, daß dies nicht geschieht.
Warum, denken Sie, ist das so? Vermutlich liegt es daran, daß wir von Kindheit an von unseren Trainern zur Selbstverleugnung erzogen wurden. Mit Anleitungen wie diesen:

- Sprich nur, wenn du gefragt wirst.
- Sei immer nett und höflich.
- Nimm Rücksicht auf andere, beleidige niemanden.
- Ein Mann zeigt seine Gefühle nicht.
- Halte lieber den Mund, sonst machst du dich lächerlich.
- Eine Dame sagt so etwas nicht.

Um das Partnerspiel spielen zu können, sollten Sie diese Selbstbeschränkungen durch diese drei Regeln ersetzen:

1. Ich sage, was ich sagen will, und provoziere im manipulativen Spiel meinen Gegner so lange, bis er bereit ist, sich mit mir auseinanderzusetzen.
2. Probleme, über die wir nicht reden, können wir auch nicht gemeinsam lösen.
3. Alles ist erlaubt, den Partner zu veranlassen, mit mir zu reden.

Vergessen Sie es nicht: Ihr Partner ist Ihr Gegner, den Sie so lange provozieren, bis er bereit ist, die Voraussetzung für das Partnerspiel zu erfüllen. Diese Voraussetzung lautet: miteinander reden.
Zu den Totengräbern so vieler Beziehungen gehört die Flucht vor dem Gespräch. Die Ausreden dafür könnten Bücher füllen. Männer schirmen sich mit der Standardphrase ab: »Laß mich doch in Ruhe mit deinen mickrigen Problemen, ich habe den Kopf noch voll vom Ärger im Betrieb.« Frauen sagen nicht, was sie loswerden möchten, aus Angst vor einem Streit.
Es gibt im manipulativen Spiel zwei grundsätzliche Ansät-

ze, den Gegner in ein Gespräch einzubeziehen: Das vernünftige Argument und die emotionale Provokation.
Wenn Sie vernünftig mit ihm reden können, sollten Sie sich mit dem bereits erwähnten Prinzip vertraut machen: »Um einen Fisch zu fangen, muß ich ihm einen Wurm anbieten. Auch wenn ich selbst lieber Erdbeeren mit Schlagsahne esse.« Mit anderen Worten: Reden Sie zuerst mit dem Partner über ein Thema, das ihn bewegt, ehe Sie ihn dazu bringen, Sie anzuhören. Wichtig ist, das Gespräch kommt zustande, damit das Partnerspiel beginnen kann.
Der emotionale Weg beginnt mit einem provokanten Angriff, der den Partner veranlaßt, sich zu verteidigen. Wenn Sie ein geübter Partnerspieler sind, werden Sie ihn ausreden lassen und dann nachgeben, sich vielleicht entschuldigen. Das macht ihn gesprächsbereit.
Wahrscheinlich werden Sie mir jetzt vorwerfen, all das sei so leicht gesagt, im wirklichen Leben sehe alles doch ganz anders aus. Sie haben vollkommen recht. Aber ich sehe meine Aufgabe auch nicht darin, Ihnen die eigene Erfahrung abzunehmen. Meine Hinweise sollen Sie nur dazu ermuntern, lieber einen Streit zu provozieren, als sich mit der Ausrede zu begnügen: »Wie soll ich denn ein Partnerspiel zustande bringen, wenn mein Partner nicht mit mir redet?«
Und noch etwas sollten Sie nicht vergessen: Was Sie vor sich liegen haben, ist ein Trainingsprogramm. Trainieren heißt, etwas immer wieder zu tun, bis das gesteckte Ziel erreicht ist. Wenn Sie sich also mit der Entschuldigung zufrieden geben: »Ich habe es schon drei Mal versucht, aber mein Partner hat nicht reagiert«, sollten Sie als Ihr

Trainer sich eindringlich daran erinnern, daß auch zehn vergebliche Versuche nichts anderes sind als die Herausforderung, es noch weitere zehn Male zu versuchen – bis Sie erreicht haben, was Sie erreichen wollten.
Wenn ich weiter oben davon sprach, es gebe das vernünftige Argument und die emotionale Provokation als geeignete Techniken, mit dem Partner ins Gespräch zu kommen, möchte ich Sie abschließend darauf aufmerksam machen, daß Sie durch dieses Trainingsprogramm bereits mit der vermutlich besten aller Techniken vertraut sind: die stille Zeit.
Wenn Sie Ihren Partner davon überzeugen können, zwei Mal in jeder Woche gemeinsam mit Ihnen stille Zeit zu machen, kann es der Beginn für eine wirklich glückliche Partnerschaft sein.
Stellen Sie sich vor:

- Sie setzen sich gemeinsam an einen Tisch. Jeder mit Papier und Bleistift vor sich.
- Jeder entspannt sich, atmet ruhig und läßt alles, was ihn oder die Beziehung belastet, an sich abgleiten.
- Wenn es ihm nicht gelingt, sich von einem Problem oder einem Ärger zu lösen, wenn ihm Eingeständnisse, Vorschläge und Ideen in den Sinn kommen, schreibt er sie auf, um später mit dem Partner darüber zu reden. Vielleicht auch zu streiten.
- Aber eine Viertelstunde lang suchen Sie den Frieden mit sich selbst, als beste Voraussetzung dafür, nachher mit dem Partner den gemeinsamen Frieden zu suchen.

Hier eine Zusammenfassung, ehe Sie weiterlesen

Das Partnerspiel ist ein Prüfstein dafür, wie weit Sie im Lebensspiel mit sich selbst im Laufe dieses Trainingsprogramms bis jetzt gekommen sind:

- Wenn Sie erkannt haben, daß Sie für Ihr Glück selbst verantwortlich sind, werden Sie von einem Partner nichts erwarten, was er nicht erfüllen kann.
- Wenn Sie sich selbst zu lieben und zu vertrauen gelernt haben, können Sie diese Kräfte in die Partnerschaft einbringen, statt nur darauf zu hoffen, daß der Partner sie Ihnen entgegenbringt.

Das Spiel des Zusammenlebens kann auf zwei Arten geführt werden:

- Als niemals endender Dschungelkrieg, in dem jeder starr auf seiner Position verharrt. Der eine, indem er sich in sein Selbstmitleid einigelt und dem anderen dafür die Schuld zuweist. Der andere, indem er sich die alleinige Autorität zuweist.
- Oder als Partnerspiel mit zwei Spielgegnern, von denen jeder seinen eigenen Vorteil sucht, aber dem anderen immer eine Chance gibt, seinen eigenen Vorteil zu wahren.

Drei wichtige Regeln in diesem Spiel lauten:

1. Erwarten Sie Ihr Glück von niemand anderem als von sich selbst. So kann Sie niemand enttäuschen.
2. Machen Sie sich keine Illusionen von der alles überbrükkenden Kraft der Liebe.
3. Es ist besser, Sie streiten mit Ihrem Partner, als Sie unterdrücken Ihren Ärger und sagen nichts.

Wenn Sie Ihren Partner davon überzeugen können, mit Ihnen gemeinsam regelmäßig stille Zeit zu machen, kann es Ihr Zusammenleben in einer Weise verändern, die Sie sich vorher niemals träumen ließen.

Der 16. Schritt

Klären Sie drei entscheidende Fragen über Ihre sexuelle Befriedigung:

1. Was bedeutet meine Sexualität für mich?
2. Von welchen Erfahrungen wurden meine Einstellung und mein Verhalten zur Sexualität geprägt?
3. Was kann ich tun, um meine sexuellen Wünsche und Bedürfnisse mit der Realität in Einklang zu bringen?

Wenn Sie es genau betrachten, ist unser ganzes Leben ein ständiger Widerstreit zwischen Verdrängen und Ausleben, zwischen Lust und Angst, Erwartungen und Schuldgefühlen. Wenn wir uns für persönliche Freiheit und Glück als das Ziel unseres Lebens entschieden haben, besteht die Aufgabe des Trainings darin, dem Leben an jedem Tag mehr Lust als Angst abzuringen. Das heißt:

- Zu essen, wenn wir hungrig sind.
- Zu trinken, was uns schmeckt.
- Uns zu entspannen, wenn wir müde sind.
- Zu weinen, wenn wir traurig sind.
- Zu schimpfen, wenn wir zornig sind.
- Zu sagen, was uns auf der Zunge liegt.
- Zärtlich zu sein, wenn uns danach ist.
- Unsere sexuellen Bedürfnisse zu befriedigen, wenn wir erregt sind, statt sie zu verdrängen.

All das sind unsere ganz natürlichen menschlichen Bedürfnisse, die danach verlangen, ausgelebt zu werden. Leben Sie sie aus? Statt meine Frage eindeutig zu beantworten, denken Sie vermutlich, wie schon so oft: »Wo kämen wir denn hin, wenn alle Leute das tun würden, wonach ihnen gerade ist?«
Habe ich recht?
Ehe Sie überhaupt noch einen Augenblick lang ernsthaft überlegt haben, hatten Sie schon ein Argument dagegen zur Hand. Warum haben Sie nicht sofort gesagt: »Jawohl, meine Bedürfnisse ausleben – genau das ist es, was ich für den Rest meines Lebens tun will?«

Warum schrecken uns Aufforderungen wie: »Genießen Sie das Leben!« oder: »Seien Sie faul!« oder: »Leben Sie Ihre Bedürfnisse aus!« ab?
Warum können Sie nicht tun, was Ihnen Lust verschafft? Nur weil Ihre Trainer es Ihnen verboten oder tabuisiert haben, ohne sich darum zu kümmern, welche verheerenden Folgen jede dauerhafte Verdrängung für Ihr Leben haben kann. Denn eines ist ganz sicher: Alles, was Sie unterdrücken und verdrängen, macht Sie an Ihrer Seele und schließlich an Ihrem Körper auf irgendeine Weise krank.
Lassen Sie es mich noch einmal eindringlich sagen:

- Wenn Sie Ihr natürliches Hungergefühl lange unterdrücken, nur weil Sie schlank bleiben möchten, macht es Sie krank.
- Wenn Sie Ihr Bedürfnis nach Zärtlichkeit und sexueller Befriedigung immer wieder unterdrücken, macht es Sie krank.
- Wenn Sie Ihren Zorn oft genug unterdrücken und nur darauf Rücksicht nehmen, andere Leute nicht zu verletzen, richtet er sich eines Tages gegen Sie selbst.

Sie sollten sich deshalb in diesem Trainingsschritt damit beschäftigen, wie Sie Ihre Bedürfnisse mehr ausleben und weniger unterdrücken. Lassen Sie uns dabei das Bedürfnis nach sexueller Befriedigung in den Mittelpunkt stellen. Denn kein anderes ist durch den unermüdlichen Einfluß unserer Trainer so sehr mit Verboten, Tabus und Heuchelei belegt wie dieses.

Unsere Trainer auf diesem Gebiet sind allgegenwärtig und voll Gegensätzlichkeit. Die Kirche mit ihren Verdrängungsforderungen genauso wie die Industrien, die davon leben, daß sie uns statt Erfüllung nur Ersatz anbieten.
Erst kürzlich las ich die Ansicht eines Sexualforschers dazu: »Die Medien sind heute längst zu einem Instrument der Ersatzbefriedigung geworden. Die Nackedeis in Zeitungen und Magazinen, die FKK-Strände und Oben-ohne-Bars, die Softpornos im Werbefernsehen, die Hardcore-Pornos im Videoverleih, die Peep-Shows und Sexshows – alles das ist kein Beweis einer befriedigenden Sexualität in dieser angeblich so freizügigen Zeit. Es ist ein Beweis dafür, daß die Wirtschaft immer mehr Ersatz für den Geschlechtsverkehr auf den Markt wirft, um die wachsende Nachfrage nach Sex-Ersatz zu erfüllen.«
Natürlich hat dieser Sexualforscher recht. Aber im Grunde genommen sagt er seinen Lesern doch nur das, was sie längst wissen. Vermutlich sind Sexualforscher und Sexualwissenschaftler auch nichts anderes als ein Bestandteil der erwähnten Wirtschaftszweige: Sie bieten »Wissen« über die Sexualität als Ersatz für ihre Erfüllung an.
Unsere sexuelle Befriedigung als Bestandteil des täglichen Glücks beginnt damit, selbst zu erkennen, warum wir uns so verhalten, wie wir uns verhalten. Unser Ziel sollte es sein, die Möglichkeiten zu trainieren, die uns Befriedigung verschaffen.
Hier sind drei Fragen als Anregung für diesen Trainingsschritt.

1. Frage: Was bedeutet meine Sexualität für mich?

Es sieht so aus, als vollziehe sich in unserer heutigen Zeit die Sexualität der meisten Menschen auf drei verschiedenen Ebenen:

- Auf der Ebene der »Aufklärung« durch unsere Trainer und in den Medien.
- Auf der Ebene unserer Phantasie.
- Auf der Ebene der Realität, in der es sich zeigt, in welchem Maße wir all das ausleben können, was wir ausleben möchten.

In einem Gruppengespräch über dieses Thema schilderte eine 40 Jahre alte Frau: »Mein Vater hat mich schon als Mädchen immer wieder vor den Männern gewarnt. Ich sollte mich in acht nehmen, denn sie wollten alle doch immer nur dasselbe. Als ich mich dann in einen jungen Mann verliebte, machte er ein halbes Jahr gar keinen Versuch, mit mir ins Bett zu gehen. Ich dachte, das sei endlich einer, mit dem ich mich einlassen könnte. Wir fuhren dann gemeinsam in den Urlaub, und ich zweifelte nicht daran, daß das passieren würde, wovor mein Vater mich immer gewarnt hatte. In der zweiten Nacht war es dann soweit.«
Es war soweit, aber die junge Frau bekam es im entscheidenden Augenblick mit der Angst zu tun. Der Gedanke geisterte in ihrem Kopf herum, daß ihr Vater jetzt sagen würde: »Siehst du, ich habe dir ja gesagt, daß alle Männer immer nur dasselbe wollen.« Sie zog sich an, packte ihren

Koffer, fuhr nach Hause und ließ ihren verdutzten Freund allein zurück.
Ihre Einstellung zur Sexualität war von ihrem väterlichen Trainer geprägt: Das ist etwas, vor dem man sich in acht nehmen muß. Etwas Gefährliches. Dieses Mißtrauen und die Trainingsanleitung ihres Vaters wurde sie auch später in ihrer Ehe nicht los.
Eine andere Frau erzählte, sie sei als Kind auf dem Schulweg zweimal vergewaltigt worden. Als sie nach Hause kam, und ihre Kleider blutig waren, bekam sie von ihrer Mutter dafür auch noch Hiebe. Sie heiratete, gebar drei Kinder, aber jedes Beisammensein mit ihrem Mann war für sie nichts weiter als die Erfüllung einer ehelichen Pflicht.
Ich denke, daß es sich mit der Sexualität so verhält wie mit der Liebe: Jeder versteht etwas anderes darunter. Manche betonen zwar, sie könnten nur mit einem Partner beisammen sein, den sie lieben. Aber vermutlich haben Sex und Liebe sehr wenig miteinander zu tun. Dieser Zusammenhang dient vielen nur als Vorwand.

- Männer gebrauchen nicht selten die Erpresserformel: »Wenn du nicht mit mir ins Bett gehst, liebst du mich nicht. Da ist es besser, wir trennen uns wieder.«
- Manche Frauen schlafen mit Männern nur, um von ihnen respektiert zu werden. Vielleicht auch aus Dankbarkeit oder um von ihnen nicht verlassen zu werden. Um dieses Ziel zu erreichen, täuschen sie auch Leidenschaft vor, um dem Mann das Gefühl zu vermitteln, er sei ein großartiger Liebhaber.
- Für viele Männer ist der Geschlechtsakt eine Art Unter-

werfungsritual. Oder um sich als Mann zu bestätigen. Natürlich nur so lange, bis die Potenz nachläßt.

- Frauen wieder benützen die sexuelle Verweigerung, um ihren Partner zu erpressen. Oder um sich für irgend etwas zu rächen, das er ihnen angetan hat.

Was immer uns die Trainer über Sexualität auch einzureden versuchen und wir in unserer Phantasie weiterspinnen – in den meisten Fällen sieht die Realität ganz anders aus. Aus Angst, etwas Verbotenes oder Falsches zu tun oder den vorgegebenen Maßstäben nicht gerecht zu werden, flüchten die meisten von uns in Ersatzbefriedigungen.
Was also bedeutet Ihre Sexualität für *Sie*?
Welche Ihrer sexuellen Bedürfnisse, Wünsche und Phantasien leben Sie aus, welche verdrängen Sie? Was dient Ihnen als Ersatz, und auf welche Weise flüchten Sie davor?
Wenn Ihr Lebensziel persönliches Glück und Freiheit sind, können Sie die Sexualität nicht ausschließen. Erfolg im Beruf, der Respekt Ihrer Mitwelt, Bewunderung, Luxus und Erfolg mögen ehrenwerte Argumente sein. Vielleicht aber ist all das nichts anderes als der Versuch, vor der Lösung Ihrer unbefriedigten Sexualität wegzulaufen. Nicht zufällig heißt es: »Erfolg macht sexy.«
Eines ist ganz sicher: So schnell und so weit Sie auch davor zu flüchten versuchen, Sie entkommen Ihren sexuellen Bedürfnissen nicht. Wenn Sie sich mit dem vierten Punkt in Ihrem Lebensprogramm beschäftigen – er lautet »Was bedeutet Sexualität für mich?« –, sollten Sie damit beginnen, eine Bestandsaufnahme zu machen.
Uns selbst zu kennen und den Dingen, die unser Leben

bestimmen, auf den Grund zu gehen, ist schließlich die wichtigste Bedingung dafür, etwas zu ändern. Vorausgesetzt natürlich, wir *wollen* etwas ändern.

2. Frage: Von welchen Erfahrungen wurden meine Einstellung zur Sexualität und mein Verhalten geprägt?

Es gibt keinen Zweifel darüber, daß die Sexualität nicht erst dann unser Leben zu beeinflussen beginnt, wenn sie uns bewußt wird. In einer Beschreibung des Psychiaters Alfred Brauchle fand ich folgenden für mich sehr interessanten Hinweis:
»Wir beobachten schon beim Säugling, daß sich neben dem Trieb zur Nahrungsaufnahme ein Trieb zur Lustgewinnung bemerkbar macht. Das Kind trinkt nicht nur an der Mutterbrust, um sich zu sättigen, es lutscht auch zur Lustgewinnung. Das ist die erste noch völlig unreife Betätigung des Sexualtriebs, der sich von der Pubertätszeit an auf die Vereinigung mit dem anderen Geschlecht einstellt.«
Der Psychiater und seine Kollegen haben im Laufe der vergangenen Jahrzehnte unermüdlich unsere sexuelle Entwicklung erforscht und sind zu dem Schluß gekommen, sie entwickle sich in sechs Stufen:

1. Als Baby suchen wir Lustgewinn durch den Mund an der Mutterbrust und am eigenen Körper, beim Spielen mit Finger oder Zehen.
2. Bis zum dritten Lebensjahr entdecken wir die Lust an

Stuhlgang und Urinieren. Die Psychiater nennen es die anal-sadistische Phase und behaupten, es trete in diesem Stadium auch ein gewisser Bemächtigungs- und Vergewaltigungstrieb auf.

3. Ab dem dritten Lebensjahr beginnen wir, uns näher für unsere Geschlechtsteile zu interessieren. Ein Interesse, das sich später durch Selbstbefriedigung ausdrückt.
4. Vom fünften bis zum sechsten Lebensjahr stellen die Fachleute eine »Lustgewinnung an äußeren Objekten« fest. Alfred Brauchle beschreibt das so:

»Als geeignetes Objekt dafür bietet sich die Mutter an. Das männliche Kind begehrt die Mutter für sich allein, spielt an ihr herum und reagiert eifersüchtig auf den Vater. Es will eine Zärtlichkeit zwischen den Eltern nicht dulden. Beim weiblichen Kind ist die Bindung an den Vater stärker, und die Mutter wird als Rivalin dem Vater gegenüber empfunden.«
Der Psychiater weist in diesem Zusammenhang darauf hin: »Das Kind hat noch keinerlei Verständnis für das Unmögliche einer Sexualbeziehung zwischen Blutsverwandten. Erst die Machtmittel der Erziehung müssen ihm den Begriff der Blutschande beibringen. Unter dem Druck der Erziehung beginnt das Kind, die mit der Liebe zu Vater oder Mutter zusammenhängenden Eindrücke in sein Unterbewußtsein zu verdrängen, wo sie für die weitere Zeit seines Lebens bleiben.«
Das sexuelle Verlangen nach Vater oder Mutter, so meinen die Psychiater, sei wahrscheinlich die Quelle des Schuldgefühls, das im späteren Leben zu Neurosen führt.

Ich weiß nicht, wie sehr Sie sich mit diesen Beobachtungen der Sexualwissenschaft anfreunden können. Sicher ist, daß dieser Industriezweig sich immer mehr ausbreitet und Psychiater, Psychologen und Therapeuten ganz gut damit verdienen, ihre Mitmenschen von den Schuldgefühlen aus der Kindheit wieder befreien zu helfen. Von den Schuldgefühlen, die ihnen die Eltern mit »den Machtmitteln der Erziehung« vorher anerzogen haben.

Als Ihr eigener Trainer sollten Sie nicht nach anderen Helfern suchen, ehe Sie sich nicht selbst die eigenen sexuellen Erfahrungen in Erinnerung gerufen haben. Die stille Zeit ist ein hervorragend geeignetes Instrument dafür: Machen Sie es sich bequem, entspannen Sie sich mit Ihrem Lebensbuch vor sich. Atmen Sie ruhig, und stellen Sie sich vor, wie Sie in einen Zug einsteigen, mit dem Sie die Jahre Ihres bisherigen Lebens zurück bis in die Kindheit fahren. Machen Sie überall dort Station, wo in Ihrer Erinnerung ein sexuelles Erlebnis auftaucht. Fahren Sie nicht daran vorbei mit dem Gedanken: »Das ist mir peinlich.« oder »Es ist mir unangenehm, daran zu denken.« Je unangenehmer es für Sie ist, sich die Einzelheiten solcher Erlebnisse ins Gedächtnis zu rufen, um so sorgfältiger sollten Sie es tun. Vor allem dann, wenn Sie es bisher geflissentlich verdrängt haben.

Was wir von den Psychiatern lernen können, ist dies: Wenn wir verdrängte Erlebnisse noch einmal durchleben und uns bewußtmachen, trainieren wir damit ihre Bewältigung. Eine seelische Qual noch einmal zu durchleiden, ist eine Technik der Befreiung. Machen Sie Gebrauch von dieser Technik.

Sie können solche Erlebnisse in Gedanken noch einmal durchleben. Aber noch vielversprechender ist es, sie in Ihrem Lebensbuch aufzuschreiben. Schreiben Sie sich davon *frei*.

Vielleicht hilft es Ihnen bei Ihrer Fahrt zurück in Ihr bisheriges Leben, um sexuelle Erfahrungen aufzuspüren und bewußtzumachen, wenn ich Sie auf einige mögliche Stationen hinweise:

- Ihre ersten Erfahrungen im Zusammenhang mit Selbstbefriedigung. Die Lust, die Abhängigkeit, die Schuldgefühle dabei. Die erfolglosen Versuche, das Bedürfnis danach zu unterdrücken, und die Selbstvorwürfe, wenn Sie dabei versagten, weil ein Trainer es als schädlich oder verdorben dargestellt hat.
- Sexuelle Träume und Phantasien, und wie Sie darauf reagierten. Welche Träume kehrten immer wieder, und wie haben Sie sich nachher verhalten? Warum, meinen Sie, haben Sie sich so und nicht anders verhalten?
- Sexuelle Vorstellungen oder Kontakte mit einem Elternteil. Was haben Ihnen Ihre Eltern über Sexualität gesagt? Was haben Sie von Gleichaltrigen erfahren? Was haben Sie daraus gelernt?
- Verdrängen Sie es auch nicht, wenn es sexuelle Annäherungen von Familienmitgliedern gab. Der Mißbrauch durch den Vater ist für manches Mädchen die erste sexuelle Erfahrung. Und damit ein erster Schock, von dem es sich vielleicht ein ganzes Leben lang nie wieder befreien konnte. Manchen Sie es sich bewußt. Schreiben Sie es auf. Befreien Sie sich davon, indem Sie mit Ihrem

Partner, vielleicht sogar mit dem betroffenen Familienmitglied darüber reden.
- Die erste sexuelle Partnererfahrung. Nicht wenige Männer leiden ein Leben lang darunter, daß sie dabei aus Nervosität und Unerfahrenheit »versagten« und dafür vielleicht ausgelacht wurden.

Vergessen Sie nicht, daß unser Sexualleben heute von zwei Möglichkeiten bestimmt wird: Wir leben es aus, oder wir verdrängen. Und alle Verdrängungen sind keine Lösungen, sondern die Ursache für unser Verhalten in anderen Lebensbereichen, in denen wir sexuelle Frustration durch Ersatzbefriedigung vergeblich zu lösen versuchen.
In manchen Fällen können Verdrängungen zur Krankheit führen. Hier sind noch zwei Hinweise, zu welchen Schlußfolgerungen Fachleute kommen, die sich mit diesen Zusammenhängen beschäftigen:

- Der Psychologe und Therapeut Thorwald Detlefsen behauptet: »Der Migräneanfall ist ein Orgasmus im Kopf. Der Ablauf ist bei beiden identisch. So, wie bei sexueller Erregung das Blut in den Genitalbereich fließt und die Spannung im Höhepunkt in die Entspannung umschlägt, verläuft auch die Migräne: Blut strömt in den Kopf, es entsteht ein Druckgefühl, die Spannung steigert sich und schlägt um in die Entspannungsphase.«

Detlefsen kommt zu der Erkenntnis: Wir sollten sexuelle Spannungen dort befriedigen, wo sie hingehören. Mit den Organen, die von der Natur dafür vorgesehen sind. Sie als

Ersatz »im Kopf« befriedigen zu wollen ist keine Lösung – sagt er.

- Der von herkömmlichen Medizinern vehement bekämpfte deutsche Krebsarzt Dr. Ryke Geerd Hamer geht noch einen Schritt weiter. Er kam durch Beobachtungen an mehr als 10 000 Fällen zu der Schlußfolgerung, Krebs sei ein Kurzschluß im Gehirn und eine Krankheit der Seele.

Einen der Fälle aus seiner Praxis schildert er so: »Eine 69jährige verheiratete Patientin, die als uneheliches Kind eine sehr strenge Erziehung genossen hatte, liebte ihren Mann von Herzen. Er war die große Liebe ihres Lebens. Als er im hohen Alter impotent wurde, vertraute er es eines Abends am Kartentisch seinen Freunden an. Dabei erfuhr er, daß auch sie schon seit längerer Zeit das gleiche Problem gehabt hatten, aber eine tragbare Lösung gefunden hätten: Ihre Ehefrauen würden ›es jetzt mit dem Mund machen‹, und das sei ein durchaus gangbarer Weg. Am selben Abend, als der Ehemann mit seiner Frau im Bett lag, erzählte er ihr davon. Sie rief sofort entsetzt aus: ›Nein, nein, das mache ich nie.‹ Mehr wurde darüber nicht gesprochen. Sie war völlig aufgewühlt von diesem in ihren Augen unsittlichen, unanständigen Ansinnen. Andererseits aber tat ihr der Ehemann leid. Ihr Denken war von der Vorstellung beherrscht: ›Das Glied eines Mannes in den Mund zu nehmen – wenn das meine Mutter wüßte.‹«
Dr. Hamer schreibt weiter in seinem Bericht: »Zehn Monate lang wurde über das Thema zwischen den Ehepartnern

kein Wort mehr gesprochen. Aber die Frau dachte tagsüber an nichts anderes mehr. Nachts träumte sie davon. Sie besorgte sich Literatur darüber und verstärkte dadurch ihren Konflikt noch weiter, weil dort der Oralverkehr nicht als etwas Unanständiges oder gar Perverses beschrieben wurde. Eher war das Gegenteil der Fall.«

Zehn Monate nach dem ersten Schock traten bei der Frau Blutungen auf. Später wurde ein Gebärmutterhalscarcinom festgestellt. Dr. Hamer vermerkt in seinem Krankheitsbericht lakonisch: »Ein aufklärendes Gespräch, das ich mit Tochter, Schwiegersohn beziehungsweise Ehemann führte, brachte schließlich die Sache wieder ins Lot.« Mit anderen Worten: Er war sicher, den Krebs, der in einem schweren seelischen Konflikt seine Ursache hatte, durch Bewußtmachung der Zusammenhänge und nach ausführlichen Gesprächen mit den Beteiligten heilen zu können.

Auch wenn die meisten anderen Krebsärzte weiter auf Operation, Medikamente oder Chemotherapie als die einzigen Methoden zur Heilung von Krebs schwören und den erwähnten Dr. Hamer als Scharlatan bezeichnen, sollten Sie und ich – als mögliche Krebspatienten – nicht von vornherein ausschließen, daß dieses Leiden durch ungelöste Konflikte verursacht werden kann.

Welche Schlußfolgerungen Sie auch daraus ziehen mögen, ich jedenfalls denke mir: Wenn ich mich selbst rechtzeitig mit den Problemen meiner Sexualität beschäftige und die Befreiung davon selbst trainiere, kann ich möglicherweise von vornherein vermeiden, daß verdrängte Konflikte zur Krankheit werden.

Wenn Ihnen das gelingt, kann es Ihnen völlig gleichgültig sein, ob Ryke Hamer und Thorwald Detlefsen mit ihren Annahmen recht haben oder die Krebschirurgen. *Sie* haben ein Problem aus eigener Kraft gelöst, noch ehe es zur Krankheit wurde und von einem Arzt behandelt werden mußte.

3. Frage: Was kann ich tun, um meine sexuellen Wünsche und Bedürfnisse mit der Realität in Einklang zu bringen?

Vielleicht erscheint es Ihnen ziemlich gewagt, wenn ich meine, die Natur beschert uns keine sexuellen Probleme, unsere Trainer tun es. Sie schreiben uns vor, was erlaubt ist und was pervers und unsittlich. Sie trainieren uns die Schuldgefühle an, ohne uns befreiende Lösungen anzubieten.

Wie es scheint, gibt es dafür nur eine Lösung: Wir ersetzen die Verbote und Drohungen der Trainer durch eigene Initiativen. Drei Maßnahmen bieten sich an:

- Wir machen uns die Zusammenhänge bewußt, statt unsere Sexualität als einen Bestandteil des Lebens zu betrachten, der sich irgendwie ganz von selbst regelt.
- Wir betrachten unsere Wünsche und Phantasien nicht als Perversitäten, die man verdrängen muß, sondern als ganz reale Hinweise darauf, welche Konflikte wir lösen sollten.
- Wenn wir die Zusammenhänge kennen, können wir un-

sere sexuellen Bedürfnisse und ihre Befriedigung zu einem Bestandteil unseres Partnerspiels machen, dessen Regeln wir schon kennen.

Wenn es stimmt, daß Eheberater, Therapeuten und Psychiater uns durch langwierige und kostspielige Gespräche helfen können, warum können wir unsere sexuellen Probleme nicht selbst durch Gespräche mit unserem Partner lösen?
Warum sollten wir das nicht können, wenn wir lange genug trainiert haben, uns selbst zu vertrauen, mit unserem Unterbewußtsein richtig umzugehen, und wissen, was uns glücklich und frei macht?
Wenn Sie daran zweifeln, empfehle ich Ihnen, in diesem Buch einige der bisherigen Programmschritte noch einmal aufmerksam durchzulesen. Programmschritte, die von dem Umgang mit Ihren Ängsten handeln, dem Loslassen und Zulassen, der Suche nach sich selbst oder dem Partnerspiel mit der Anregung zur gemeinsamen stillen Zeit.

Hier eine Zusammenfassung, ehe Sie weiterlesen

Dieser 16. Trainingsschritt ermuntert Sie zur Beschäftigung mit Ihrer Sexualität. Sicherlich wissen Sie schon längst eine ganze Menge darüber. Von Ihren Trainern, also den Eltern, Lehrern, den Moralhütern, Wissenschaftlern und aus den Medien. Kein Tag vergeht, an dem wir nicht hören und lesen, wie der Sex funktionieren soll, wie oft und

mit welchen Erwartungen. Macht Sie dieses Wissen freier und glücklicher?
Um mehr darüber zu erfahren, sollten Sie sich eingehend mit diesen drei Fragen beschäftigen:

1. Was bedeutet meine Sexualität für mich?
2. Von welchen Erfahrungen wurden meine Einstellung und mein Verhalten zur Sexualität geprägt?
3. Was kann ich tun, um meine sexuellen Wünsche und Bedürfnisse mit der Realität in Einklang zu bringen?

Der 17. Schritt

Trainieren Sie die Kunst, sich mitzuteilen. Sie ist der Weg zur Selbstbefreiung, das Tor zur Mitwelt. Hier sind vier Anregungen:

1. Sagen Sie, was Sie sagen wollen.
2. Schreiben Sie auf, was Sie bedrückt.
3. Zeigen Sie Ihre Gefühle, statt sie zu unterdrücken.
4. Lassen Sie Ihrer Phantasie freien Lauf.

Im 17. Trainingsschritt unseres Programms geht es um die Kunst, sich mitzuteilen. Natürlich haben wir alle mehr oder weniger gut gelernt, miteinander zu *reden*. Aber *was* sagen wir, wenn wir reden, und *wie* sagen wir es?
Die Kunst, sich mitzuteilen, besteht aus diesen drei Fähigkeiten:

1. Die Fähigkeit, sich selbst mitzuteilen. Statt den unangenehmen Dingen auszuweichen, die ich mir eingestehen sollte. Nach dem bewährten Verdrängungsmotto: »Daran wage ich nicht einmal zu denken.«
2. Die Fähigkeit, anderen Leuten all das mitzuteilen, was ich ihnen wirklich mitteilen möchte, statt die unangenehmen Dinge zu unterdrücken und nur das zu sagen, was andere von mir hören wollen. Aus Rücksichtnahme oder aus Gefälligkeit anderen gegenüber. Obwohl alles, was ich verdränge und unterdrücke, mir selbst am meisten schadet.
3. Die Fähigkeit, all das, was ich mitteilen möchte, so auszudrücken, damit es die Wirkung erzielt, die ich erreichen möchte.

So betrachtet, ist die Kunst, sich mitzuteilen, ein weiteres Instrument, loszulassen, statt zu verdrängen. Um Sie noch einmal eindringlich daran zu erinnern:

- Alles, was wir verdrängen, unterdrücken und nicht loslassen, staut sich in uns auf, wie in einem Dampfkessel. Wenn wir ihm kein Ventil verschaffen, werden wir eines Tages auf irgendeine Weise krank.

- Dieses Ventil ist die Fähigkeit, all das zur richtigen Zeit und auf die richtige Weise loszulassen, auszuleben oder mitzuteilen, was uns bedrückt.
- Wenn es unser Lebensziel ist, glücklich und frei zu sein, dann besteht diese Freiheit auch darin, zu zeigen und zu sagen, was wir loswerden wollen, statt es zu unterdrükken.

Obwohl in diesem Programm immer wieder von solchen Zusammenhängen die Rede ist, kann ich gut verstehen, wenn es Ihnen schwerfällt, sich damit zu identifizieren. Schließlich wird uns von Kindheit an die Verdrängung anerzogen.

Unsere lebenslange Erziehung besteht vorwiegend aus Verboten und nicht aus Anregungen, uns frei nach eigenen Bedürfnissen zu entfalten. »Das darf man nicht, was würden da die anderen sagen.« Und »Mach dich doch nicht lächerlich.« – solche Drohungen schweben permanent über uns, wie ein Drache, der Feuer speit, wenn wir es wagen sollten, so zu sein, wie wir wirklich sind.

Es ist deshalb nicht erstaunlich, daß uns die Angst tief in den Knochen steckt, irgend etwas falsch zu machen und dafür bestraft zu werden. Aber wer bestraft uns?

Wer bestraft uns wirklich? Wer sind die Sittenwächter und Autoritäten, die sich anmaßen, Sie vor mir und mich vor Ihnen zu beschützen? Denn das einzige Argument unserer Beschützer, warum wir nicht so sein dürfen, wie wir wirklich sind, lautet doch immer nur: »Wir müssen die guten Menschen vor den bösen Menschen beschützen und für Recht und Ordnung sorgen.«

Für dieses Recht und diese Ordnung also sollen wir nach Vorschrift leben, uns selbst verleugnen, Opfer bringen, erdulden und gehorchen. Ist das wirklich schon alles, was wir für unser Leben erwarten dürfen?

Die Kunst, sich mitzuteilen – um es noch einmal zu definieren –, ist die Fähigkeit, all das zur richtigen Zeit auf die richtige Weise loszulassen, was wir im eigenen Interesse nicht unterdrücken sollten. Es ist die Freiheit der Rede genauso wie das Recht, unsere Meinung zu sagen. Es ist das manipulative Spiel, das Partnerspiel und die Notwendigkeit, alles loszulassen, was uns bedrückt und krank macht.

Es ist Selbstbewußtsein und Selbstvertrauen. Es ist die Voraussetzung dafür, ein mündiger Bürger zu sein und sich gegen jede Unterdrückung aufzulehnen. All das und noch einiges mehr ist die Kunst, sich mitzuteilen.

Wenn Sie an diesem Schritt des Lebenstrainings angelangt sind, sollten Ihnen einige wichtige Voraussetzungen dafür schon vertraut sein. Vor allem der Umgang mit den anerzogenen Ängsten. Denn das größte Hindernis im Training der Kunst, sich mitzuteilen, ist die Angst:

- Die Angst, wir könnten etwas falsch machen.
- Die Angst, uns lächerlich zu machen, wenn wir etwas sagen, was anderen nicht in ihr Weltbild paßt.
- Die Angst, uns unbeliebt zu machen bei Leuten, die uns doch nur lieben, solange sie uns ausnützen können.
- Die Angst vor Widerstand, vor Streit oder Beleidigung.
- Die Angst, als rücksichtslos, egoistisch, rückständig und stur zu gelten.

Lassen Sie mich an dieser Stelle noch einmal die Frage stellen: Wer sind eigentlich die Richter, die darüber befinden, wie Sie und ich uns zu verhalten haben? Wer gibt ihnen die Befugnis, darüber zu befinden, ob wir etwas falsch oder richtig machen?
Überprüfen Sie es doch selbst. Sehen Sie sich um. Fragen Sie sich: »Warum kritisiert, belächelt, verurteilt, beleidigt und bedroht mich jemand?«
Was mich betrifft, so bin ich schon vor langer Zeit zu der Schlußfolgerung gekommen: »Jede Aggression gegen andere Menschen ist immer eine unbewältigte Aggression gegen einen selbst.« Diese Erkenntnis habe ich im Laufe der Jahre auf vielfältige Weise bestätigt gefunden:

- Wer mir sagt, ich hätte etwas falsch gemacht, beurteilt mich doch nur nach *seinen* Maßstäben. Wer aber sagt ihm, daß *seine* Maßstäbe vielleicht falsch und *meine* richtig sind?
- Wer mich beleidigt oder lächerlich zu machen versucht, hat meistens doch nur eines im Sinne: Er will sich auf meine Kosten selbst erhöhen.
- Wer meine Meinung unterdrücken will, tut es immer nur aus dem einen Grund: Er selbst will auf meine Kosten recht behalten.

Wie immer Sie es auch betrachten: Wenn Sie wissen, was Sie wollen, und an sich selbst mehr glauben als an irgend jemand anderen, gibt es keinen Grund, irgend etwas aus Angst zu unterdrücken, von dem Sie sich befreien wollen.
Ich weiß: Was ich hier behaupte, mag Ihnen logisch, ver-

nünftig oder ganz selbstverständlich erscheinen. Sie verstehen es. Aber etwas zu verstehen heißt noch lange nicht, daß man auch danach handelt.
Wenn Sie es verstanden haben, sollten Sie sich auch dafür entscheiden und damit identifizieren. Mit anderen Worten, Sie sollten nicht sofort wieder daran zu zweifeln beginnen, wenn Sie damit auf die ersten Widerstände bei der Mitwelt stoßen.
Wenn Sie sich dafür entschieden haben, sollten Sie es immer wieder im Alltag trainieren. Trainieren heißt: Etwas, das Sie können möchten, so lange zu wiederholen, bis Sie es so gut beherrschen, wie Sie es beherrschen möchten.
Die Kunst, sich mitzuteilen, ist eine Erfahrung, die nur Sie selbst auf Ihre ganz persönliche Weise lernen können. Es ist ein Spiel mit dem Ziel: Ich zeige und sage alles, was ich loswerden und ausleben möchte – aber ich mache es richtig.
Fünf Anregungen, was und wie Sie es richtig machen können – wenn Sie es wirklich wollen –, finden Sie auf den folgenden Seiten.

1. Sagen Sie, was Sie sagen wollen.

Als ich 16 oder 17 Jahre alt war, litt ich oft unsägliche Qualen, weil ich unfähig war, spontan meine Meinung zu sagen. Bei Diskussionen saß ich still da und Hunderte Ideen schwirrten mir durch den Kopf. Proteste, Einwände, Argumente. Aber ich sagte nichts. Ich konnte einfach nicht.

Ein Knoten saß in meiner Kehle und hinderte mich am Sprechen.
Dieser Knoten, das war die Angst, etwas Falsches zu sagen, mich lächerlich oder unbeliebt zu machen oder einen Streit heraufzubeschwören. Das Ergebnis des jahrelangen Trainings meiner Erziehung.
Später begann ich, mich von diesen Ängsten zu befreien und mein Training selbst zu übernehmen. Es begann mit der Entscheidung: »Ich sage, was ich sagen will. Es ist besser, mich unbeliebt zu machen, als darunter zu leiden, mein Mitteilungsbedürfnis wieder einmal unterdrückt zu haben.«
Heute gehe ich keinem Streit mehr aus dem Wege. Um ganz ehrlich zu sein: Streiten macht mir richtig Spaß. Es belebt mein Denken, befreit mich von Emotionen, und ich kann in der Auseinandersetzung meine eigenen Argumente überprüfen. Wenn ich erst einmal gesagt habe, was ich sagen wollte, fällt es mir nicht schwer zuzugeben, wenn ich im Unrecht war.
Und noch etwas: Es hilft mir bei der Auswahl der Menschen, mit denen es mir Freude macht beisammen zu sein. Wenn ich jemandem zuhöre, erwarte ich auch von ihm, daß er sich anhört, was ich ihm zu sagen habe. Ich sage ihm, was ich sagen will. Es ist nicht mein, sondern *sein* Problem, ob es ihm gefällt oder nicht. Ich habe längst aufgehört, aus Höflichkeit zu schweigen.
Natürlich vermindert sich dadurch die Zahl meiner Bekannten beträchtlich. Es ist allerdings auch nicht meine Absicht, bei aller Welt beliebt zu sein. Wozu auch? Wenn ich meine Gefühle und meine Meinung unterdrücke, leide

ich darunter. Das zu vermeiden ist mir längst viel wichtiger, als in den Augen anderer ein netter, freundlicher, umgänglicher Mensch zu sein.
Vielleicht verstehen Sie meine Einstellung besser, wenn Sie die Kunst, sich mitzuteilen, als psycho-hygienischen Vorgang betrachten. Unser ganzes Leben ist auf Nehmen und Geben eingestellt: Wir atmen nicht nur ein, sondern auch aus. Wir essen und trinken, verarbeiten das Aufgenommene und geben es wieder ab, um uns davon zu befreien und Neuem Platz zu machen.
Warum sollte das, was die Natur uns mit dem Körper vorzeigt, nicht genauso für unsere Gedanken und Gefühle gelten? Auch sie wollen, daß wir sie loslassen, damit der Kreislauf der Erneuerung funktionieren kann.
Das Ziel unseres Trainings kann es nicht sein, zu verdrängen und zu unterdrücken, statt loszulassen. Das gilt für den Körper genauso wie für Gedanken und Gefühle. Aber was tun viele Menschen?

- Sie unterdrücken ihr natürliches Bedürfnis, Darm oder Blase zu entleeren, weil sie befürchten, sie könnten in Gesprächen, bei Konferenzen oder Veranstaltungen etwas versäumen. Ist es ein Wunder, daß sie dann irgendwann einmal unter chronischer Verstopfung, Verdauungsbeschwerden, vielleicht sogar an einem Magendurchbruch zu leiden haben?
- Ähnlich ergeht es uns, wenn wir aus Angst oder Rücksichtnahme immer wieder unsere Wünsche und Emotionen unterdrücken. Es macht uns genauso krank.

Wie Sie es auch betrachten, alle diese Erscheinungen unseres täglichen Lebens reduzieren sich unausweichlich immer auf die eine Entscheidung: Verdränge ich, oder lasse ich los und befreie mich.

Es geht nicht darum, ob wir uns unbeliebt machen oder eine Auseinandersetzung verlieren oder gewinnen. Wenn wir jemanden beleidigen sollten, können wir uns nachher dafür entschuldigen. Dann fühlt sich der andere gut, aber wir fühlen uns noch besser: Wir haben losgelassen und uns befreit. Ist das nicht tausendmal besser, als den Ärger darüber tagelang mit uns herumzutragen, daß wir wieder einmal nicht gesagt haben, was wir unbedingt sagen oder zeigen wollten? Die Folgen kennen Sie ja: Je öfter wir unterdrücken, um so größer wird die Aggression gegen andere und gegen uns selbst.

Loslassen heißt deshalb das Trainingsziel, statt etwas aus Rücksicht, Höflichkeit und Angst zu unterdrücken. Oder um es anders zu sagen: Die Rücksicht auf unser körperliches und geistiges Wohlbefinden sollte uns wichtiger sein als die Rücksicht auf andere.

Natürlich gibt es Dutzende guter Tips, *wie* man das sagen kann, was man sagen will. Ich gebe sie Ihnen nicht. Finden Sie sie selbst heraus. Durch eigene Erfahrungen. Sie sind schließlich Ihr Trainer, nicht ich.

Experimentieren Sie. Sagen Sie einmal an jedem Tag nein statt aus Höflichkeit ja, und beobachten Sie, was geschieht. Beharren Sie auf Ihrem Vorteil, auch wenn man Sie als »stur« beschimpft oder lächerlich zu machen versucht. Vielleicht ist dann der eine oder andere Gesprächspartner böse auf Sie. Denken Sie einfach nicht daran, was *er* jetzt über Sie denkt, sondern denken Sie nur daran, wie gut Sie sich fühlen, weil Sie gesagt und gezeigt haben, was *Sie* sagen und zeigen wollten.

2. Schreiben Sie auf, was Sie bedrückt.

Zu reden ist der eine Weg, etwas loszuwerden, was wir loswerden wollen. Aufschreiben ist eine zweite Möglichkeit der Befreiung.
In den achtziger Jahren präsentierte ich in Österreich fünf Jahre lang eine Fernsehshow. In dieser Zeit bekam ich von Zuschauern mehr als 15 000 Briefe mit Anregungen, Kritiken und Bitten. Manches dieser Schreiben war bis zu zehn Seiten lang. Viele begannen mit dem Satz: »Ich schreibe Ihnen mein Problem, vielleicht können Sie helfen oder mir wenigstens einen Rat geben.« Manche endeten mit dem Hinweis: »Ich danke Ihnen, daß Sie meine Leidensgeschichte gelesen haben. Aber jetzt, wo ich mir alles von der Seele geschrieben habe, ist mir selbst vieles klar geworden. Sie brauchen sich nicht mehr die Mühe zu nehmen, mir zu antworten.«
Ich finde das gar nicht erstaunlich. Schließlich bin ich ein Experte auf dem Gebiet, meine Probleme durch Aufschreiben loszuwerden. Um ganz offen zu sein: Jedes einzelne meiner Bücher ist im Grunde genommen der Versuch, ein Problem zu lösen, das mich selbst betrifft:

- *Manipulieren – aber richtig* war die Auseinandersetzung mit meiner Unfähigkeit, mich mitzuteilen.

- *Die Kunst, ein Egoist zu sein* verhalf mir zu der Entscheidung, daß nicht andere der Mittelpunkt meines Lebens sind, sondern ich selbst.
- *Hilf dir selbst, sonst hilft dir keiner* und *Die Kunst, ohne Angst zu leben* machten mir bewußt, wie wichtig es für mich ist, mich nicht auf andere zu verlassen, sondern auf mich selbst. Ohne ständig von Ängsten und Schuldgefühlen gehemmt zu sein, etwas »falsch« zu machen.

Selbstverständlich lösten meine ziemlich provokanten Ausführungen bei Lesern und Autoritäten Widerspruch und Ablehnung aus. Aber ist es nicht gerade das, was uns dazu anregt, eingelernte Verhaltensweisen in Frage zu stellen und darüber nachzudenken, was wir anders machen könnten? Bei uns selbst und bei anderen.
Sich »etwas von der Seele schreiben« ist eine der Techniken der konkreten Selbstbefreiung. Trainieren Sie es in Ihrem »Lebensbuch«. Denken Sie nicht einfach um ein ungelöstes Problem, einen Ärger oder eine Idee herum, sondern konkretisieren Sie es durch Aufschreiben.
Erst kürzlich las in unserer Selbsthilfegruppe gegen Angst und Depressionen eine Teilnehmerin den Brief vor, den sie an ihre Angst geschrieben hatte.
»Liebe Angst«, schrieb sie, »da bist Du wieder. Ich kenne Dich schon, und trotzdem erscheinst Du mir immer wieder neu. Wie wenn ich Dich noch nie gespürt hätte. Gestern warst Du wieder bei mir, als ich mit meinem Mann in das Krankenhaus gehen sollte, um seinen kranken Vater zu besuchen.
Ich fürchte Krankenbesuche. Also bekam ich sehr bald

Bauchschmerzen, Kopfweh und Schwindelgefühle. So, als wollte mir mein Körper eine Ausrede dafür liefern, nicht gehen zu müssen. Aber ich beschloß, mich diesmal von Dir, liebe Angst, nicht abhalten zu lassen.
Am liebsten hätte ich den Weg aus eigener Kraft gemacht, aber dann griff ich doch wieder zu den altbewährten Beruhigungstabletten als Begleiter. Sie haben mich stark gemacht gegen Dich. Aber ich weiß, es war nur halbherzig. Viel lieber hätte ich Dich ganz aus eigener Kraft besiegt.«
Sie kam zu der Schlußfolgerung: »Eines Tages, dazu bin ich fest entschlossen, werde ich Dich wegschicken. Oder noch besser: Ich werde Dich hereinlassen und mich mit Dir anfreunden.«
Einen Brief an seine Angst zu schreiben – was für eine Idee. Erst durch das Aufschreiben, so scheint es, wurden dieser Frau die Zusammenhänge ihres Angstproblems so richtig bewußt. Sie erkannte die Ursache von Kopfschmerz, Bauchweh und Schwindelgefühle in der Angst vor einem Krankenbesuch. Diese Erkenntnis führte sie zur Entscheidung, sich dagegen zu wehren. Wenn auch mit einer Beruhigungstablette. Dann schrieb sie ihre tiefergehende Erkenntnis auf, sich eines Tages auch von diesem »Helfer« unabhängig zu machen, indem sie die Angst zuließe.
Ich bin überzeugt, daß dieser logische Ablauf der Bewußtmachung nicht möglich gewesen wäre, wenn diese Frau nur darüber nachgedacht hätte.

Was mich selbst betrifft, so schreibe ich mir an jedem Morgen in meinem Kalender Punkt für Punkt auf, was ich an diesem Tag tun will. Das gibt mir die Sicherheit, nichts zu vergessen. Wenn ich etwas erledigt habe, streiche ich es mit einem dicken Strich aus und genieße das Erfolgserlebnis. Wirklich: Ich genieße die Erledigung jedes einzelnen Punktes, und sei er noch so unbedeutend. Es gibt mir das ermunternde Gefühl: »Du hast wieder etwas geschafft.«

Sie sollten dieses Prinzip des Selbstlobes nicht unterschätzen. Des bewußten Selbstlobes – das wir uns schwarz auf weiß sichtbar machen. Es bedeutet: Ich selbst lege meine Ziele fest und bestimme den Wert meiner Leistung.

Das mag nur ein kleiner Schritt zur Selbstbestimmung sein, aber je öfter wir uns selbst für unsere Leistung loben, um so weniger sind wir davon abhängig, daß andere es tun. Wenn wir als unser eigener Trainer für unsere Anerkennung sorgen, brauchen wir für die begehrte Anerkennung unserer Leistung keine fremden Trainer mehr.

3. Zeigen Sie Gefühle, statt sie zu unterdrücken.

Ich kenne – wie Sie vermutlich auch – eine ganze Menge Leute, deren größte Angst darin besteht, ihre Gefühle zu zeigen. Sie haben dafür viele Gründe. Zwei davon sind:

- Weil sie von anderen enttäuscht wurden, wollen sie sich nie wieder eine Blöße geben. Sie zeigen ihre Gefühle nicht, um sich davor zu schützen, verletzt zu werden.
- Sie haben von ihren Trainern gelernt: »Ein Mann darf keine Schwäche zeigen«, oder: »Zeige einem Mann niemals deine wahren Gefühle, sonst nützt er sie sofort

aus.« Solche eingelernten Rollen spielen sie, auch wenn es ihnen noch so widerstrebt.

Das heißt nicht, daß sie deshalb niemals Gefühle zeigten. Es fragt sich nur, ob es tatsächliche, ihre wirklichen Gefühle sind oder nur Vorspiegelungen beziehungsweise Schein- und Ersatzgefühle. Um beim anderen Gefühle oder Bedürfnisse auszulösen, werden ihm Emotionen vorgespielt.

- Zum Beispiel in der Werbung, wenn an der Sache völlig unbeteiligte Schauspieler in einen gekünstelten Freudentaumel geraten, weil sie endlich entdeckt haben, welche Lust damit verbunden ist, im richtigen Auto zu sitzen.
- Die rührenden Szenen mit spielenden Katzenjungen sollen unser Herz für ein bestimmtes Futtermittel erweichen.
- Politiker werden nicht müde, uns ihre Liebe für uns und unser Land zu versichern, wenn es um unsere Wählerstimmen geht.
- Herzzerreißend gestellte Fotos von ahnungslos weinenden Kindern aus der Dritten Welt zielen auf unser Gemüt. Noch mehr zielen sie auf unsere Brieftasche. Wir sollen für Organisationen spenden, von denen wir nie erfahren, wem mit unserem Geld tatsächlich geholfen wird. Sicherlich nicht dem weinenden Kind, das unser Herz erweichen soll.
- Natürlich wird das Spiel der geheuchelten Gefühle genauso auf der Bühne des Familienlebens und in den

Schlafzimmern gespielt. Den Kindern gegenüber und dem Partner. Vermutlich dient der Satz »Ich liebe dich« viel öfter zur Manipulation eines Partners als zum Ausdruck eines echten Gefühls. Natürlich auch die vorgetäuschte Lust der Frau, um dem Mann den Triumph zu gönnen, ein unwiderstehlicher Liebhaber zu sein.

Warum haben wir solche Angst davor, spontan unser wirkliches Gefühl in dem Augenblick zu zeigen, indem wir es wirklich empfinden? Sei es Zuneigung, Mißfallen, Ablehnung oder Zorn?

Ich zweifle nicht im geringsten daran: Es ist die pure Angst vor uns selbst. Wir verleugnen, verdrängen und mißbrauchen eines der großartigsten Instrumente, mit dem uns die Natur ausgestattet hat: Gefühle zu haben und zu zeigen. Wozu sonst sollen wir sie besitzen als dazu, sie aus uns herauszulassen?

Je öfter wir unsere Gefühle unterdrücken oder ersetzen, um so mehr verkümmert *das* in uns, was wir wirklich empfinden.

Das Lebenstraining ist ein Weg zurück zu sich selbst, wie wir wirklich sind. Es hätte aber wenig Sinn, zu uns selbst zu finden, um dieses neue Ich-Bewußtsein dann doch wieder nicht auszuleben.

Das Ich-Bekenntnis, mit dem wir uns der Mitwelt präsentieren, sollte lauten: »Ich bin hier, und ich bin ich. Ich habe meine eigenen Gedanken, Gefühle und Interessen und will sie wahrnehmen. Ich zeige euch, wer ich bin, was ich bin und was ich will. Ich erwarte, daß ihr mich so zur Kenntnis nehmt, wie ich bin, und es respektiert.« Wir sollten es der

Mitwelt nicht nur durch Worte signalisieren, sondern genauso, indem wir zeigen, was wir fühlen.
Es gibt keinen Zweifel: Unsere Trainer haben uns diese Angst anerzogen. Schon als Kind, als man uns nicht schreien ließ. Als Baby hatten wir keine andere Möglichkeit, auf uns aufmerksam zu machen und irgend etwas auszudrücken, was uns bewegte. Aber man ließ uns nicht.
Wissen Sie, worin meiner Überzeugung nach der Schlüssel zu unserer Gefühlsbefreiung liegt? Darin: Wir sollten die Hoffnung und Erwartung überwinden, daß unsere Gefühle unbedingt erwidert werden müßten.
Um es noch deutlicher auszudrücken: Wenn wir uns selbst zu lieben und vertrauen gelernt haben, haben wir es nicht mehr notwendig, ängstlich zu hoffen, daß wir von anderen geliebt werden. Oder daß andere uneingeschränkt und sofort unsere Gefühle erwidern.
Genau das ist das Ziel dieses Trainingsprogramms: So selbstbewußt und stark zu werden, daß wir uns nicht mehr vor Enttäuschungen zu fürchten brauchen. Enttäuscht werden wir schließlich nicht von anderen, sondern nur von unserer eigenen Erwartung, die wir in andere setzen.
Wenn wir gelernt haben, der zu sein, der wir sind, gibt es keinen Grund mehr, uns vor uns selbst zu fürchten. Um so weniger Grund gibt es dafür, ein Schein-Ich vorzutäuschen, mit dem wir versuchen, so zu sein, wie es unsere Trainer von uns erwarten.
Wenn also der gesunde Egoismus und der selbstbewußte Individualismus Ziele dieses Trainings sind, sollten wir – um es noch einmal herauszustreichen – unermüdlich diese zwei Fähigkeiten trainieren:

- Uns unsere wirklichen Bedürfnisse und Wünsche bewußtzumachen und uns dazu zu bekennen. Unsere tägliche stille Zeit und das aufgeschriebene Lebensprogramm können uns als Grundlage dafür dienen.
- Unsere Bedürfnisse und Wünsche auszuleben und zu befriedigen. Je konsequenter wir das tun, um so größer werden Glück und die innere Freiheit sein, die wir durch die permanente Selbstverwirklichung erlangen.

4. Lassen Sie Ihrer Phantasie freien Lauf.

Die meisten von uns sind so sehr damit beschäftigt, sich Tag für Tag den Forderungen unserer Trainer anzupassen, daß ihnen keine Zeit dafür bleibt, ihre eigenen Träume zu träumen.

Unsere Trainer, die unser Leben nach ihren Vorstellungen gestalten, entfalten unerschöpfliche Phantasien, um uns in ihre Träume einzubeziehen. Schalten Sie doch nur Ihr Fernsehgerät ein, und Sie wissen, was ich meine. Da verkauft man uns Parfüms, Joghurt und Damenbinden längst nicht mehr als Parfüms, Joghurt und Damenbinden – man verkauft uns Träume, die der Phantasie der Trainer im Werbegeschäft entspringen.

Wo aber bleibt *unsere* Phantasie?

Sie verkümmert immer mehr. Genauso wie die Fähigkeit, uns mitzuteilen, unsere eigenen Gefühle zu zeigen oder unsere wirklichen Bedürfnisse zu befriedigen. Je mehr wir andere für uns denken, träumen und entscheiden lassen, um so weiter entfernen wir uns von uns selbst.

Deshalb sollten Sie bei diesem Trainingsschritt die Kraft Ihrer eigenen Phantasie neu entdecken und üben. Die ungeheure, ungeahnte Kraft der *eigenen* Phantasie, die in uns allen steckt. Auch wenn sie längst ein kümmerliches Dasein in einem Winkel unseres Denkens führt, wohin unsere Trainer sie verbannt haben. Sie sind nur an unserer Phantasie interessiert, wenn sie Nutzen daraus ziehen können.

Unsere Phantasie zu nützen bedeutet, unsere eigenen Träume zu träumen. Auch wenn man uns als Kind mit »Du Träumer« beschimpft hat.

Im Grunde genommen leben wir alle in zwei Welten: in der harten, rücksichtslosen, brutalen Welt der Realität, die von der Gesellschaft und ihren Regeln bestimmt wird, und in der Welt in uns. In der eigenen Welt, die wir uns selbst schaffen können.

Schaffen Sie sich diese Welt nach Ihren Wünschen und Vorstellungen, und nützen Sie die Kraft Ihrer Phantasie, um diese Welt in Ihnen zu Ihrer Traumwelt zu machen, in die Sie sich jederzeit zurückziehen können. Lernen Sie wieder das ungehemmte Träumen. Erinnern Sie sich an die zwei Erkenntnisse des Emile Coué:

- Jeder Gedanke will sich verwirklichen. Vorausgesetzt, wir lassen ihn zu.
- Unsere Einbildungskraft ist immer stärker als unser Wille.

Unsere Einbildungskraft, also unsere Phantasie. Das heißt: Wenn wir uns einen Wunsch oder ein Ziel lange und ein-

dringlich genug vorstellen, wächst die Kraft zur Verwirklichung. Allerdings nur dann, wenn wir diesen Vorgang nicht vorzeitig unterbrechen.
Wenn Sie im Oktober eine Tulpenzwiebel in die Erde pflanzen, werden im März die ersten Blätter aus der Erde sprießen, der Stamm wird wachsen, und im April geht die Blüte auf. Das ist der Lauf der Natur. Niemandem, der sich an der Tulpe erfreuen möchte, wird es in den Sinn kommen, sie vor lauter Ungeduld vorher schon abzuschneiden. Genau das tun viele von uns mit ihrer Phantasie. Sie geben ihr keine Chance, zur vollen Blüte zu kommen.
Kaum haben sie in ihren Gedanken einen Wunsch gepflanzt, zerstören sie ihn wieder. Mit eingelernten Killergedanken wie: »Das schaffst du doch nie«, »So etwas Verrücktes kannst du nicht machen, was würden denn die anderen sagen« oder »Du spinnst ja. Bleib auf dem Boden der Realität.«
Dieser »Boden der Realität« ist das genormte, gehemmte Leben der Alltagswelt, in die uns die Trainer zwängen. Als unsere eigenen Trainer aber können wir in unserer Phantasie die Welt entstehen lassen, die uns frei und glücklich macht. Nicht als Ersatz für die nüchterne Realität, sondern als ihr Konkurrent.
Erinnern Sie sich an die Geschichte über die junge Frau, die ihre Erblindung besiegte? Monatelang, Tag für Tag, stellte sie sich vor, wie sie wieder ohne jede Schwierigkeit in einem Buch würde lesen können: Sie spürte das Buch in ihren Händen und genoß jede Zeile, die sie las. Eines Tages konnte sie tatsächlich wieder sehen.
Kürzlich, als ich diese Frau wieder einmal traf, sagte sie:

»Wissen Sie, ich habe damals in diesen langen Wochen oft gezweifelt. Manchmal hielt ich es für völlig verrückt, nur mit Hilfe meiner Phantasie eine Krankheit heilen zu wollen, die Augenärzte für unheilbar hielten. Aber ich wollte es einfach wissen und gab nicht auf.«

Viele Leute, denen ich diese Geschichte erzähle, meinen nachdenklich: »Ja, ja, was man kräftig hofft, das geschieht auch.« Oder: »Ich weiß, Glaube versetzt Berge.« Sie sagen es, aber sie machen keinen Gebrauch davon. Sie erheben sich in ihrer Phantasie nicht über die Realität ihres »Wissens«.

Aber worin besteht ihr Wissen? Es ist das, was ihre Trainer ihnen sagen. Etwa: »Ein Augenleiden kann man nur mit Skalpell und Medikamenten heilen. Aber niemals mit der Kraft der Phantasie.«

Ehe das erste Flugzeug über den Ozean flog, sagten die meisten Menschen: »Das ist Selbstmord. Ein Hirngespinst.« Heute ist dieses Hirngespinst längst zur selbstverständlichen Realität geworden. Und warum? Weil ein paar Leute sich ihre Phantasie durch nichts zerstören ließen.

Die Phantasie ist ein Bestandteil der Kunst, sich mitzuteilen. Sie ist ihr Anfang. Was wir uns nicht vorstellen, können wir auch nicht mitteilen. Das sollten Sie sich bewußtmachen, wenn Sie damit beginnen, diese Kraft in sich zu entdecken und zu trainieren.

Hier eine Zusammenfassung, ehe Sie weiterlesen

Reden, schreiben, Gefühle zeigen – all das sind Bestandteile der Kunst, sich mitzuteilen. Vor allem aber geht es darum, immer besser zu lernen, loszulassen, statt zu verdrängen.
Die Entscheidung, vor der Sie jedes Mal stehen, wenn Sie Ihrer Mitwelt etwas sagen oder zeigen möchten, lautet: Verdränge ich es aus Angst oder Rücksicht auf andere – oder ist mir nichts so wichtig wie die Rücksicht auf mich selbst.
Denn eines ist sicher: Was wir immer wieder verdrängen, macht uns eines Tages krank. Deshalb ermuntert Sie dieser Trainingsschritt zu diesen vier Übungen:

- Sagen Sie, was Sie sagen wollen.
- Schreiben Sie auf, was Sie bedrückt.
- Zeigen Sie Ihre Gefühle, statt sie zu unterdrücken.
- Lassen Sie Ihrer Phantasie freien Lauf.

Der 18. Schritt

Arbeiten Sie Ihre Vergangenheit auf, denn alles, was Sie denken, entscheiden und tun, hat eine Ursache. Steigen Sie in den Zug in Ihre Vergangenheit, und machen Sie die Frage »Warum bin ich so, wie ich bin?« zu Ihrem ständigen Berater.

Kommen wir bei diesem Trainingsschritt noch einmal auf die drei Dimensionen zu sprechen, in denen sich unser Leben vollzieht:

- Im *Heute* müssen wir die Probleme lösen, die unserem Glück, unserem Fortkommen und der Gesundheit an Körper, Geist und Seele im Wege stehen.
- In unserer *Vergangenheit* haben die meisten dieser Probleme ihre Ursache.
- In der *Zukunft* sollen sich die Träume erfüllen, die wir heute für unser Leben haben. Vorausgesetzt natürlich, wir haben nicht schon längst resigniert und überlassen es dem Zufall, dem Schicksal oder unseren Trainern, was mit uns geschieht.

Es sieht so aus, als wäre das Leben im Heute nichts anderes als eine ständige hastige Flucht vor unserer eigenen Vergangenheit. Statt sie bewußt aufzuarbeiten und uns von ihr zu lösen, schleppen wir sie wie einen Klotz am Bein mühsam weiter mit uns herum.
Sie haben im Verlaufe dieses Programms einige Hinweise darauf kennengelernt. Vielleicht erinnern Sie sich an diese drei:

- Die junge Unternehmerin, die sich nicht von der Autorität ihres längst verstorbenen Vaters befreien konnte und immer dann zum Päckchen mit den Zigaretten griff, wenn Sie nicht so entschied, wie er es sich gewünscht haben könnte.
- Die Ehefrau, die genau zu dem Zeitpunkt an Gebärmut-

terhalskrebs erkrankte, als ihr geliebter Mann sie mit der für sie schockierenden Botschaft konfrontierte, seine Impotenz könnte durch oralen Sex behoben werden.
- Der junge Mann, dessen Depressionen aufhörten, als ihm der Psychiater den Rat gab, er solle sein Bedürfnis nach sexueller Selbstbefriedigung nicht weiter unterdrücken. Es würde ihn weder krank machen, noch sei es eine Sünde.

Mir erscheint es keineswegs als Zufall, daß Sexualität und die Autorität der elterlichen Erziehung einen wesentlichen Bestandteil des Klotzes an unserem Bein ausmachen, der viele Menschen heute daran hindert, so glücklich und frei zu sein, wie sie sein möchten.
Die Kirche hat die Sexualität zur Sünde und die Eltern als unantastbare Obrigkeit erklärt. »Du sollst Vater und Mutter ehren«, fordert sie. Ohne Ausnahme. Auch wenn diese Eltern ihre Kinder mißbrauchen, unterdrücken oder verlassen.

- »Alles längst überholt«, werden Sie jetzt sagen oder: »Alles maßlos übertrieben. Die Kirche hat ihre Macht verloren – und die Kinder kümmern sich schon lange nicht mehr darum, was ihre Eltern von ihnen erwarten.«

Vielleicht denken Sie anders, wenn Sie selbst daran gehen, ihre eigene Vergangenheit und die Bedeutung Ihrer Erziehung für Ihr heutiges Leben aufzuarbeiten. Denn dieser 18. Trainingsschritt in unserem eigenen Erziehungsprogramm lautet: Machen Sie die Frage »Warum bin ich so, wie ich bin?« zu ihrem ständigen Berater. Das ist die Vertiefung meines Vorschlags im 5. Trainingsschritt, bei dem ich Sie dazu ermunterte, nach Antworten auf diese drei Fragen zu suchen:

1. Wer bin ich wirklich?
2. Warum bin ich so, wie ich bin?
3. Was will ich wirklich?

Ich weiß nicht, zu welchen Ergebnissen Sie bei der Suche nach sich selbst bisher gekommen sind. Aber es würde mich nicht wundern, wenn Sie diese drei Fragen einfach übergangen haben. Wir sind schließlich ein Leben lang darauf trainiert, uns um unsere äußeren Probleme mehr zu kümmern als um die inneren. Die Familie, das Auto, die Wohnung, die gesellschaftliche Stellung und der Arbeitsplatz – das ist für die meisten Menschen der Lebensinhalt, mit dem sie ihre Vergangenheit vergessen wollen.
Nehmen Sie einfach jetzt einen neuen Anlauf, diese Vergangenheit aufzuarbeiten, um Ihre Zukunft besser bewältigen zu können. Gehen Sie der Frage nach: »Warum bin ich so, wie ich bin?«
Benützen Sie dazu die Stille-Zeit-Technik:

- Setzen Sie sich in eine ruhige Ecke, mit Ihrem Lebensbuch und Schreibgerät vor sich.
- Entspannen Sie Ihren Körper.
- Vertiefen Sie die Entspannung durch ruhiges Atmen. Lösen Sie sich von den Ereignissen des Alltags.
- Setzen Sie sich in den Zug zurück in Ihre Vergangenheit.

Fahren Sie Jahr für Jahr zurück zu den Menschen und Ereignissen, die Ihr Leben beeinflußten. Wann immer Sie an einer Station angekommen sind, die für Sie wichtig war – halten Sie an. Ob es schöne Dinge waren oder unangenehme Erlebnisse, Schocks oder Peinlichkeiten, an die Sie sich nur ungern erinnern – halten Sie an.

Auf dieser Suche werden Sie vermutlich schon sehr bald zwei Erfahrungen machen: Sie werden sich ausführlich mit den angenehmen Erinnerungen beschäftigen, an anderen werden Sie rasch vorbeifahren oder sie runterspielen.

Das macht nichts. Registrieren Sie vorerst einmal das Unbehagen, das Sie empfinden. Vielleicht sind Sie bei der nächsten oder übernächsten Reise bereit, sich damit näher zu beschäftigen. Machen Sie diesen Ausflug zurück in Ihr bisheriges Leben zur regelmäßigen Gewohnheit.

Beobachten Sie sich dabei. Wie verhalten Sie sich an den »unangenehmenen« Stationen? Warum wollen Sie rasch daran vorbeifahren? Was ist es, das Sie auch jetzt noch, nach all diesen Jahren, verdrängen und unterdrükken wollen?

Das Ziel des Zuges in Ihre Vergangenheit besteht darin, gerade diese Verdrängungen aufzuarbeiten. Aufarbeiten heißt: sich diesen Dingen zu stellen, sie bis in alle Details bewußtzumachen und sie noch einmal in Ihrer Erinnerung durchzuleben.

Natürlich ist das schmerzhaft. Aber dieser Schmerz ist der Weg zur Befreiung. Den Vorteil, den Sie heute gegenüber damals haben, besteht darin, daß Sie nicht mehr hilf-

los sind. Sie wissen jetzt viel mehr über die Zusammenhänge. Sie sind selbstbewußter geworden und vielleicht auch respektloser Ihren Trainern aus der Kindheit gegenüber.
Deshalb ist es besonders wichtig, daß Sie die regelmäßigen Reisen in Ihre Vergangenheit ganz auf sich allein gestellt antreten in dem Bewußtsein: »Ich bin ich. Ich glaube an mich. Ich mache mich frei von allem, was mich daran hindern könnte, meine Zukunft nach meinen eigenen Vorstellungen zu gestalten.«
Legen Sie auf dieser Reise die eingelernten Tabus ab. Auch den Respekt vor Autoritäten, denen Sie sich im Laufe Ihrer Erziehung unterwerfen mußten. »Erst als ich meinen verstorbenen Vater für alles das verfluchen konnte, was er mir angetan hat, fühlte ich mich wirklich frei«, sagte kürzlich ein 50 Jahre alter Mann in einer Selbsthilfegruppe. Er hatte sich auf den Weg gemacht, um in der Vergangenheit die Ursachen seiner Probleme im Heute aufzuspüren.
In uns allen sind auf irgendeine Weise die Schlagworte eingeprägt, die unsere Gesellschaft ständig wachhält. Die Bilder von den aufopfernden Müttern und den starken, für das Wohl der Familie schuftenden Vätern, die nur unser Bestes wollen.
Das Beste, das viele Eltern für Ihre Kinder wollen, ist sehr oft nichts anderes, als der Ausdruck ihres Schuldgefühls dafür, nicht das Beste für ihre Kinder zu tun. Weil sie nicht bereit sind, das zu akzeptieren, was für die Kinder das Beste wäre, zwingen die Eltern ihnen kraft ihrer Autorität das auf, was sie selbst dafür halten.

Dieses Verhalten stürzt das Kind in den Konflikt:

- Es möchte etwas ganz anderes tun als das, was seine Eltern von ihm erwarten.
- Die Eltern verstehen das nicht. Oder sie wollen es nicht verstehen, weil es nicht in ihre eigene Verhaltensnormen paßt.
- Wenn das Kind den Widerstand der Eltern nicht überwinden kann und unverstanden bleibt, versucht es, mit dem Konflikt auf andere Weise fertig zu werden: Es flüchtet, oder es wehrt sich.
- Die Flucht kann in Verdrängung oder Selbstmitleid bestehen. Der Widerstand ist offene Aggression oder Psychoterror. Die Rache für Unterdrückung besteht darin, die Eltern leiden zu lassen. Bewußt und gezielt oder unbewußt.

Ehrgeizige Eltern leiden jahrelang, weil ihre Kinder in der Schule versagen. Mütter liegen nächtelang wach, wenn ihre Söhne nicht nach Hause kommen. Väter werden von Töchtern damit bestraft, daß sie Partner wählen, die das Gegenteil von dem sind, was der Vater sich wünscht. All das geschieht nicht zufällig. Wenn Kinder ihren Eltern Leiden verursachen, liegt die Ursache dafür in der Vergangenheit.
In uns allen schlummert der Konflikt mit den Autoritäten, den Trainern unserer Vergangenheit. In einer Fernsehsendung über Ängste und Depressionen erzählte mir ein 45 Jahre alter Mann: »Die Erkenntnisse über meine eigene Erziehung haben mir mehr geholfen als alle Medikamente

und Therapien, mit denen ich zehn Jahre lang ohne Erfolg gegen meine schweren Depressionen behandelt wurde.«
Er leitet heute eine Selbsthilfegruppe von Betroffenen.
Dieser Mann war zu der Erkenntnis gekommen: »Viele unserer Ängste und Depressionen können zwei Ursachen haben: die unnachgiebige Autorität der Eltern oder die übertriebene Fürsorge, mit der sie uns von sich abhängig machen.«
Elternliebe, so meint er, ist sehr oft nichts anderes als die Angst davor, vom Kind verlassen zu werden. Wenn ein von seiner Mutter verwöhnter »geliebter« Sohn eines Tages heiratet, erwartet er von seiner Frau all das, was er von seiner Mutter bekam. Wenn sie seinen Erwartungen nicht gerecht werden kann, kehrt er reumütig zur Mutter zurück, die »doch die Allerbeste« ist.
Der Zug zurück in unsere Vergangenheit ist ein Weg, uns solche Konflikte bewußtzumachen. Mit anderen Worten: Erst wenn wir die innere Abhängigkeit von Trainern aus der Vergangenheit erkennen, können wir zur eigenen Autorität für unser weiteres Leben werden.
Was unsere sexuellen Erfahrungen in der Vergangenheit betrifft, so verhält es sich wohl ähnlich. Erinnern Sie sich noch an die drei Fragen im 16. Trainingsschritt? Sie lauteten:

1. Was bedeutet meine Sexualität für mich?
2. Von welchen Erfahrungen wurden meine Einstellung und mein Verhalten zur Sexualität geprägt?
3. Was kann ich tun, um meine sexuellen Wünsche und Bedürfnisse mit der Realität in Einklang zu bringen?

Vielleicht hilft Ihnen die bisherige Beschäftigung mit diesen Fragen, wenn Sie jetzt auf der Reise in Ihre Vergangenheit die entscheidenden Stationen erreichen. Fahren Sie so weit zurück, wie es Ihnen in der Erinnerung möglich ist. Bis in Ihre frühe Kindheit.
Aus einer Selbsthilfegruppe für Kindesmißbrauch kenne ich die beiden folgenden Fälle:

- Eine 48 Jahre alte Frau litt ihr ganzes Leben darunter, daß alle ihre Verbindungen mit Männern vorzeitig endeten. Sie hatte sich damit abgefunden, daß ihre sexuellen Beziehungen scheiterten, ehe sie noch begonnen hatten. Nach langen Bemühungen in der Gruppe wurde ihr bewußt, daß sie schon als vierjähriges Kind fast täglich von ihrer Mutter angehalten worden war, sie sexuell zu befriedigen. Wenn das Mädchen einen Wunsch äußerte, etwa den, mit anderen Kindern zu spielen, forderte die Mutter es auf: »Du darfst. Aber du weißt ja, was du vorher zu tun hast.«

Vierzig Jahre lang hatte die Frau dieses Kindheitserlebnis so tief aus ihrem Bewußtsein verdrängt, daß sie sich nicht mehr daran erinnern konnte. Der Konflikt, der ihre sexuellen Beziehungen störte, kam aus dem Unterbewußtsein.

- Die Beziehung zwischen zwei jungen Leuten scheiterte daran, daß der Mann seine Freundin niemals »richtig küssen« wollte. Erst viel später erkannte er die Ursache dafür: Seine Mutter hatte als Kind manchmal ein Spiel gespielt, das sie »Zuckerl-Lutschen« nannte. Sie lutschten beide zur selben Zeit an den Enden einer Süßigkeit. Wenn sie damit fertig waren, behielt die Mutter ihre Zunge im Mund des Sohnes. Obwohl ihn, wie er später erzählte, davor ekelte, spielte er das Spiel seiner Mutter zuliebe mit. Auch wenn er nachher immer erbrechen mußte.

Natürlich sind das zwei sehr extreme Beispiele. Ich könnte sie durch viele andere ergänzen, in denen Väter, Onkel, Großväter und Lebensgefährten Mädchen in früher Kindheit mißbrauchten. Erst seit einigen Jahren wird das Tabu des Kindesmißbrauchs immer mehr gebrochen und in der Öffentlichkeit und vor Gerichten behandelt. Neue Gesetze für die Bestrafung der Täter werden beschlossen.
Wird das Problem damit gelöst? Ich glaube nicht. Ein Vater mag zu einigen Monaten oder Jahren Gefängnis verurteilt werden, aber was ändert es an der Beziehung zu seiner Sexualität oder am Problem der Betroffenen, wenn keiner von ihnen die Ursachen für die Folgen erkennt und aufarbeitet?
Ich meine damit die Ursachen und Folgen, die wir nur in uns selbst auffinden und aufarbeiten können. Denn es nützt wenig, wenn wir uns damit begnügen, anderen die Schuld für unsere Probleme in die Schuhe zu schieben.
Daran dachte ich, als ich vor einiger Zeit von dem offenen Brief eines israelischen Arztes las, der in einer Zeitung veröffentlicht worden war. Er hatte fein säuberlich die Ausreden seiner Frau notiert, warum sie nicht mit ihm schlafen wollte:
Im vergangenen Jahr hatte er es – so schrieb er – 365mal

versucht. Nur 36mal mit Erfolg, 329mal wies sie ihn mit folgenden Ausreden ab: Es ist zu kalt (5mal), es ist zu früh (27), zu spät (53), die Frisur kommt durcheinander (26), die Nachbarn könnten uns sehen (6), Kopfweh (21), keine Lust. Und so weiter.
Der Zug zurück zu den sexuellen Erfahrungen in der eigenen Vergangenheit muß uns nicht unbedingt zu Schockerlebnissen führen, wie ich sie hier beschrieben habe. Aber was immer diese Reise zutage fördert, kann uns dabei helfen, immer besser zu verstehen, warum wir heute so sind, wie wir sind, und uns so verhalten, wie wir uns verhalten.
Deshalb lautet dieser Trainingsschritt: Setzen Sie sich in diesen Zug. Nicht nur einmal oder zweimal, sondern immer wieder. Bis Ihnen Ihr bisheriges Leben so vertraut geworden ist, daß Sie nicht mehr davor zu flüchten brauchen.
Es kann durchaus sein, daß Sie auf so einer Reise viel mehr erleben als auf einer Urlaubsreise zu den Kunstdenkmälern Italiens.

Hier eine Zusammenfassung, ehe Sie weiterlesen

Dieser Trainingsschritt besteht aus einer weiteren Anregung, in Ihrer Vergangenheit nach den Ursachen für die Probleme zu suchen, die Sie heute daran hindern, so zu leben, wie Sie leben möchten. Denn vieles von dem, was wir denken und tun, wird von den Verhaltensmustern be-

einflußt, die uns die Trainer seit frühester Kindheit eingeprägt haben.
Steigen Sie immer wieder in den Zug zurück in Ihre Vergangenheit, und halten Sie bei den Stationen an, an denen für Ihr späteres Leben wichtige Ereignisse passierten. Erinnern Sie sich daran, machen Sie sich Hintergründe und Zusammenhänge bewußt. Die Stille-Zeit-Technik kann Ihnen dabei von Nutzen sein.

Der 19. Schritt

Suchen Sie sich die richtigen Partner auf dem Weg zur Entfaltung Ihrer Lebensziele. Wenn Sie gelernt haben, sich auf sich selbst zu verlassen, sollten Sie jetzt das manipulative Lebensspiel in der Gruppe trainieren.

- *Die vier Gruppen sind:* Familie, Freunde, Kollegen am Arbeitsplatz und die Interessengruppe.
- *Dies sollten Sie über das Gruppenspiel wissen:*

1. Das Prinzip des Partnernutzens.
2. Die Regeln der Zusammenarbeit.
3. Die Kraft der Gruppe.
4. Die Lösung der Krisen.

Unser Trainingsprogramm geht – wie Sie bis jetzt gesehen haben – in zwei Richtungen: nach innen, zur Entwicklung der eigenen Kräfte, und nach außen, um unsere Lebensvorstellungen durchzusetzen.

- Zuerst sollten wir uns selbst immer besser kennenlernen, die Vorstellungen für unsere Zukunft festlegen und die Techniken trainieren, mit denen wir diese Vorstellungen aus eigener Kraft verwirklichen können.
- Der Glaube an sich selbst und der gesunde Egoismus sind die Voraussetzungen, unsere Vorstellungen gegen die Hindernisse der Mitwelt durchzusetzen.
- Das Wissen über diese Zusammenhänge allein genügt aber nicht, um das Leben nach eigenen Vorstellungen leben zu können. Wir müssen die Voraussetzungen täglich üben und stärken.
- Die Instrumente dafür sind die stille Zeit und die Nutzung der Möglichkeiten unseres Lebensbuches.
- Auf diese Weise sind wir für das Lebensspiel mit unserer Mitwelt vorbereitet. Wir können es jetzt aktiv mitbestimmen, statt immer nur zu reagieren.

Das Spiel beginnt mit dem Partner, mit dem wir zusammenleben, und setzt sich in den Gruppen fort, in denen wir uns entfalten wollen. Vergessen Sie nicht: Wir leben nicht, um anderen zu dienen und für sie Opfer zu bringen. Wir leben, um an jedem weiteren Tag möglichst glücklich zu sein und den Freiraum für unsere individuelle Entfaltung zu verteidigen und zu nutzen. So gesehen, sind alle anderen unsere Gegner im manipulativen Spiel.

Dieses Spiel des aktiven Lebens kann sich nur im ständigen Spannungsfeld von geben und nehmen entfalten. Durch loslassen und zulassen, reden und zuhören, Erfahrungen sammeln und weitergeben. Vor allem aber im ständigen Prozeß des Lernens und Übens.
Seit wir leben, versuchen unsere Trainer unermüdlich, uns diesem Prozeß der Selbsterfahrung zu entziehen. *Sie* wollen für uns entscheiden, was *wir* denken, kaufen und glauben sollen und was uns glücklich macht. Nur wir selbst, als unsere eigenen Trainer, können uns aus dieser Bevormundung zur Basis des eigenständigen Lebens zurückführen: zu uns selbst und der Lösung unserer Probleme aus eigener Kraft.
Wenn Sie sich auf diesem Weg weiterentwickeln, geschieht vieles ganz von selbst:

- Sie erkennen, was Sie für Ihr persönliches Glück wirklich brauchen. Mit diesem Wissen können Sie die Angebote des Überflusses nach ihrem tatsächlichen Nutzen für sich beurteilen.
- Es ist nicht mehr notwendig, Anwälte, Therapeuten und das Heer von eilfertigen Helfern einzuschalten, damit diese Ihnen gegen Bezahlung helfen, die Probleme in der Partnerschaft zu lösen.
- Immer mehr können Sie sich vom Einfluß der Trainer befreien, deren Autorität schon Ihre Kindheit bestimmte, um Sie davon abhängig zu machen, was andere für gut und richtig halten.
- Es ist nicht mehr notwendig, auf Frieden, Nächstenliebe und Verständnis zu hoffen, wenn Sie Frieden mit sich

selbst machen, sich selbst mehr lieben als andere und verstehen, warum Sie so sind, wie Sie sind.

Erkennen und trainieren Sie jetzt, Ihre wachsende innere Stärke in den Gruppen einzubringen, die für die Entfaltung Ihrer eigenen Vorstellungen wichtig sind.
Dies sind die vier wichtigsten Gruppen:

1. Die Familie.

Wenn Sie Ihr eigenes Glück und die Harmonie mit sich selbst in die Familie einbringen, ist es nicht mehr erforderlich, sich durch gespielte Autorität oder die Erniedrigung des Partners zu bestätigen. Wenn Sie stark genug geworden sind, werden Sie sich auch nicht mehr erniedrigen lassen.

2. Die Freunde und Freundinnen.

Wenn Sie Ihre Probleme dort lösen, wo sie auftreten, brauchen Sie keine Freunde mehr, bei denen Sie nach Trost, Verständnis und Mitgefühl suchen, um für einige Zeit zu *vergessen*, was Sie *lösen* sollten. Das wird vielleicht Ihren Freundeskreis verringern. Aber alle, die übrigbleiben, werden vermutlich die richtigen Freunde sein.

3. Die Kollegen am Arbeitsplatz und alle, die Ihrem beruflichen Weiterkommen nützlich sind.

Wenn Sie die Probleme bei sich selbst und in der Familie lösen, kann es durchaus sein, daß Sie Ihren Beruf und Ihre Kollegen mit ganz anderen Augen sehen. Vielleicht ist dann Ihre Karriere nicht mehr der Ersatz für fehlendes Selbstbewußtsein oder die Flucht vor einem frustrierenden Familienleben. Und die Arbeit fängt an, Ihnen viel mehr Spaß zu machen.

4. Die Interessengruppe.

Je mehr Sie lernen, die Verantwortung für sich selbst zu übernehmen, um so größer wird Ihre Bedeutung für die Gesellschaft, in der Sie leben und die Sie mitgestalten. Es ist ein entscheidender Unterschied, ob Sie alle Veränderungen dem Staat, den Institutionen, Politikern und Experten überlassen oder ob Sie als selbstbewußter, mündiger Bürger Initiativen nach eigenen Vorstellungen ergreifen.
Je mehr sich unsere Gesellschaft nach den neuen Gesetzen des unbegrenzten Fortschritts entwickelt, um so weiter entfernt sich der einzelne von seiner Bedeutung als Individuum. Er gestaltet sein Leben nicht mehr selbst. Das Leben wird von Gesetzen bestimmt, die niemand mehr wirklich überschauen kann.
In dieser Atmosphäre des Unbehagens entstehen allerdings vereinzelt immer wieder neue Erkenntnisse über die

Bedeutung des einzelnen für die weitere Entwicklung der technisierten Welt. So gab es in den achtziger Jahren in den USA eine umfassende Untersuchung unter dem Titel »In Search of Excellence – Lessons from American Best-Run Companies«. Eine Studie darüber, warum die erfolgreichsten amerikanischen Unternehmen so erfolgreich sind.
Das Ergebnis, vereinfacht ausgedrückt: Nicht die Produkte, die diese Unternehmen erzeugten, gaben den Ausschlag für den Erfolg, sondern die ausgeprägte Motivation der Mitarbeiter.
Dieses Erkenntnis wurde vorwiegend als eine Botschaft an die Unternehmer angesehen: Sie müßten ihre Mitarbeiter richtig motivieren, um größere Erfolge zu erzielen. Es stellte sich also für die Trainer in den Firmen die Frage: »Wie manipuliere ich die Menschen in meinem Unternehmen richtig, damit sie zum Wohle des Fortschritts mehr und besser produzieren?«
Wenn die Bedeutung des einzelnen durch die erwähnte Untersuchung so offensichtlich geworden ist, warum stellen Sie und ich – und noch einige andere – sich nicht die für uns viel näherliegende Frage: »Wie kann ich mich *selbst* am besten motivieren, um für meinen *eigenen* Fortschritt mehr tun zu können. Ehe ich meine Kräfte für die Firma einsetze? Was hält mich davon ab, zuerst an mich selbst und mein Glück zu denken, um mich dadurch zu einem hervorragenden Mitarbeiter zu machen, den das Unternehmen unbedingt braucht?«
Mit anderen Worten: Ich selbst trainiere meine optimale Motivation zur Bewältigung meines Lebens, statt es den Trainern meines Arbeitgebers zu überlassen.

Solche Überlegungen stellte ich an, als mich vor einigen Jahren das Unternehmen Asea Brown-Boveri bat, an einem internen Projekt mitzuarbeiten, um seine »Unternehmenskultur« zu verbessern. Ich verfaßte einen Ideenkatalog, in dem ich unter anderem sechs Prinzipien als Grundlage einer neuen Unternehmenskultur vorschlug. Vielleicht regt es Sie an, über Ihre eigene Beziehung zu Arbeit, Firma und Arbeitgeber nachzudenken, wenn Sie einige meiner Vorschläge lesen:

Erstes Prinzip: Am Anfang jeder Leistungsqualität steht die Qualität der Persönlichkeit des einzelnen Menschen, der diese Leistung erbringen soll.
Zweites Prinzip: Nur ein Mitarbeiter, der seine persönlichen Probleme zu lösen imstande ist, erfüllt die besten Voraussetzungen dafür, die Probleme an seinem Arbeitsplatz im Unternehmen und die Probleme des Kunden am besten lösen zu können.
Drittes Prinzip: Dieser »Kulturanspruch« eines Unternehmens ist nicht etwas, das von außen befohlen werden kann. Es kann nur ein permanenter innerer, in das tägliche Leben integrierter Selbsterfahrungsprozeß sein. Ein ständiger Vorgang des Lernens aus der eigenen Erfahrung.
Viertes Prinzip: Weil die Leistung des Unternehmens die Summe der Leistung vieler ist, bedarf es einer neuen Kultur der Zusammenarbeit: Die Einführung des Partnerprinzips anstelle des Hierarchieprinzips. Im Partnerprinzip trägt jeder einzelne die Verantwortung für das Gesamte. Eine Verantwortung, die er allerdings nur dann optimal erfüllen kann, wenn er gelernt hat, zuerst die Verantwortung für

sich selbst zu übernehmen. Im Hierarchieprinzip übernehmen wenige die Verantwortung für alle. Sie geben es zumindest vor.

Fünftes Prinzip: Der Erfolg einer neuen »Unternehmenskultur« hängt von der Fähigkeit zum freien Fluß der Kreativität ab. Immer mehr wird in unserer Zeit die bessere Idee, immer weniger wird das erzeugte Produkt über den Erfolg bestimmen, weil sich die Produkte der Konkurrenten im Markt immer ähnlicher werden. Das Unternehmen mit den kreativsten Mitarbeiterpersönlichkeiten wird die größten Chancen haben.

Sechstes Prinzip: Diese Einstellung bedeutet ein Bekenntnis zum Wettbewerb auf allen Ebenen: Der beste Mitarbeiter für den jeweiligen Job gewährleistet also den bestmöglichen Erfolg des Unternehmens. Jeder einzelne ist dadurch gefordert, für den Job, den er haben will, der Beste zu sein.

Es mag schon sein, daß Sie für solche Ausführungen nur mäßiges Interesse haben. Vielleicht denken Sie: »Was soll ich damit anfangen? Ich bin ja nur ein kleiner Mitarbeiter und kann mit meinen Möglichkeiten überhaupt nichts am Lauf der Dinge ändern.« Das mag schon sein. Aber kann sich nicht für Sie *alles* ändern, wenn *Sie* sich ändern?

Wenn Sie mit Ihrem Lebenstraining immer selbstbewußter Ihre eigenen Interessen verfolgen können, erkennen Sie vielleicht, daß Sie Ihre Position in Ihrer Firma verändern sollten. Sei es, um einen Job zu machen, der Ihnen mehr Freude und Erfolg bringt und Sie dadurch glücklicher und freier in Ihren Entscheidungen macht. Oder mit dem Sie mehr Geld verdienen. Wobei Ihnen durchaus auch bewußt werden könnte, daß Sie durch einen anderen Job weniger Geld, dafür aber mehr Lebensqualität bekommen könnten. Weil Sie erkannt haben, was Sie selbst wollen, statt die Wahl Ihrer Arbeit dem Arbeitgeber zu überlassen.

Unser Lebenstraining zielt schließlich darauf ab, zu lernen, selbst für uns zu denken, zu entscheiden und unsere Vorstellungen durchzusetzen.

Ich gehe davon aus, daß ein glücklicher Mitarbeiter, der gelernt hat, seine persönlichen Probleme, allein und in der Familie, richtig zu lösen, für jede Firma ein besserer Mitarbeiter ist. Ich halte es keinesfalls für übertrieben anzunehmen, daß er sich auf seinen Job besser konzentrieren kann und weniger Fehler macht oder Unfälle verursacht. Seine gestärkte Persönlichkeit kommt der Qualität seiner Arbeit und damit dem Unternehmen zugute. Wenn dies Ihrem Arbeitgeber bewußt wird, stärkt es Ihre Position in der Firma.

Aber nicht nur in der Firma, sondern in allen Gruppen, in denen Sie sich verwirklichen wollen.

Ich möchte diesen Überlegungen noch hinzufügen, daß ich in meinem Konzept für Asea Brown-Boveri vorschlug, die Mitarbeiter zur stillen Zeit anzuregen und ein Lebensbuch zu führen. Die persönliche stille Zeit der einzelnen zu Hause könnte als stille Zeit in Arbeitsteams am Arbeitsplatz fortgeführt werden. Das Unternehmen könnte dann vergleichen, ob Stille-Zeit-Teams im Laufe der Zeit bessere Leistungen erzielten als Teams, die sich nicht dazu entschließen können.

Mein Konzept wurde in dem Unternehmen schließlich

nicht verwirklicht. Aus welchen Gründen auch immer. Das ändert jedoch nichts daran, daß nicht Sie oder irgend jemand anderer diese Idee aufgreift, um andere Wege zu gehen als bisher.

Das Spiel des Lebens auf der Suche nach Glück und Freiheit beginnt – wie Sie wissen – immer bei uns selbst. Wir lernen an uns und durch uns. Wir stärken und verändern uns selbst, bis wir durch unsere eigene Veränderung unsere Mitwelt zu verändern beginnen, die wir für unsere Entfaltung brauchen. Zuerst in der Partnerschaft, dann in der Familie, in den Gruppen, um – wenn wir es wollen – immer weitere Kreise zu ziehen. Es gibt, wie Sie sehen, keine Grenzen für die Verwirklichung des Lebensspiels. Es sei denn, Sie selbst setzen sich Grenzen.

Ich weiß, es klingt utopisch und verwegen oder auch als Allgemeinplatz, aber denken Sie einfach ein wenig über diese Behauptung nach: »An der Entwicklung unserer ganzen Gesellschaft wird sich niemals etwas ändern, wenn nicht wir – Sie und ich – in unserem Leben ein paar entscheidende Dinge verändern.«

Was die meisten Menschen in unserer Zeit so hoffnungslos unsicher macht, ist die verzweifelte Hoffnung, daß unsere Trainer in Wirtschaft und Politik, Wissenschaft und Technik eines Tages schon irgendwie alles zum Besseren ändern werden. Tun Sie es? Und wo bleiben Sie und ich, wenn wir uns zu nichts anderem entschließen können, als weiter zu warten und zu hoffen?

Was nun das Spiel in der Gruppe betrifft, möchte ich Sie noch mit einigen Erkenntnissen und Regeln vertraut machen, die Ihnen dabei zum Erfolg verhelfen können:

1. Zielsetzung und Nutzen

Keine Gruppe hat von sich aus ein Ziel. Es ist immer eine einzelne Person, die ein Ziel vorgibt, um seinen eigenen Nutzen daraus zu ziehen. Ein geschickter Spieler wird diesen persönlichen Nutzen natürlich niemals offen deklarieren. Er wird einen idealistischen Vorwand vorschieben, einen angeblichen Allgemeinnutzen. Irgend etwas, das niemand ablehnen kann. Und er wird seine Idee ausführlich und eindringlich begründen.

Oder denken Sie, daß die Initiatoren und Funktionäre von Caritas und Amnesty International, Greenpeace, der politischen Parteien oder auch nur des Fußballclubs in Ihrer Stadt etwas anderes im Sinn haben, als *andere* Menschen für die Verwirklichung Ihrer eigenen Ziele einzusetzen? Unbeschadet dessen, ob sie damit ihr Bedürfnis nach Macht, Geld oder nach Anerkennung zu befriedigen versuchen.

Weil wir alle Egoisten sind, denen das eigene Wohl und Glück zuallererst am Herzen liegt, hängt es von uns ab, ob wir zu denen gehören, die sich für die Ziele anderer einsetzen – oder für unsere eigenen.

Die wichtigste Frage, die Sie sich stellen sollten, ehe Sie das Spiel mit einer Gruppe beginnen, sollte deshalb lauten: »Was nützt es *mir*?«

2. Die Regeln der Zusammenarbeit

Jeder Gruppe besteht aus einzelnen Menschen, von denen jeder seinen eigenen Grad der persönlichen Entwicklung aufweist, der darüber bestimmt, wie er in der Gruppe wirken kann. In einer Gruppe von ähnlichem persönlichem Entwicklungsgrad aller kann nur wenig Spannung und Dynamik entstehen.
Die Kombination folgender vier Eigenschaften, die einzelne Mitglieder besitzen, schafft für eine Gruppe vermutlich die besten Voraussetzungen:

- Kreativität.
- Entscheidungsfähigkeit.
- Verwaltung und Durchführung.
- Kontrolle.

Wenn Sie selbst eine Gruppe gründen, sollten Sie Ihre Partner nach diesen Eigenschaften auswählen. Aber vergessen Sie nicht, daß im Gruppenspiel jeder Partner auch gleichzeitig der Gegner aller anderen ist. Nur so kann jeder einzelne das Maximum für seine eigene Entfaltung und die Entfaltung der Gruppe, in welcher Aktivität auch immer, einbringen.
In diesem Spiel gelten alle Regeln des Partnerspiels, von dem im 15. Trainingsschritt dieses Programmes ausführlich die Rede war. Natürlich auch die Technik der gemeinsamen stillen Zeit.
Wichtig ist, daß jeder einzelne sich mit seinen besten Fähigkeiten einbringen kann. Wer die Kontrolle und die letzte

Entscheidungsfähigkeit besitzt, sollte dafür sorgen, daß jede Idee Beachtung findet. Ein Ideenbringer wird glücklich und motiviert sein, wenn seine Idee angenommen wird. Auch wenn er selbst nicht aktiv und selbstbewußt genug ist, sie in die Tat umzusetzen.
Naturgemäß sind Verwaltungs- und Verwirklichungstypen unter den Mitgliedern weniger risikofreudig. Sie neigen dazu, Ideen zu unterdrücken, deren Folgen sie nach ihrer bisherigen Erfahrung nicht einschätzen können. Aber eine Gruppe, in der immer nur das geschieht, was immer schon geschehen ist, entwickelt sich nicht weiter.
Letzten Endes sind Sie es, der mit der Erfahrung Ihres Lebenstrainings anderen Mitgliedern neue Impulse für ihr Leben vermitteln können, die vielleicht Ihnen wieder zugute kommen.

3. Die Kraft der Gruppe

Ihr bisheriges persönliches Lebenstraining hatte nur das eine Ziel: Ihre Persönlichkeit zu stärken, damit Sie Ihre Zukunft nach eigenen Vorstellungen besser verwirklichen können. Wenn Sie imstande sind, Ihre eigene Kraft auf die Gruppe zu übertragen, können Sie nach der eigenen Veränderung Ihre Umwelt verändern.
Ein entscheidender Fehler könnte dies allerdings verhindern: Wenn Sie die Gruppe zu nichts anderem benützen, als sich selbst zu bestätigen. Damit hätten Sie Ihr eigenes Trainingsziel verfehlt. Dann wären Sie in einer ähnlichen Situation wie der Familienvater, der zum Beispiel eine

Erniedrigung am Arbeitsplatz an seiner Frau oder den Kindern abreagiert. Oder der Vorgesetzte, der seine Mitarbeiter unterdrückt, um sich in seiner Autorität zu bestätigen.
Oder, um es anders auszudrücken: Wenn Sie Ihre eigenen Probleme nicht selbst lösen, werden sie auch durch Ihr Wirken in der Gruppe nicht gelöst. Sie kennen ja aus dem Partnerspiel die Regel: »Erwarten Sie Ihr Glück von niemand anderem als von sich selbst. So kann Sie niemand enttäuschen.«
Eine funktionierende Gruppe sollte auf dem Partnerprinzip beruhen, nicht auf dem althergebrachten Prinzip der Hierarchie, in dem einer alle Verantwortung zu übernehmen vorgibt und versucht, alle anderen von sich abhängig zu machen.
Es kann durchaus sein, daß Sie Ihre persönliche Verwirklichung allein aus eigener Kraft – ohne Bindung an eine Gruppe – erreichen wollen. Dann sollten Sie es auch tun. Wer sich als Einzelgänger fühlt, verliert nur an Kraft, wenn er sich nicht voll und ganz darauf konzentriert.

4. Die Lösung von Krisen

Ich denke, es ist das Wesen jeder aktiven Gruppe, in der ständigen Spannung zwischen zwei Polen zu agieren: zwischen notwendigen Krisen und ihrer Lösung.
Meinungsverschiedenheiten sind wichtiger als der ständige Wunsch nach Einhelligkeit. Vorausgesetzt natürlich, daß verschiedene Standpunkte schließlich zu einer Ent-

scheidung führen, mit der alle Mitglieder leben können. In der Gruppe gilt das gleiche Prinzip wie bei jeder Partnerentscheidung: Wichtig ist nicht, wer recht hat, sondern was im Sinne eines gemeinsamen Zieles richtig erscheint.
Natürlich ist es auch besser, eine falsche Entscheidung zu verwirklichen, um daraus lernen zu können. Dann ist sie – wie Sie wissen – keine Niederlage, sondern eine notwendige Erfahrung.
Als Lösungshilfe für festgefahrene Auseinandersetzungen kann ich Ihnen keine bessere Technik empfehlen, als sich gemeinsam zu entspannen, die Entspannung durch ruhiges Atmen zu vertiefen und seine eigene Harmonie wieder herzustellen. Aus dieser Übung entstehen fast immer neue Lösungsimpulse.
Die gemeinsame stille Zeit ist vermutlich in jedem Falle der wertvollste Beitrag, den Sie aus Ihrer eigenen bisherigen Erfahrung in eine Gruppe einbringen können.
Die vier hier beschriebenen Regeln sind Anregungen für Sie, das Gruppenspiel zu spielen. Wie nützlich dieses Spiel sein kann, weiß ich aus eigener Erfahrung. Als ich vor einem Jahr meine wöchentliche Arbeit mit einer Selbsthilfegruppe gegen Angst und Depression begann, war das Manuskript für dieses Buch schon fast fertig. Ich betrachtete die erwähnte Gruppe als Interessengruppe, um mich selbst mit meinen eigenen Ängsten und Depressionen auseinanderzusetzen.
Schon nach einigen Abenden mit den anderen Mitgliedern hatte ich so viel gelernt, daß ich mich entschloß, mein altes Manuskript wegzuwerfen und das Buch völlig neu zu schreiben. Zu meinem eigenen Nutzen, zum Nutzen der

Gruppe, in die ich ganz neue eigene Erkenntnisse einbringen konnte, und auch – wie ich sehr hoffe – ein wenig zu Ihrem Nutzen.

Hier eine Zusammenfassung, ehe Sie weiterlesen

Die Vorschläge in diesem Kapitel sollen Sie anregen, einen weiteren Schritt zur Entfaltung nach außen zu machen. Wenn Sie mit dem bisherigen Training Ihre eigene Persönlichkeit gestärkt und Ihre Partnerschaft geordnet haben, kann die Verwirklichung in Gruppen Ihr nächstes Ziel sein. Alle bisherigen Kenntnisse aus dem vorliegenden Programm werden Sie dabei unterstützen. Vor allem die Technik der stillen Zeit und die Erfahrungen mit dem Lebensspiel in seinen vielfältigen Variationen.
Ehe Sie Ihr Leben in Gruppen bereichern, um gemeinsam mit anderen Menschen Ziele anzustreben, die Sie allein nicht erreichen könnten, sollten Sie sehr sorgfältig drei Fragen klären:

1. Brauche ich tatsächlich eine Gruppe, um mich nach meinen Vorstellungen weiter entfalten zu können, oder entscheide ich mich – wenigstens vorläufig – für den Einzelgang? Die meisten Menschen suchen den Anschluß an Gruppen nur deshalb, weil sie dort die Hilfe erwarten, die sie sich selbst nicht geben können. Oder Sie benutzen die Gruppe, um sich selbst zu bestätigen, indem sie andere beherrschen. Beides ist nichts ande-

res, als ein Fluchtversuch davor, die eigenen Probleme bei sich selbst zu lösen.

2. Was nützt mir eine Gruppe für meine eigene Entwicklung? Der größte Nutzen, den Sie haben können, ist die weitere Stärkung Ihrer Persönlichkeit im ständigen Spiel mit anderen. Es fordert Ihre Kreativität heraus. Sie trainieren die Durchsetzung Ihrer Vorstellungen gegen Widerstände von außen. Und wenn Sie es wollen, ist dies der Weg, mehr zu verändern als nur sich selbst.
3. Für welche Gruppe entscheide ich mich zu welchem Zeitpunkt? Der Weg in Gruppen kann für Sie nur wirklich gewinnbringend sein, wenn er Ihrem inneren Bedürfnis entspricht. Sie sollten dafür reif sein und spüren: Jetzt will ich *mehr*. Oder: Jetzt brauche ich die Konfrontation mit anderen Menschen, um zu kontrollieren, ob ich von mir selbst genug überzeugt bin, um mit meiner inneren Stärke auch andere überzeugen zu können. Wenn Sie nach einer neuen Gruppe suchen, ehe Sie gelernt haben, in der Familie glücklich zu sein, besteht die Gefahr, daß Sie vor der Lösung eines Problems flüchten, indem Sie neue Probleme schaffen.

Der 20. Schritt

Das einflußreichste Instrument der Manipulation sind die Medien. Nehmen Sie ihnen den Mythos der Wahrhaftigkeit, und stellen Sie ihnen Ihren eigenen Wertungsraster entgegen. Hier sind drei Standbeine, auf die Sie diesen Raster stellen können:

1. Ich selbst weiß am besten, was für mich richtig ist.
2. Alles hat zwei Seiten. Ich will beide kennen, ehe ich werte.
3. Ich flüchte nicht vor einem Problem, wenn es notwendig ist, es bei mir selbst zu lösen.

Vor mehr als 40 Jahren lernte ich an der amerikanischen Harvard Universität den späteren Außenminister Henry Kissinger kennen. Er war damals noch Professor für politische Wissenschaften und hatte mich eingeladen, für einige Monate in die USA zu kommen.

An einem Abend, während einer Party in seinem Landhaus, fragte ich den Professor nach der zunehmenden Macht der Medien, und wie sich der Bürger dagegen wehren könne. Er dachte ein paar Augenblicke nach, dann sagte er etwas, das mein Leben bis heute beeinflußt hat:

»Weißt du, mein Lieber, jeder freie Mensch braucht einen eigenen Wertungsraster, nach dem er alle Informationen und Botschaften beurteilen kann, die auf ihn einströmen. Ich denke mir das wie ein Sieb, an dem die eigenen Vorstellungen das Gitter darstellen. Alles, was ihnen gerecht wird, fällt durch. Was mir nichts nützt oder mich nicht weiterbringt, bleibt hängen. Das werfe ich einfach wieder fort.«

Noch am selben Abend begann ich damit, an meinem eigenen Wertungsraster zu bauen. Später nannte ich es »Mein Lebensbuch«. Es enthält alle wichtigen Vorstellungen für mein Leben. Fein säuberlich eingeteilt in verschiedene Abschnitte:

- Die 23 wichtigsten Vorstellungen für mein tägliches Leben. Wie ich leben möchte und welche Fähigkeiten ich dafür brauche.
- Sechs Techniken, in denen diese Fähigkeiten und ihr Training beschrieben sind.
- Sieben Übungen, mit denen ich Geist, Körper und Persönlichkeit täglich fit halten kann.

- Fünf besondere Fähigkeiten, in denen ich es zur Meisterschaft bringen möchte. Dazu gehören »die Kunst, ein freier Mensch zu sein« genauso wie »die Kunst, glücklich zu sein«.
- Die Ziele für meine Arbeit, mit der ich die größte Befriedigung erlangen kann und dabei genug Geld verdiene, um das Leben führen zu können, das ich führen möchte.

»Mein Lebensbuch« ist für mich das Maß aller Dinge. Ich lese täglich darin und bewerte danach meine Erfolge, mein Handeln und meine Fehlschläge. Jedes Jahr ändere ich überholte Erkenntnisse und ersetze sie durch neue. Wie sich ja auch meine Bewertung der Dinge verändert, je älter und – das hoffe ich – wissender ich werde.

Ich würde Ihnen nicht raten, sich Ihr eigenes »Lebensbuch«, Ihren Wertungsraster, zu erarbeiten, wenn ich nicht aus eigener Erfahrung wüßte, welchen unbezahlbaren Nutzen es für Sie haben kann. Ob Sie nun die im zweiten Trainingsschritt vorgeschlagenen acht Punkte als Grundlage nehmen oder jede andere Anzahl, die Sie für richtig halten.

Wir leben in einer Zeit, in der Milliarden Menschen wie gebannt auf die Medien starren, um aus ihnen zu erfahren, wie sie leben und was sie kaufen sollen. Es gibt mehr Bücher, Zeitungen, Magazine und Fernsehstationen als jemals zuvor. Wer etwas auf sich hält, besitzt ein Videogerät, und in kaum einem Auto fehlt das Radio. Lastwagen werden als Werbeflächen benutzt und natürlich auch Hauswände und Plakate an den Straßenrändern.

Das alles fordert uns in fast jeder Minute des täglichen

Lebens auf irgendeine Weise zu Entscheidungen auf. Denn alle diese Medien wollen von uns nichts anderes, als daß wir ihre Botschaften glauben – und kaufen, kaufen, kaufen.

Natürlich wissen Sie das alles selbst, was ich Ihnen hier erzähle. Aber wie sind Sie für diese permanente Manipulation gerüstet? Wie filtern Sie die Botschaften und bewahren sich den Freiraum des eigenen Denkens und Entscheidens?

Hier sind drei Vorschläge, mit denen Sie die scheinbare Macht der Medien und ihren Mythos der Wahrhaftigkeit entlarven und nach Ihren eigenen Lebensmaßstäben werten können.

1. Ich selbst weiß am besten, was für mich richtig ist

Wenn Sie selbst nicht wissen, was Sie wollen, sind Sie ein ständiges Opfer Ihrer eigenen Naivität. Denn nichts ist naiver, als zu glauben, über die Medien würden Ihnen Tatsachen und Wahrheiten verkündet.

Die Medien sind Instrumente, sonst nichts. Die Funktionäre und Redakteure, die emsigen Reporter und selbsternannten Hüter von Information, Kultur und Moral in Redaktionen, Werbeagenturen und Fernsehanstalten sind nichts weiter als Handlanger der Trainer, die dort auf unsere Kosten ihre eigenen Interessen verfolgen.

Im Grunde genommen haben sie uns nichts zu sagen als das, was zu ihrem Vorteil ist. Sie sagen es allerdings so

bildhaft und eindringlich, daß sie nicht nur unser Denken beeinflussen, sondern noch viel mehr unsere Gefühle.
Vielleicht halten Sie diese Behauptung für übertrieben. Aber ich weiß aus eigenen Erfahrungen, daß es so ist. Schließlich habe ich selbst jahrzehntelang in Redaktionen, für Werbeagenturen und Fernsehanstalten gearbeitet. Vermutlich werde ich es auch in Zukunft tun. Schließlich ist dieses Buch, in dem Sie gerade lesen, auch nichts anderes, als ein manipulatives Spiel, mit dem ich Sie beeinflussen will. Es ist ein faszinierendes Spiel zwischen Ihnen und mir. Es liegt an Ihnen, ob Sie gebannt an meinen Zeilen hängen und meine Ansichten und Behauptungen gutgläubig zu Ihrer eigenen Wahrheit machen. Oder ob Sie alles nach *Ihren* eigenen Maßstäben filtern und nur das annehmen, was Ihnen nützt.
Vergessen Sie nicht: Nicht die Manipulanten sind schuld, wenn Sie sich von ihnen arglos übertölpeln lassen. Sie selbst tragen die Verantwortung für sich, Ihr Glück und die Freiheit des eigenen Denkens und Fühlens.
Was mich betrifft, so habe ich längst meine eigenen Bedürfnisse zum Richter dafür gemacht, was mir schmeckt, was ich anziehe, wie ich mich rasiere oder worin ich bade.
Ich benutze keinen der neuesten elektrischen Rasierapparate, Gelees und Duftwässer aus der Fernsehwerbung. Mein Rasierapparat ist schon 20 Jahre alt, und es bereitet mir einen Riesenspaß, mir alle zwei Tage einmal mit Hilfe eines Pinsels und ganz gewöhnlicher Seife den Bart abzuschaben. Es gibt mir ein tiefes Gefühl der Befriedigung, das manipulative Spiel gegen die Fernsehwerbung zu gewinnen, weil ich selbst weiß, was ich will, und mir von nieman-

dem einreden lasse, wie moderne Männer ihr Gesicht zu pflegen haben.
Das mit meiner Rasiergewohnheit ist nur eine ganz belanglose Sache, aber für mich ist sicher: Wenn ich die kleinen Dinge des Lebens nach meinen eigenen Maßstäben bestimme, folgen die großen Dinge ganz von selbst.

2. Alles hat zwei Seiten. Ich will beide kennen, ehe ich werte

Alle manipulativen Botschaften in den Medien haben eines gemeinsam: Wir sollen nur ihnen glauben und niemand anderem. Unsere Trainer versuchen, uns so lange und so eindringlich *ihre* Wahrheit einzuhämmern, daß uns keine Zeit bleibt, sie mit anderen Wertmaßstäben zu vergleichen. Vor allem nicht mit unseren eigenen.
Wir haben uns angewöhnt, das zu glauben, was uns glaubhaft genug vermittelt wird. Nicht ohne Grund sind die Programme politischer Parteien längst unbedeutend geworden. Wähler entscheiden sich für Personen, die ihnen sympathisch erscheinen, wenn sie im Fernsehen auftreten. Aber alles, jede noch so verlockende Botschaft oder sympathische Leitfigur, hat eine zweite Seite. Nichts ist *nur* gut und vollkommen. Wenn so viele Bürger ihre Hoffnungen auf eine Idee, Ideologie, Person oder Information setzen, ist es meistens nichts anderes, als die Bequemlichkeit, an sich selbst zu glauben. Ich zweifle nicht im geringsten daran, daß uns niemand, wirklich niemand, die Sicherheit geben kann, die wir uns selbst geben können. Vorausge-

setzt natürlich, wir glauben an uns selbst und daran, daß wir alle unsere Probleme aus eigener Kraft lösen können.
Mit den Botschaften und Leitfiguren verhält es sich genauso wie mit Ihnen selbst: Erst wenn Sie auch Ihre *andere* eigene Seite kennen, das verdrängte Ich, Ihre unmoralischen Bedürfnisse und Phantasien, die hinter dem gefälligen Ich schlummern, das Sie der Umwelt vorspielen, erst dann kennen Sie sich wirklich. Nur diese Kenntnis kann die Grundlage dafür sein, damit leben zu lernen.
Benutzen Sie diesen Trainingsschritt dazu, diese Fähigkeit auch auf die Scheinwelt der Medien auszudehnen. Gerade in diesen Monaten, in denen ich dieses Buch schreibe, hämmern uns die Medien ein, wir alle seien vom Bazillus des Ausländerhasses infiziert und müßten dafür Tag und Nacht mit Schuldgefühlen büßen.
Das ist die *eine* Seite. Warum lesen, sehen und hören Sie in den Medien keine Informationen und Botschaften über die lebenserhaltende Notwendigkeit der »Selbstliebe«, des gesunden Egoismus ohne Schuldgefühle? Also die *andere* Seite des Lebens, die für uns viel wichtiger ist als das Vorurteil, wir alle seien versteckte Monster, die Ausländer hassen.
Es ist schon einige Jahre her, als in meinem Land Tausende Aktivisten erfolgreich gegen den Bau eines Kraftwerkes demonstrierten. Einige meiner Freunde waren darunter, und ich selbst spielte mit dem Gedanken, mich dieser aufregenden Aktion anzuschließen.
Dann fiel mir auf, daß die meisten der Demonstranten nach getaner Tat euphorisch wieder nach Hause fuhren, in ihre elektrisch geheizten Wohnungen, in denen die Kühl-

schränke surrten, die Glühlampen strahlten und alle die stromgespeisten Küchengeräte die Energie verschlangen. Energie, die aus genau solchen Kraftwerken kommt, wie jenes, das mit dieser Demonstration verhindert wurde.
Statt zu demonstrieren, beschlossen meine Familie und ich, unser Haus und die Sauna nicht mehr elektrisch zu beheizen, sondern mit Holz. Seither sägen und hacken wir die Scheite selbst. Natürlich ist das alles nicht so bequem wie der schnelle Griff nach dem Schalter an der Wand. Aber wenn wir keine weiteren Kraftwerke in unserer Landschaft haben wollen, dachten wir, ist es wohl der beste Weg, weniger elektrischen Strom zu verbrauchen.
Ich weiß nicht, ob dies die beste aller Alternativen ist. Es war jedenfalls *unsere* Alternative, nachdem wir die *andere* Seite der Sache geprüft hatten, statt der Botschaft zu glauben, die damals unermüdlich in den Medien fast immer nur einseitig dargestellt worden war.

3. Ich flüchte nicht vor einem Problem, wenn es notwendig ist, es bei mir selbst zu lösen

Die Medien sind längst zu den verlockendsten Fluchthelfern vor uns selbst geworden. Wir sitzen vor dem Fernsehapparat und sehen zu, wie andere Menschen leiden oder siegen, wie rechtschaffene Kämpfer für Recht und Ordnung dem Guten zum Durchbruch verhelfen und gute Mütter und Väter ihre Kinder mit den richtigen Süßigkeiten glücklich machen.

Als ob Süßigkeiten irgend jemanden glücklich machen und gewonnene Länderspiele unsere eigenen Niederlagen im Alltag ersetzen könnten. Ich zweifle nicht im geringsten daran, daß genau das Gegenteil geschieht: Wir werden süchtig auf Ersatzbefriedigung. Statt eigene Probleme zu lösen, sehen wir gebannt zu, wie andere Leute andere Probleme lösen. Oder auch nicht. Wenn unsere Fernsehhelden siegen, sind wir zufrieden. Wenn sie scheitern, denken wir: »Gott sei Dank, daß es mir besser geht. Im Vergleich dazu, muß ich ja noch relativ glücklich sein.«
Sind Sie es? Taumeln Sie von einem Glücksgefühl vor dem Fernsehschirm zum nächsten, um zu vergessen, wie unglücklich Sie in Wahrheit sind? Als Ihr eigener Lebenstrainer sollten Sie dieser Frage nicht aus dem Wege gehen. Aus Angst davor, Sie müßten sich ein paar Gegebenheiten der realen Alltagswelt eingestehen, vor denen Sie flüchten.
Gelegentlich konfrontieren mich Freunde und Bekannte mit der Frage, ob ich diese oder jene Fernsehsendung gesehen hätte, die man unbedingt gesehen haben muß, um mitreden zu können. Sie können es gar nicht fassen, wenn ich verneine. Oder sie belächeln mich ein wenig, weil ich das bedeutendste Buch des Jahres nicht gelesen habe, das gerade brandneu auf dem Markt erschienen ist. Ich habe mir als Antwort eine Phrase zurechtgelegt, mit der ich immer wieder verblüffe. Ich sage: »Es tut mir leid, aber ich bin noch viel zu sehr damit beschäftigt, in mir selbst zu lesen, auf mich zu hören und in mich hineinzuschauen, um mich um all das kümmern zu können, was man unbedingt wissen muß.«
Natürlich ist das eine freche Untertreibung. Aber es ist ein

Bestandteil des manipulativen Spiels, mit dem ich mich davor schütze, mich mit den angeblich so wichtigen Problemen, Erkenntnissen und Wahrheiten mehr zu beschäftigen als mit mir selbst.
Lassen Sie es mich noch einmal wiederholen: Das ist mein ganz persönliches manipulatives Lebensspiel, von mir selbst ganz auf mich zugeschnitten. Es ist mein Spiel um meine Freiheit und mein Glück. Wie auch immer Sie es beurteilen und meine Anregungen für sich nutzen, kann zu Ihrem Vorteil sein. Wichtig erscheint mir nur eines: Spielen Sie Ihr Spiel, und spielen Sie es nach Ihren Maßstäben und Regeln. Sonst zwingen unweigerlich andere Ihnen ihr Spiel nach ihren Regeln auf.

Hier eine Zusammenfassung, ehe Sie weiterlesen

Dieser Trainingsschritt vermittelt Ihnen kaum etwas, was Sie noch nicht wüßten. Er ist nur ein weiterer Hinweis darauf, daß die Beschäftigung mit uns selbst gleichzeitig auch eine Beschäftigung mit den Phänomenen unserer Zeit sein muß. Zu den wichtigsten gehören die Medien und das manipulative Spiel, das sie mit uns treiben.
Es hängt von Ihnen ab, ob Sie in diesem Spiel aktiv mitspielen oder ob Sie sich von vornherein von einem scheinbar übermächtigen Gegner geschlagen geben. Er ist nicht mächtig. Ganz im Gegenteil. Er ist ein Mythos, der Sie nur dann beherrschen kann, wenn Sie mehr an ihn glauben als an sich selbst.

Erwarten Sie nicht, daß die Medien und die Trainer sich ändern, die sich Ihrer so meisterhaft bedienen. Sie werden sich nicht ändern, es sei denn, um noch geschickter und erfolgreicher in Ihr Leben einzugreifen. Nicht zu Ihrem oder meinem Glück und zu unserer Freiheit.

Deshalb bleibt Ihnen nur die eine realistische Möglichkeit, um Ihr Leben nach eigenen Vorstellungen zu leben: Sie filtern alle Informationen, Verlockungen und fremden Wahrheiten durch Ihren eigenen Wertungsraster und nehmen nur das an, was Ihnen nützt, weil es Ihnen dabei hilft, glücklich zu sein.

Der 21. Schritt

Verlieren Sie nie den Sinn dieses Trainings aus den Augen: Was letzten Endes allein zählt, ist das Ergebnis. Der Weg zum Ziel besteht aus drei Schritten: selbst erkennen, selbst entscheiden und selbst handeln.
Hier sind noch fünf Hinweise für Ihre Trainingsstrategie:

1. Jeder kann das freie, glückliche Leben lernen. Nicht von heute auf morgen, aber durch tägliches Training für den Rest des Lebens.
2. Alles hat seine Zeit, alles braucht seine Zeit. Weil Ihre Trainer Sie ständig unter Druck setzen, sollten Sie selbst Geduld und Verständnis für sich haben.
3. Fragen Sie niemand anderen, ob Sie irgend etwas bei Ihrem Training richtig oder falsch machen – finden Sie es selbst heraus.
4. Es ist besser, eine Niederlage heraufzubeschwören, als ihr aus dem Weg zu gehen.
5. Der Zweck Ihres Trainings besteht darin, sich in guten Zeiten für die schlechten Zeiten stark zu machen.

Der 21. Schritt dieses Trainingsprogramms ist – so hoffe ich – nicht Ihr letzter. Im Gegenteil. Sie stehen erst am Anfang Ihrer Bemühungen, das Leben zu führen, das Sie führen wollen.

In der Ungeduld, die unsere schnellebige Zeit uns aufzwingt, meinen wir oft, eine Sache sei schon vollbracht, wenn wir alles darüber wissen. Oder wenn wir lange genug darüber geredet haben. Aber das großartigste Wissen, die besten Vorsätze und raffiniertesten Ausreden können das nicht ersetzen, was unser Glück ausmacht: das Ziel zu verwirklichen, von dem wir so lange geträumt haben.

Drei Stufen führen uns zum Ziel: selbst erkennen, selbst entscheiden, selbst handeln. Es ist ganz natürlich, daß es uns nicht leichtfällt, diesen Weg zu gehen. Niemand hat es uns beigebracht. Im Gegenteil: Unsere Trainer wollen für uns denken und sind unermüdlich darauf bedacht, uns das eigene Entscheiden abzunehmen. Damit wir so handeln, wie sie es von uns erwarten.

Erkennen – entscheiden – handeln, das ist der Weg Ihres Trainings, wenn Sie es ernsthaft betreiben.

- Es genügt nicht, ein Problem zu erkennen und alles darüber zu wissen, wenn Sie keine eindeutige Entscheidung darüber fällen, wie Sie damit fertig werden können.
- Ehe Sie eine Entscheidung fällen, müssen Sie wissen, welchen Weg Sie gehen wollen, weil er für Sie richtig ist. Immer haben Sie zwei Alternativen: flüchten oder lösen.
- Die mutigste Entscheidung nützt Ihnen aber auch nichts, wenn Sie den Entschluß nicht in Handlung umsetzen. Wenn Sie nicht verwirklichen, was Sie entschie-

den haben, werden Sie die Schuldgefühle über das Versagen wieder an den Ausgangspunkt Ihrer Bemühungen zurückwerfen. Sie haben vielleicht Ihr Problem im Kopf gelöst, aber dort bleibt es, weil Sie sich nicht durch Handeln davon befreit haben.

Wenn Ihr eigenes Lebenstraining für Sie den größtmöglichen Nutzen haben soll, dann nur, wenn Sie immer wieder neu den Weg der drei Schritte trainieren: erkennen, entscheiden und handeln. Bei jedem einzelnen dieser Schritte werden Sie auf Widerstände stoßen. Das Training soll dazu dienen, immer besser zu lernen, diese Widerstände zu bewältigen.

- Der größte Widerstand gegen das Erkennen ist die Gewohnheit, Unangenehmes zu verdrängen. Durch das bisherige Training sollten Sie gelernt haben, Ihre Probleme aufzuspüren und offenzulegen.
- Der größte Widerstand gegen das Entscheiden ist die Angst, nicht stark genug zu sein, die Entscheidung verwirklichen zu können. Um nicht handeln zu müssen, sagen Sie sich von vornherein: »Ich schaffe es ja doch wieder nicht. Also gehe ich der Enttäuschung lieber gleich aus dem Wege.« Durch das bisherige Training sollten Sie gelernt haben, Ihre Ängste zu kontrollieren.
- Wenn Sie Ihr Problem und Ihr Ziel erkannt und sich entschieden haben, stellen sich Ihnen sehr oft noch zwei große Widerstände gegen das Handeln entgegen: In Ihnen selbst und von außen. Durch das bisherige Trai-

ning sollten Sie gelernt haben, mit dem Glauben an sich selbst und durch die positive Selbstbeeinflussung alle inneren Zweifel zu überwinden. Gegen die Widerstände Ihrer Umwelt können Sie sich mit den Strategien des manipulativen Spiels durchsetzen.

Der größte Gegner des Trainierens ist die Ungeduld mit sich selbst. Ihre Trainer haben Sie zum permanenten Opfer der Erpressung erzogen. Wenn Sie nicht tun, was sie von Ihnen erwarten und wann sie es erwarten, werden Sie unter Druck gesetzt. Nicht Sie dürfen bestimmen, wann Sie zur Lösung einer Aufgabe bereit sind – die anderen tun es. Also tun Sie die meisten Dinge unter diesem Druck von außen. Irgend jemanden gibt es immer, der Sie drängt.
Als Ihr eigener Trainer sollten Sie selbst niemals in den Fehler verfallen, sich unter Druck zu setzen. Sie haben den Rest Ihres Lebens dafür Zeit, das Leben zu führen, das Sie führen wollen. Und es zu trainieren.
Das Ziel *Ihres* Trainings besteht also nicht darin, möglichst schnell etwas zu tun, wozu Sie gedrängt werden. Es besteht vielmehr darin, jeden einzelnen der drei notwendigen Schritte vom Erkennen zum Handeln so lange immer wieder zu versuchen, bis er gelingt.
Welches Ziel in Ihrem Leben Sie auch ins Auge fassen, es ist erst dann erreicht, wenn es verwirklicht ist. Anderen Leuten gegenüber mögen Sie Ausreden finden, sie belügen, sie bluffen und täuschen – sich selbst gegenüber dürfen Sie das alles nicht: Sie allein sind für Ihr Glück und Ihre Freiheit verantwortlich. Was Sie nicht selbst verwirklichen, geschieht auch nicht. Niemand kann Ihnen dabei

helfen. Also zählt für Sie nur das Erreichen eines Zieles, das Sie frei und glücklich macht.
Deshalb sind alle Fehlschläge und Versuche auf dem Weg zur Erfüllung eines Zieles keine Niederlagen, sondern Hinweise darauf, welche Fähigkeiten und Kräfte Sie noch besser trainieren müssen, um die nächste Hürde zu überwinden. Um es noch deutlicher zu sagen: Die Bewältigung von Fehlschlägen *sind* das Training. Sie werfen Sie nicht zurück, sondern bringen Sie weiter vorwärts.
Das Lebenstraining, das sollten Sie nicht vergessen, ist ein Selbsterziehungsprogramm ohne fremde Hilfe. Wenn Sie also in einer Krise in Versuchung geraten, bei irgend jemandem Trost, Rat und Ermunterung zu suchen, ist das ein Hinweis darauf, ihre eigene Kraft noch weiter zu stärken, statt in die Arme eines Trainers zu flüchten, der Sie »versteht«. Er mag Sie verstehen und trösten, aber helfen kann er Ihnen nicht.
Um sich selbst in einer Krise zu helfen, sollten Sie nicht die Flucht nach außen antreten, sondern in sich selbst die erforderliche Stärke aufbauen. Sie kennen die Methode: Setzen Sie sich an einen ruhigen Ort. Entspannen Sie sich. Atmen Sie die Energie des Kosmos ein, und lassen Sie Körper, Geist und Seele damit durchfluten. Nehmen Sie Ihr Lebensbuch zur Hand, und schreiben Sie auf ein Blatt diese drei Fragen:

- Woher kommt meine Krise, woher kommt meine Angst?
- Was kann ich selbst tun, um aus eigener Kraft damit fertig zu werden?
- Warum tue ich es nicht sofort?

Diese Methode *ist* Lebenstraining. Sie trainieren damit das Erkennen, Entscheiden und Handeln. Also die Grundlage dafür, Ihr Leben selbst nach Ihrer Vorstellung und aus eigener Kraft zu gestalten.
Lebenstraining ist jede Erfahrung, die Sie machen, statt unangenehmen Dingen aus dem Wege gehen. Das Übungsfeld ist Ihr tägliches Leben. Vom Aufwachen bis zum Einschlafen.
Ich denke, wir sollten damit aufhören, unser Leben ständig in vielen getrennten Bestandteilen zu sehen: in Arbeit und Freizeit, Gesellschaft und Familienleben, Geldverdienen und Glücklichsein, Leid und Unglück, Krankheit und Gesundheit. Alles hängt zusammen, alles ist unser Leben. Wenn wir es so leben wollen, wie es unseren persönlichen Bedürfnissen entspricht, sollten wir nie damit aufhören, alles miteinander in Einklang zu bringen. Die Gegenwart mit der Vergangenheit, damit wir für die Zukunft die besten Voraussetzungen schaffen.
Alles zusammen als einen Bestandteil des großen, lebenslangen Lebensspiels, in dem uns jeder Fehlschlag genauso stärkt wie jeder Gewinn.
Hier sind noch fünf Anregungen, die ich Ihnen für Ihr Lebenstraining mit auf den Weg geben möchte. Von Trainer zu Trainer und von Schüler zu Schüler, die wir alle ein Leben lang bleiben sollten:

1. Jeder kann das freie glückliche Leben lernen. Nicht von heute auf morgen, aber durch tägliches Training für den Rest seines Lebens

Alles was wir tun, haben wir gelernt. Unsere nützlichen Fähigkeiten genauso wie die Gewohnheiten, die uns täglich so sehr zu schaffen machen. Wenn wir an unserem bisherigen Leben etwas ändern möchten, sind wir anfangs meistens voll von Eifer und Ungeduld. Wir möchten morgen schon ganz anders sein, als wir 10, 20 oder 30 Jahre lang gewesen sind.
Diese Ungeduld ist die Ursache dafür, daß so viele unserer guten Vorsätze kläglich scheitern, wenn wir auf die ersten Schwierigkeiten stoßen. Ganz davon zu schweigen, daß wir in Perioden des Elans und der Begeisterung alles zugleich verändern möchten. Immer mit der Unruhe in uns, wir könnten irgend etwas versäumen.
Glauben Sie mir: Ich weiß ganz genau, wovon ich spreche. Ich bin mit meiner eigenen Ungeduld oft genug auf die Nase gefallen, ehe mir die Rückschläge zu diesen zwei wichtigen Erkenntnissen verholfen haben:

- Es ist immer besser, ich bringe eine Sache vollständig zu Ende, als zehn nur halb.
- Ich entscheide mich, worauf ich verzichten muß, damit ich *das* erreichen kann, was mich am glücklichsten macht.

Wenn Sie sich bewußt sind, daß Ihr Leben an jedem einzelnen Tag gleichzeitig das Ergebnis der Probleme Ihrer

Vergangenheit und der Vision für Ihre Zukunft ist, kann es eine völlig neue Dimension erhalten.
So gesehen, ist jeder Tag ein kleiner, aber unwiederbringlicher Schritt, der Sie Ihrem Ziel näherbringt. Vorausgesetzt natürlich, Sie *machen* diesen Schritt.

2. Alles hat seine Zeit. Alles braucht seine Zeit

Es gibt einen Satz, den ich in den vergangenen Jahren Dutzende Male zu hören bekam. Er lautet: »Wenn ich all das, was ich heute weiß, 20 oder 30 Jahre früher gewußt hätte, wäre mein Leben ganz anders verlaufen.« Es ist der Refrain des Klageliedes einer Heerschar von Bürgern, die sich resignierend ihre Zukunft selbst versperren.
Sie berufen sich auf ihre Vergangenheit, um für ihre Zukunft nichts mehr tun zu müssen. Offen gestanden: Ich zweifle selbst manchmal an dem, woran ich glaube und was ich noch tun möchte. Gelegentlich denke ich: »Ich habe in meinem Leben alles vielfältiger erlebt, als ich es mir jemals erträumen konnte. Meine Höhepunkte sind erreicht, meine Zukunft liegt hinter mir. Also was will ich eigentlich noch?«
In solchen Augenblicken nehme ich »Mein Lebensbuch« zur Hand und lese nach, was ich vor ein paar Jahrzehnten darüber aufgeschrieben habe, wie ich mein Leben leben möchte:

- Mit dreißig Jahren möchte ich alles gelernt haben, was für mich wichtig ist, um das Leben zu führen, das ich führen möchte.
- Mit Vierzig möchte ich mich verwirklicht und all das geschaffen haben, was ich für den Rest meines Lebens brauche.
- Mit Fünfzig möchte ich so frei und reif sein, um das Leben an jedem Tag so genießen zu können, wie es diesem Tag entspricht.
- Mit Sechzig möchte ich so weise sein, daß nichts und niemand mich daran hindern kann, an jedem Tag frei und glücklich zu sein. Auch wenn ich nichts mehr von allem besitzen sollte, was ich mir geschaffen habe.
- Ab Siebzig bereite ich mich darauf vor, genauso frei und glücklich zu sterben, wie ich gelebt habe. Gleichgültig, wann dieser Zeitpunkt kommt.

Zugegeben, diese Vision für mein Leben klingt viel mehr nach Philosophie als nach der nüchternen Realität, der wir täglich ausgesetzt sind. Sie klingt danach. Aber immer, wenn ich diese Zeilen lese, führen Sie mir vor Augen, daß die Realität der vergangenen Abschnitte meines Lebens nichts anderes waren als die Erfüllung meiner Vision.
Vielleicht wäre mein Leben ganz anders verlaufen, wenn ich diese Zukunftsvision niemals gehabt und in meinem Lebensbuch festgehalten hätte. Ich weiß es nicht. Was ich allerdings weiß, ist dies: So, wie es ist, sind bisher meine Vision und meine Realität immer wieder *eins* geworden. Alles zu seiner Zeit. Wie ja auch alles im Leben seine Zeit braucht. Die scheinbar kleinen, unbedeutenden Dinge ge-

nauso wie die ganz großen Ziele, für die wir uns irgendwann einmal – als die Zeit dafür reif war – entschlossen haben.

3. Fragen Sie niemand anderen, ob Sie irgend etwas beim Training Ihres eigenen Lebens falsch oder richtig machen – finden Sie es selbst heraus

Es gibt unendlich viele Dinge im Leben, die andere besser wissen als wir. Es wäre unvernünftig, sich das Wissen anderer Leute nicht zunutze zu machen. Voll Eifer und Neugierde und den ständigen Fragen auf den Lippen: »Was ist das? Wie funktioniert es? Warum ist das so?«

Aber was den freien Bürger vom unfreien unterscheidet – so denke ich –, ist die Fähigkeit, das Wissen und die Erfahrung anderer nach eigenen Vorstellungen zu beurteilen und für sich zu modifizieren.

Wenn Sie sich einmal wirklich dazu entschlossen haben, Ihr eigenes Leben zu leben, gibt es niemanden mehr, der Ihnen besser sagen könnte, was für Sie richtig ist, als Sie selbst. Alles, was unsere Trainer uns beizubringen versuchen, ist doch nur das, was sie aus sich selbst oder von anderen wissen. Aber sie wissen nichts darüber, was für *Sie* richtig ist. Woher sollten sie es auch wissen? *Sie* hat es schließlich noch nie gegeben. Sie sind auf Ihre Art einmalig.

Wenn Sie dieses Ihr einmaliges Leben auf einmalige Weise leben wollen, ist für Sie irgendwann einmal der Zeitpunkt erreicht, an dem Ihnen niemand mehr sagen kann, was für Sie richtig ist. Sie können sich nur mehr auf Ihr eigenes Urteil und Ihre Maßstäbe verlassen. Oder denken Sie, Albert Einstein hätte die Relativitätstheorie finden können, wenn er immer nur das gedacht hätte, was alle seine Kollegen schon vor ihm dachten?

So gesehen ist Ihr Lebenstraining, wie es in diesem Programm dargestellt ist, der entscheidende Schritt aus der Abhängigkeit von all Ihren Trainern und Lehrern, Erziehern und Autoritäten – zum eigenen, einmaligen Weg, auf dem nur Sie selbst Ihr Trainer sein können.

Wann dieser Zeitpunkt in Ihrem Leben gekommen ist, müssen Sie selbst beurteilen. Fragen Sie niemanden. Entscheiden Sie selbst. Das gilt für jeden einzelnen Schritt Ihres weiteren Trainings.

4. Es ist besser, eine Niederlage heraufzubeschwören, als ihr aus dem Weg zu gehen

Wir werden dazu erzogen, gut, vernünftig, fleißig und rücksichtsvoll zu sein, was immer man darunter auch verstehen mag. Weil ich keinen Menschen kenne, bei dem solche einseitigen pädagogischen Bemühungen wirklich zum Erfolg geführt haben, nehme ich an, daß es gar nicht möglich ist, nur vernünftig, fleißig und rücksichtsvoll zu sein.

Mir ist niemand bekannt, der immer nur ein Sieger gewesen wäre. Aber ich kenne nicht wenige Leute, die nach großen Siegen daran zugrunde gingen, daß sie unfähig waren, eine Niederlage zu ertragen. Ich kenne auch viele

Menschen, die ihre Vernunft, ihre Güte oder ihren Fleiß unermüdlich für andere einsetzten. Als sie mit ihrer Kraft am Ende waren, fand sich keiner ihrer Nutznießer, der sich für sie geopfert hätte.
Wenn wir uns selbst für das Leben trainieren, sollten wir die Unvernunft genauso üben wie die Vernunft. Es mag höchst unvernünftig sein, eine Niederlage selbst heraufzubeschwören. Aber welchen anderen Weg gäbe es, um eine Erfahrung zu machen, die nur wir selbst aus den eigenen Fehlern machen können?
Welche Alternative gäbe es? Doch nur die eine, der Niederlage aus dem Wege zu gehen und *nicht* aus eigener Erfahrung zu lernen.
Ich weiß, viele Eltern werden diese Überlegungen niemals billigen. Sie sind ganz wild darauf, ihren Kindern die Niederlagen zu ersparen, die sie selbst erlitten haben. Unermüdlich werden die Kinder dazu angehalten, nichts zu tun, was ihnen schaden könnte. Dabei besteht vermutlich der größte Schaden darin, daß die umsorgten Kinder auf diese Weise niemals lernen, wie man die unvermeidlichen Fehler im Leben nicht vermeidet, sondern daraus lernt, indem man sie macht.
Die erzieherische Obsorge der Eltern haben Staat, Gesellschaft, Gewerkschaft oder Kirche für uns erwachsene Bürger übernommen. Sie lassen nichts unversucht, unsere Zukunft zu planen, für unsere Sicherheit zu sorgen, die Arbeitsplätze für alle Zeiten zu sichern und unser Seelenheil zu beschützen.
Alles geschieht ganz offensichtlich nur zu dem einen hehren Zweck, uns die Sorge für uns selbst abzunehmen. Weil

man uns auf diese Weise vor Not und Niederlagen, Unglück und Sünde bewahrt, sind wir allesamt ja auch so unsagbar glücklich und wohlbehütet. Oder nicht?

5. Der Zweck Ihres Trainings besteht darin, sich in guten Zeiten für die schlechten Zeiten stark zu machen

Wenn ich Ihnen einen Rat geben darf, dann diesen: Halten Sie es nicht mit den vielen gläubigen Christen, die ihren Gott immer nur dann anrufen, wenn sie in Not sind. Machen Sie es auch nicht wie Millionen andere, die sich erst dann eilfertig für ihre Gesundheit zu interessieren beginnen, wenn man sie im Krankenwagen von zu Hause abholt. Diese Leute haben jahrzehntelang trainiert, wie sie ihrem Körper und wohl auch ihrer Seele möglichst viel Unheil antun können, um schließlich die Verantwortung für Körper und Seele den dazu Berufenen zu überantworten.

Natürlich ist dies auch ein Weg, um Erfahrungen über sich zu sammeln. Für viele Leute ist es allerdings nicht selten der allerletzte Weg. Sein Leben zu trainieren, hat wohl nur den einen wirklichen Zweck, sich in guten Zeiten so stark zu machen, daß wir in schlechten Zeiten von dieser Kraft Gebrauch machen können.

Wenn Sie sich dazu entschlossen haben, die stille Zeit und das eigene Lebensbuch als Instrument für Ihr Training zu benützen, werden Sie vermutlich eine interessante Erfahrung machen: Solange der Wunsch in Ihnen stark ist, an Ihrem Leben manches zu verändern, werden Sie voll Eifer bei der Sache sein. In Phasen des Erfolgs, aber auch in Krisen werden Sie dazu neigen, auf altgewohnte Fluchtstrategien zurückzugreifen:

- Nach einem Hoch in Leben oder Beruf, wenn Ihr Selbstbewußtsein Purzelbäume schlägt, können Sie sich einfach nicht mehr vorstellen, daß es eines Tages auch wieder abwärts geht. Aber glauben Sie mir: Die ungelösten Probleme in Ihrem Unterbewußtsein lauern weiter darauf, Ihnen eins auszuwischen, sobald Ihre Widerstandskraft nachläßt.
- In einer Phase des Tiefs werden Sie von Zweifeln befallen, ob denn dieses ganze Training überhaupt für Sie sinnvoll ist. Schließlich konnte es Sie nicht vor der Krise bewahren, in der Sie gerade stecken. Sie kennen ja diese ewigen Zweifel von so vielen Gläubigen: »Wenn es wirklich einen guten Gott geben sollte, warum läßt er dann dieses ganze Elend in der Welt zu?«

Ich kann Ihnen nicht sagen, wie Sie sich in solchen Situationen verhalten sollen. Ich kann Ihnen nur eine eigene Regel mit auf den Weg geben. Sie lautet: Ich trainiere mein Glück und meine Freiheit an jedem Tag, unbeeindruckt von Erfolgen oder Krisen. Wenn es mir gutgeht, trainiere ich meine Kräfte, um Krisen zu vermeiden. Wenn es mir schlechtgeht, trainiere ich, um die Krise möglichst heil zu überstehen.
Ich habe kein anderes Argument, um Sie vom Erfolg dieser Einstellung zu überzeugen, als dieses eine: Ich fühle mich so unverschämt frei und glücklich, daß ich es einfach nicht

in Worten ausdrücken kann. Ob Sie dies verstehen können oder nicht: Vielleicht hilft es Ihnen ein wenig dabei, für sich das Beste aus diesem Programm zu machen.

Die letzte Zusammenfassung, ehe Sie dieses Buch aus der Hand legen

Der letzte Schritt dieses Programms besteht aus einigen Anregungen für Ihre Strategie des Trainierens und der inneren Einstellung dazu. Manches davon mag überholt sein, wenn Sie schon früher damit begonnen haben, Ihren eigenen Weg als Ihr Trainer zu gehen.

Der wichtigste Trainingshinweis ist vermutlich jener, daß es nicht genügt, genau zu wissen, was Sie wollen. Alles Wissen nützt nichts, wenn Sie es nicht zur gewünschten Realität machen. Erkennen, entscheiden *und* handeln sind eine Einheit für das Erreichen eines Ziels. Nichts anderes zählt wirklich. Nur das Ergebnis.

Wenn Sie am Ziel angelangt und darüber glücklich sind – kosten Sie dieses Glück bis zur Neige aus, statt ängstlich danach zu fragen, ob Sie es das nächste Mal genauso gut schaffen werden. Heute ist heute. Das nächste Mal ist das nächste Mal.

Und noch etwas: Jeder kleine Schritt, der Sie dem Ziel näher bringt, ist ein Erfolg. Natürlich auch jede Niederlage, die notwendig war, um daraus lernen zu können, wie man schließlich doch gewinnt.

Ich wünsche Ihnen, daß Sie niemals aufhören mögen zu lernen.

Ein Wort zum Abschied

Lieber Leser, dieses Buch ist voller Widersprüche. Wie unser ganzes Leben auch. Während unsere Trainer unermüdlich darum bemüht sind, uns zu idealen, braven, folgsamen Bürgern zu erziehen, die lebenslang auf der Suche nach der alleinseligmachenden Wahrheit sind, ermuntere ich Sie, mit Ihrer eigenen Wahrheit frei und glücklich zu sein.

Was ich den Lesern von *Die Kunst, ein Egoist zu sein, Hilf dir selbst, sonst hilft dir keiner* und *Die Kunst, glücklich zu leben* riet, empfehle ich auch Ihnen: Wenn Sie *Das Lebenstraining* gelesen haben, sollten Sie es in Ihr Bücherregal stellen und sich Ihr eigenes Lebensbuch schreiben. Statt immer noch weiter bei anderen Leuten – mich eingeschlossen – nach Ratschlägen für die Lösung Ihrer Probleme zu suchen.

Es gibt schon so viele Weise, Lebenshelfer, Autoritäten und Trainer, daß auch Sie nicht mehr unterscheiden können, wem Sie wirklich trauen können. Trauen Sie ganz einfach sich selbst am meisten, und werden Sie Ihr eigener Trainer.

Was mich betrifft, so bin ich ein überzeugter und bekennender Egoist. Ich will weder Sie noch die Welt verändern. Ich glaube an niemanden mehr als an mich selbst. Ich liebe mich und bin frei und glücklich, ohne das leiseste Schuldgefühl.

Das alles ändert allerdings nichts daran, daß ich einigen Menschen dankbar bin für das, was ich von ihnen und mit ihnen lernen durfte. Dazu gehören meine Eltern, meine

Frau, unsere zwei prächtigen Söhne und meine Freunde Peter Eisler und Peter Schmidsberger. Ohne Sie wäre dieses Buch vielleicht nie geschrieben worden. Was – wie ich natürlich weiß – am Lauf der Welt auch nichts geändert hätte.